맥락관통
수능대박

맥박이 뛰는

사회·문화
교과서

2

맥락관통 수능대박
맥박이 뛰는 사회 • 문화 교과서 2

초판 1쇄 인쇄 2020년 8월 10일
초판 1쇄 발행 2020년 8월 24일

지은이　　이종보
일러스트　최진영
펴낸이　　이영선
책임편집　김영아

편집　　김선정 김문정 김종훈 이민재 김영아 김연수 이현정 차소영
디자인　　김회량 이보아
독자본부　김일신 김진규 정혜영 박정래 손미경 김동욱

펴낸곳 서해문집 | 출판등록 1989년 3월 16일(제406-2005-000047호)
주소 경기도 파주시 광인사길 217(파주출판도시)
전화 (031)955-7470 | 팩스 (031)955-7469
홈페이지 www.booksea.co.kr | 이메일 shmj21@hanmail.net

ISBN　979-11-90893-04-6　44330
　　　　979-11-90893-02-2　44330 (세트)

이 도서의 국립중앙도서관 출판예정도서목록(CIP)은 서지정보유통지원시스템 홈페이지(http://seoji.nl.go.kr)와 국가자료공동목록시스템(http://www.nl.go.kr/kolisnet)에서 이용하실 수 있습니다.(CIP제어번호: CIP 2020029102)

맥박

맥락관통
수능대박

이 뛰는

사회·문화
교과서
②

이종보 지음

서해문집

이 책은 나의 강의록이자
교과서와 대학 입시의 틈을 좁히고자 하는
의지의 기록입니다

"딱, 요것만! 딱, 요것만 공부하면 된단다."

교과서 개정으로 군더더기 없이 깔끔하게 정련된 교과서가 탄생했습니다. 새 교과서에서 가장 눈에 띈 변화는 분량에서 나타났습니다. 배워야 할 개념을 확 줄이면서 책 두께가 확실히 줄었습니다. 서술은 간단하고 명료해졌습니다. 간단명료함을 선호하는 학생 문화와 제법 어울렸습니다. 하지만 내용이 줄었다고 해서 이해하기 쉬워진 것은 아니었습니다.

교과서는 교과 내용의 핵심을 제시하는 데 그치지 않고, 학생이 교과 관련 지식을 쉽게 이해할 수 있도록 도와줘야 합니다. 그런데 친절한 설명이 곁들여지지 않으니 학생들은 교과서를 읽어도 무슨 내용인지 도무지 이해할 수 없습니다. 아무리 몸에 좋은 음식도 사람이 먹을 수 있게 요리를 해야죠. 날 것 그대로를 씹는 건 고통만 줍니다. 교과서는 마치 인간이 건강을 유지하기 위해 꼭 필요한 최소한의 먹거리를 간단히 나열하고 있는 것처럼 보입니다.

　교과서보다 간단명료한 사례를 살펴보죠. 뉴턴은 거대한 우주의 작동 원리를 수학 공식으로 간단히 정리하여 보여줍니다. 여러분은 눈앞에서 만유인력의 법칙을 설명하는 하나의 수학 공식을 봅니다. 그 간략한 공식을 보니 우주의 작동 원리를 충분히 알 수 있던가요? 우주가 아주 흥미 진진하게 느껴지던가요? 아닐 겁니다. 좌절합니다. 우주의 거대함에 눌려 좌절하는 게 아니라 간략한 것도 모르는 자신을 보고 좌절합니다. 아주 간략하게 집약적으로 보여줬는데 왜 좌절할까요? 우리는 그 이유도 잘 알고 있습니다. 누구나 이해할 수 있을 만큼 충분하게 설명해주지 않았기 때문입니다. 이처럼 간략한 서술은 공부하는 데 도움을 주기는커녕 방해가 됩니다. 현행 교과서는 학습의 좌절감을 맛보기에 딱 좋습니다.

　《맥락관통 수능대박 맥박이 뛰는 사회·문화 교과서》는 나의 강의록입니다. 교육과정의 목차를 일부 변경하기는 했지만, 교과서의 핵심적인 내용을 모두 담으려 했습니다. 수능과 대학별 고사에서 출제된 생소한 서술에 대한 설명도 빠뜨리지 않으려고 했습니다. 설명과 해설에 치중하니 언뜻 보기에 일방적인 해설서처럼 여기기 쉬우나 실제로는 그렇지 않습니다. 왜냐하면 수업하면서 학생들에게 받았던 수많은 질문에 대한 나의 대답이기 때문입니다. 그럴싸하게 말하자면 이 책은 나와 학생 간 상호작용이 일궈낸 결과물입니다. 학생들에게 논쟁이 될 만한 사안뿐만 아니라 용어 하나라도 이해하기 어려운 게 있으면 모두 질문하라고 했습니다. 이 책은 그 질문에 하나씩 대답했던 내용을 모아서 정리한 기록입니다.

교육과정의 내용을 상세히 설명하면서 주안점을 둔 것은 생동감 있는 맥락적 서술이었습니다. 개념과 개념을 서로 이어주는 줄거리가 있어야 개념을 충분히 이해할 수 있습니다. 하지만 교과서나 어느 교재에도 전체적인 맥락이 없는 탓에 아무리 열심히 읽어도 무슨 말인지 전혀 이해하지 못했던 겁니다. 예를 들어 사회집단의 유형에 관해서 서술할 때에는 그 개념들이 병렬적으로 나열되어 있을 뿐입니다. 사회학자들이 왜, 어떤 맥락에서 그런 유형 분류를 했고, 그 분류를 통해 무얼 말하려 했는지를 설명하지 않습니다. 그러니 이해하기 어렵고 흥미도 잃게 됩니다.

맥락 없는 교과서 내용은 마른 장작처럼 건조합니다. 치열하게 공부하여 불꽃이라도 튀면 금방 타버리고 말 것처럼 보입니다. 그래서 교과서로 공부해서 얻은 그 숱한 지식이 얼마 지나지 않아 재가 되어 날아가버렸는지도 모르겠습니다. 날아가는 지식을 단단히 붙잡아두는 줄거리를 제공해야 합니다. 생동감 있는 맥락적 서술이 필요하다는 얘기입니다. 맥락이 있어야 느낌이 살아나고 그래야 오랫동안 기억할 수 있습니다. 맥락을 설명해줘야 특정 개념을 제시하던 사회학자의 생각을 따라가며 지금의 우리 사회를 탐구해보는 새로운 경험을 할 수 있습니다. 그러면 왜 사회에 관심을 가져야 하는지 알게 되고 사회학 공부에 대한 열기도 뜨거워질 겁니다. 그래서 《맥락관통 수능대박 맥박이 뛰는 사회·문화 교과서》는 사회학자들이 다룬 개념들이 어떤 맥락에서 나왔는지 제시함으로써 개념에 관한 충분한 이해를 돕고, 그 이해를 바탕으로 사회·문화 현상의 심층적 분석에 도움을 주려고 했습니다.

　나아가 이 책은 대학에서의 사회학 전공 관련 학업 능력을 갖추는 데 도움을 주려 합니다. 그래서 이 책은 대학에서 배울 사회학 개론(槪論)의 마중물이라고 볼 수 있습니다. 현행 교과서의 주요 내용 위에 우리가 발딛고 있는 사회에서 실제로 일어나는 사례를 과감하게 곁들여 대학에서 배울 개념 설명도 담았습니다. 청소년을 위한 사회학 개론서인 셈이죠. 이 책을 통해 대학에서 배울 사회학 개론을 개괄적으로 접함으로써 사회를 보는 지적 역량도 챙길 수 있겠습니다. 사회학 공부에 디딤돌이 될 수 있을 겁니다.

　대학 입시가 목적이 아닌 청소년도 사회에 관심만 있으면 《맥락관통 수능대박 맥박이 뛰는 사회·문화 교과서》는 사회를 보는 새로운 눈이 되어줄 것입니다. 이 책을 읽는다는 건 기존 교과서 지식을 넘어서는 과정이요, 사회를 보는 관점을 재정립하는 걸 의미합니다. 아무쪼록 이 책을 통해 우리 사회를 어떻게 바라보고 이해하며, 또 어떻게 바꿀지 생각해볼 수 있기를 기대합니다. 사회학의 참맛을 느끼고 사회를 보는 시가도 또렷해졌으면 좋겠습니다. 그리고 사회 변혁을 위한 지적 도구와 꿈도 챙겨가길 바랍니다.

그런데 주의할 점이 있습니다. 책의 어느 대목을 읽을 때에는 가슴 한 구석에서 뜨거운 무언가가 올라와 고민이 깊어질 수도 있습니다. 혹시라도 책 속의 활자가 꿈틀거려 여러분의 영혼을 뒤흔들면 미리 용서를 구합니다. 하지만 그것은 나의 바람이었습니다.

끝으로 원고량이 많아 출판을 결심하기 쉽지 않았을 텐데, 이 책을 기꺼이 출판해주고 꼼꼼히 편집해준 서해문집 식구들에게 감사를 표합니다. 이 책의 출판을 위해 일해준 이름 모를 모든 노동자에게도 감사의 마음을 전합니다.

2020년 8월
이종보

3부

모든 사회에서
나타난다는 그것

사회 계층과
불평등

4부

문화는 일상생활과 함께 성장한다

문화와
일상생활

5부

꼬리잡기 힘든 현대 사회

현대의
사회 변동

3 부

모든 사회에서 나타난다는 그것

사회 계층과 불평등

금수저, 흙수저? 누가 내 수저 더럽대

사회 불평등 현상을 어떻게 봐야 할까

사회 불평등 현상의 양상과 이론적 관점

1

다양한
사회 불평등 현상

기상 캐스터가 날씨를 전해줍니다. "내일은 태풍의 영향으로 '전국에' 비가 내리겠습니다." 땅이 넓은 나라에서 살던 외국인은 이런 일기예보가 낯섭니다. 그런데 우리에게는 익숙한 말이죠. 이렇게 지역별로 큰 차이가 없는 자연환경에서 살아오면서 자연스럽게 동질적인 의식도 생겨났습니다. 단일 민족을 강조하거나 평등 의식이 강한 이유도 이런 자연환경이 영향을 미쳤기 때문일 겁니다. 물론 정치적, 경제적, 사회적 이유가 더 크게 작용했겠지만, 한국인은 불평등 문제에 민감한 편입니다.

사회 문제를 말할 때 빠지지 않는 게 사회 불평등 문제입니다. 이 문제는 사실 사회의 거의 모든 문제를 포함하고 있다고 볼 수 있습니다. 사회 불평등 현상은 지위에 따라 경제적 부, 정치적 권력, 사회적 명예(위신) 등과 같은 사회적 가치가 다르게 배분되거나 접근 기회에 차이가 나타나는 현상을 말합니다. 이 같은 설명에서 사회 불평등 현상의 원인과 양상을 모두 찾을 수 있습니다.

사회 불평등 현상이 일어나는 근원적인 원인은 자원의 희소성에 있습니다. 인간의 사회적 욕망은 무한한 데 비해, 그 욕망을 충족시켜줄 수 있는 자원은 한정되어 있습니다. 그래서 사회 불평등 현상이 일어납니다.

그런데 조금 이상합니다. 자본주의 사회는 인류 역사에서 가장 풍요로운 사회라는데, 왜 아직도 자원이 부족하다고 말하는 것일까요? 그건 인간 욕망이 너무 커서 그렇습니다. 아무리 경제가 성장해도 경제적 자원은 사람들이 원하는 것보다 여전히 부족합니다. 예를 들어 빌 게이츠처럼 부자가 되고 싶은 사람들이 있는데, 경제 대국 미국이 아무리 부유하더라도, 빌 게이츠만큼이나 많은 경제적 자원을 나눠줄 정도에 이르지는 못한다는 얘기입니다. 정치적 자원도 마찬가지입니다. 대통령이라는 권력 자원은 하나인데, 많은 사람이 대통령 되기를 원합니다. 사회적 자원도 마찬가지입니다. 누구나 존경받고 싶지만 존경받는 지위는 흔하지 않습니다. 그래서 정치적, 경제적, 사회적 자원의 희소성 때문에 사회 불평등 현상은 어느 사회에서나 보편적으로 나타난다고 말하는 겁니다. 정도 차이가 있을 뿐이죠.

사회 불평등 현상은 배분되는 자원의 종류와 그 배분의 차이에 따라 다양하게 나타납니다. 일반적으로 사회 불평등 현상에는 세 가지가 있습니다.

첫째는 경제적 불평등입니다. 경제적 불평등은 가장 일반적이고 전형적인 사회 불평등으로, 사회 불평등 현상을 말할 때 가장 먼저 떠올리는 주제입니다. 인간이 살려면 누구나 먹고 입고 자는 것과 같은 물질적인 조건이 유지되어야 합니다. 경제적으로 불평등하면 삶의 기본적인 조건이 무너지는 결과를 초래할 수 있습니다. 그래서 경제적 불평등에 민감하게 반응하고, 많은 관심을 기울이는 겁니다. 경제적 불평등은 소득이나 재산의 분배 차이로 나타납니다. 고액의 급여를 받는 고소득자와 그렇지 못한 사람, 부동산이나 금융자산 등 재산을 많이 보유한 재력가와 그렇지 못한 사람 사이에서 나타나는 불평등이 경제적 불평등입니다. 여기서 소득 격차도 문제이지만 재산상의 차이를 더 주목해야 합니다. 소득이 늘어도 집값 상승 분을 따라가지 못하는 일이 많아 재산상의 차이가 경제적 불평등에 큰 영향을 주기 때문입니다. 또 비정규직 같은 고용 형태가 빈곤을 굳어지게 만드는 일도 적지 않게 일어납니다. 따라서 경제적 불평등은 소득 상·하위 집단 간의 격차 확대, 금융자산 및 부동산 가치의 차이, 고용 형태에 따른 소득 격차 확대와 빈곤의 재생산 등을 포함하여 종합적으로 분석해야 확실한 개선 방향을 찾을 수 있습니다.

둘째는 정치적 불평등입니다. 이것은 권력의 소유와 행사의 차이에서 비롯됩니다. 권력을 가진 권력 집단은 그렇지 못한 집단과 개인에게 자신의 의지를 관철하는 힘을 지니고 있으며, 그래서 정치적 불평등이 발생할 수 있습니다. 정치적 불평등은 정치 참여 기회와 깊은 관련이 있습니다. 인종, 성, 재산 등의 차이에 따라 선거권을 다르게 준다면 정치적 불평등이 매우 심각한 겁니다. 다행히 민주국가에서는 일정한 나이가 되면 누구나 선거권을 갖는 보통선거 제도를 인정하죠. 하지만 그것으로 권력 배분이 충분히 평등해지는 것은 아닙니다. 민주적 선거를 통해 권력을 획득하더라도 그 권력자와 일반 국민의 사회적 영향력의 차이는 여전히 존재합니다. 예를 들어 국회의원은 법률을 제·개정할 권한이 있지만, 일반 국민은 법률을 제·개정해달라고 요구하는 데 그칩니다. 다행히 대의제 민주국가에서 선거를 통해 선출된 권력 집단은 그나마 국민의 견제를 받을 수 있습니다. 그래서 국민과 그 권력 집단 간의 권력 불평등을 조금이나마 줄일 수 있습니다. 하지만 선출되지 않은 권력, 즉 행정 관료나 검사, 판사 등은 국민의 직접적인 통제를 벗어나 무소불위의 권력을 행사할 수 있습니다. 이들의 권력은 정치적 불평등 문제에서 반드시 챙겨봐야 할 사안입니다.

셋째로는 사회·문화적 불평등입니다. 이는 교육 기회와 수준, 지식 소유, 문화 및 여가생활, 건강, 사회적 명예와 자격 등 여러 가지 사회·문화적 생활의 기회와 수준의 차이로 나타납니다. 그림, 도서, 클래식 음반 등의 형태가 있는 자원뿐만 아니라 미술품이나 음악을 감상할 수 있는 능력, 교양 있는 언어 구사 능력 등 눈에 보이지 않는 자원, 그리고 학교 졸업장과 같은 사회 제도가 뒷받침해주는 자원의 소유 여부에 따라 사회적 시선이나 대우가 달라집니다. 특히 졸업한 대학 서열에 따라 취업이나 승진, 결혼 등에서 차별 대우를 받는 게 현실입니다. 사회·문화적 불평등은 이런 자원이 불평등하게 분배됨에 따라 발생하는 격차로, 사회적으로 존경받는 집단과 그렇지 못한 집단으로 나뉘기도 합니다. 사회·문화적 불평등은 경제적 불평등이나 정치적 불평등보다 덜 주목받고 잘 드러나지 않습니다. 먹고사는 문제와 정책 결정자의 선출 문제가 더 중요하게 느껴지기 때문일 겁니다. 하지만 사람이 인간답게 사는 데 정신적 복지 혹은 문화적 풍요는 결코 중요성이 덜하지 않습니다. 지식과 문화생활의 영위 능력은 인간의 정신적 풍요로움과 관련되어 있어서 여전히 중요합니다. 그리고 문화적 생활 기회와 수준의 차이가 위신의 차이를 낳으면 사회생활에 대한 차별을 악화시킬 수도 있으므로 많은 관심을 가져야 합니다.

이렇게 사회 불평등 현상을 나눠 설명하지만 실제로는 각각의 불평등 현상은 서로 영향을 주고받습니다. 예를 들어 사회에서 존경받는 인물이 인지도가 높아져 국회의원이나 대통령으로 선출되고, 그래서 권력을 행사할 뿐만 아니라 그 지위 덕분에 자산도 늘릴 수 있습니다. 그런데 이런 일은 흔하지 않습니다. 웃고픈 얘기지요.

우리 사회에서 더욱 많이 일어나는 것은 다음과 같은 경로입니다. 즉 소득 수준이 높으면 권력을 획득하기 쉽고, 권력을 가지면 명예도 높아질 수 있습니다. 경제 분야에서 우월적 위치에 있는 사람은 열등한 위치에 있는 사람보다 다른 분야에서도 우월적 위치를 차지할 가능성이 큽니다. 소득과 재산은 경제력이며 권력입니다. 때로는 사회적 위신도 따라붙습니다. 부의 차이는 권력의 차이를 넘나들더니 이젠 위신의 차이까지 넘보게 된 것입니다.

흔히 사람 위에 사람 없고, 사람 아래에 사람 없다고 합니다. 그래서 사람들이 저마다 다른 지위를 가지고 있더라도 그 지위가 인간 존엄의 높

고 낮음을 의미하지는 않습니다. 그런데 인간 존엄성이 제대로 존중되고
있는지 의심스러운 경우를 우리는 종종 보게 됩니다. 자원 배분의 차이
에 따라 대우나 영향력이 달라지는 일은 흔히 일어납니다. 만일 인간 존
엄성을 위협할 정도의 불평등한 배분이 이뤄지면 우리는 그 사회를 정의

로운 사회라고 부를 수 없을 것입니다. 이것이 사회 불평등 현상을 주목하는 이유입니다.

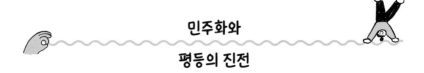

민주화와 평등의 진전

민주국가의 사례를 보면, 일반적으로 시민의 정치적 평등 획득이 민주주의의 출발선이었습니다. 한국도 비슷한 경로를 따랐습니다. 한국에서 민주주의 체제가 확실히 자리 잡게 된 시기는 1987년이었습니다. 1987년 이후 한국 민주주의는 독재체제로 돌아갈 수 없는 다리를 건넜습니다.

1987년 6월 민주화 운동에서 전두환 독재에 맞선 시민들은 대통령 직선제를 요구했습니다. 대통령을 국민의 손으로 선출하겠다는 것입니다. 치열한 민주화 운동을 통해 우리는 대통령을 국민이 직접 선출할 권리를 갖게 되었습니다. 이와 같은 선거권의 보장은 정치 참여 기회의 평등에서 핵심이었습니다.

하지만 그것은 형식적인 민주화에 불과합니다. 정치 참여 기회가 공정하게 주어졌다고 해서 일상적인 경제생활에서도 불평등이 사라진 것은 아닙니다. 민주화가 실질적으로 작동하려면 경제생활에서까지 불평등이 사라져야 합니다. 이런 것을 '실질적 민주화' 혹은 '경제 민주화'라고 합니다. 경제 민주화는 경제 영역에 민주주의적 원리가 적용되어야 한다는 뜻입니다. 경제생활에서의 민주화는 결과적으로 경제적 불평등의 완화를 의미한다고 할 수 있습니다.

그런데 정치적 평등이 보장된 민주국가에서도 경제적 불평등은 여전히 해결해야 할 문제로 남아 있습니다. 이것은 한국만의 문제는 아닙니다. 세계에서 많은 국가가 경제적 불평등 문제를 겪고 있습니다. 과거보다 물질적 풍요 속에서 살게 되었지만, 여전히 가난에 허덕이며 생존을 위협받는 사람들이 많습니다. 경제적 불평등 문제로서 빈곤은 세계적 문제가 되고 있습니다.

시민혁명이 일어난 지 오래고 정치적 평등을 획득하게 된 일도 오래되었지만, 여전히 경제적 평등을 이루는 날은 오지 않았습니다. 그런데 경제적 불평등이 나아지더라도 남는 문제가 있습니다. 예를 들어 성 불평등 문제입니다. 성 불평등이 심한 사회에서는 빈곤의 극복과 부의 평등이 남성들만 누리는 혜택으로 남을 수 있습니다. 사회적 소수자의 차별도 마찬가지입니다. 한 사회의 소득이 증가하고 평등한 배분이 이뤄져도 사회적 소수자를 배제하는 사회에서는 성장의 결실이 주류 사회의 구성원에게만 돌아갈 수 있습니다.

이런 점을 봤을 때 경제적으로 평등한 세상이 오더라도 그것이 반드시 성 불평등이나 사회적 소수자의 차별이 해소되는 건 아니라고 볼 수 있습니다. 여성이나 사회적 소수자는 여전히 불평등한 대우를 받으며 살수 있고, 실제로 그런 사회 문제가 눈앞에서 벌어지고는 합니다. 이런 불평등을 사회적 불평등이라고 할 수 있습니다. 성 불평등, 사회적 소수자 차별 등 사회적 불평등의 문제도 여전히 우리 사회가 해결해야 할 또 하나의 과제입니다. 우리는 모든 불평등에 관심을 가져야 합니다.

하지만 이런 불평등 문제를 보면서 지나치게 감정만 앞세울 일은 아닙니다. 차분히 생각해보면, 사회 불평등이 바람직한지 아니면 부당한 것인지에 대해서도 판단을 유보하게 됩니다. 사회를 과학적으로 연구해야 하는 우리는 사회 불평등 현상을 냉철하게 분석하고 판단해야 합니다. 그럼, 우리 사회의 불평등, 어떻게 볼까요?

기능론 시각에서 바라본 사회 불평등 현상

기능론은 사회 불평등 현상을 부정적으로 속단하지는 않습니다. 희소한 사회적 가치를 배분하면서 언제라도 사회 불평등이 나타날 수 있는데, 때로는 그게 합리적일 수도 있습니다. 이게 무슨 얘기인지 지금부터 기능론의 주장을 천천히 살펴보겠습니다.

여러분은 이 세상에 존재하는 수많은 직업이 솔직히 모두 중요한 기능을 한다고 보나요? 사회에 이바지하는 정도가 모두 같던가요? 아니면 어떤 일은 없어도 되거나, 있더라도 별로 어렵거나 중요한 일이 아니고, 또 어떤 일은 없어서는 안 될 중요한 일이 있던가요?

기능론에서는 사회에서 중요한 일이 분명 있다고 봅니다. 예를 들어 사람을 살리는 일은 사회에서 가장 중요한 일일 겁니다. 본인이나 본인의 가족 중에 심각한 질병으로 치료받는 사람이 있으면 의사의 도움을 더욱 절실하게 느낄 텐데, 의사의 도움으로 건강을 되찾으면, 그 의사가 정말 고맙지요. 의사가 하는 일은 인간의 생명을 다루는 일로 사회에서 매우 필요한 일입니다. 2020년 코로나바이러스감염증-19가 퍼졌을 때

헌신한 의사를 우리는 기억합니다. 그때 의사들이 없었으면 우리는 어떻게 됐을까요? 상상할 수조차 없는 끔찍한 일들이 벌어졌을 테죠. 그런 걸 보면 의사들이 많은 보수를 받는 게 당연하단 생각이 듭니다. 이처럼 의사의 높은 수익은 의사라는 직업이 지닌 사회적 가치를 인정한 결과입니다. 다시 말해 보수의 차이는 작업이 갖는 사회적 중요도의 차이로 설명할 수 있는 것입니다.

기능론은 개인이 사회에 이바지하는 정도, 즉 사회적 기여도를 고려하여 그 사람을 대우할 필요가 있다고 봅니다. 사회적으로 중요한 일을 하는 사람은 많을수록 좋습니다. 그런 사람이 많이 양성되도록 유인하려면 사회적 보상을 높여야 한다는 거죠. 요즘 대입 수험생에게 의학이나 약학, 한의학 등과 관련한 학과가 인기 많고, 학교 성적이 가장 우수한 아이들이 의과대학에 몰리는 이유는 졸업 후 자격을 취득했을 때 보수가 많기 때문입니다. 많은 보상을 준다고 하니, 더욱 의대에 가고 싶어지죠. 차별적 보상은 이러한 직업을 가지려는 성취동기를 자극하게 됩니다. 사회가 경제적 부, 권력, 위세 등과 같은 보상을 사회적 중요성에 따라 다르게 배분하여 개인의 성취동기를 자극함으로써 사회적으로 중요한 기능을 하는 일을 담당하는 사람이 많아지도록 유인할 수 있습니다.

그러니 서로들 의사가 되려고 하겠지요. 그래요, 의사가 되어보세요. 만류하지 않습니다. 그런데 쉽지 않을 겁니다. 의사가 되기까지의 과정이 어려워요. 의사는 일정한 자격과 전문적 지식을 갖추어야 하는 전문직입니다. 사회는 전문적 능력이 검증된 자에게만 그 지위를 부여합니다. 높은 수익이 보장되는 의사 자격을 얻으려면 대학에 들어가서도 공부를 많이 해야 합니다. 대학 가면 놀 생각을 많이 하는데요, 의대에 가서는 고등학교까지 공부했던 분량과는 차원이 다른, 공부 압박을 받습니다. 재능을 갖추려면 긴 수련 과정이 필요하며, 그 과정에서 상당한 정도의 희생이 필요합니다. 그리고 책임감과 헌신적 자세도 요구됩니다. 그런데 이 어려운 수련 과정을 거쳐 전문적 능력을 갖춘 대가가 보잘 것 없으면 의사가 되려는 사람이 과연 있을까요?

〈개미와 베짱이〉 얘기를 다들 잘 알 겁니다. 더운 여름날 열심히 일하던 개미와 놀고먹던 베짱이가 같은 보상을 받으면 그것은 부당한 일 아니겠어요? 보상이 같으면 누가 더 열심히 공부하고 일하려고 노력하겠어요? 평등하게 가치 배분이 이뤄지면 사회적 중요성은 고려하지 않고 오직 편한 일만 찾겠지요. 모든 지위에 동일한 보상이 주어지면 사람들은 구태여 어렵고 힘들거나 오랜 훈련이 필요한 일은 하지 않을 것입니다. 아무리 사회적으로 중요한 일이라 하더라도 어렵고 힘들면 안 합니다. 그러면 사회가 제대로 운영될 수 없습니다. 어렵고 힘들지만, 사회적으로 중요한 일을 찾게 하고, 능력과 자격을 갖춘 사람들이 기능적으로 중요한 역할을 계속 수행하도록 하려면 사회 불평등은 불가피합니다.

특히나 사회적 지위가 높은 자리는 희소합니다. 예를 들어 대기업 최고 경영인은 그 기업에서 가장 많은 보수를 받을 수 있는데, 그 자리는 하나뿐이죠. 이 자리를 누구에게 줄지 고민이 됩니다. 그래서 노력 경쟁을 통해 가장 뛰어난 능력을 갖춘 사람에게 그 자리를 주는 것은 합리적인 방식이라고도 봅니다. 높은 지위에 올라 많은 부와 명예, 권력을 갖고 싶으면 실력을 갖추라는 것입니다. 공부하라는 것이죠. 어학 실력을 키우고 일하는 분야에 대한 전문 지식을 쌓으라는 것이죠. 그리고 실제로 업무 실적을 올리라는 것이죠. 오직 노력하는 자에게 길이 있나니, 가장 많은 노력을 해서 가장 능력이 있는 자에게 최고 경영인의 자리를 줄 수 있으면 효율적이고 합리적일 뿐만 아니라 정당하다고도 볼 수 있을 겁니다.

고도의 전문적 능력이 필요한 일에는 그만한 능력을 갖춘 사람이 차지하고, 그보다 덜 어렵고 중요성이 낮은 일에는 그만한 능력을 갖추는 데 머무른 사람이 하는 것입니다. 이처럼 경쟁을 통해 각 지위와 직업을 담당하는 데 필요한 능력을 갖춘 사람들이 적재적소에 배치됩니다. 가장 적합한 자리에 가장 적절한 사람이 배치되는 것이지요. 그러면 각 지위에 맞는 역할을 각자가 잘 수행하게 되고 결국 사회 전체의 효율성이 향상될 수 있다고 봅니다. 개인과 사회가 최선의 기능을 유지하게 된다고 보는 것입니다.

능력에 따른 차등 보상은 사회 구성원에게 끊임없는 성취동기를 부여합니다. 희소가치의 차등분배 수준과 개인의 성취동기 사이에 정(+)의 관계가 있다고 믿습니다. 희소가치의 차등분배 수준이 높아질수록 개인의 성취동기가 높아진다는 것입니다. 개인의 능력과 노력에 따라 차별적 보상이 계속 이뤄지면 각자는 더 열심히 자신의 능력을 키우려고 노력합니다. 차별적 보상이 개인에게 열심히 노력하게 만드는 동기 부여가 되는 것이죠. 사회 구성원들이 끊임없이 노력하도록 채근하게 됩니다. 이는 사회 전체적으로 놓고 봐도 좋은 일입니다. 사회가 훨씬 생동감 있게 운영될 수 있겠죠. 사회 발전에 이바지하게 되는 것이죠.

차등적 보상체계는 개인의 노력을 자극하여 계층 대물림도 완화시킬 수 있습니다. 기능론은 개인의 성취동기가 지위 변동에 미치는 영향력을 강조하기 때문에 계층이 수시로 이동할 수 있다고 봅니다. 부모의 계층과 자녀의 사회적 성공 가능성 사이에는 아무 관계가 없습니다. 모든 게 자기 자신의 탓입니다. 누구를 탓하지 말라는 겁니다. 잘사는 집에서 태어나더라도 자신이 노력하지 않으면 소용없습니다. 의사 집안에서 태어났더라도 자식도 의사가 되라는 법칙은 없습니다. 이처럼 개인적 노력을 중시하므로 가정 환경과 같은 개인의 귀속적 요인이 소득 불평등에 미치는 영향은 적다고 봅니다.

사회적 희소가치의 배분은 일반적으로 개인의 능력이나 노력에 따라 이뤄집니다. 이러한 기준의 제시에 대해 사회는 널리 인정하는 편입니다. 자발적 동의에 따라 사회적 합의를 봤다고 보는 것이죠. 사회 불평등에 대한 사회적 동의가 있어 사회가 유지될 수 있는 겁니다. 경쟁의 원리도 사회적 동의에 따른 것입니다. 그래서 사회구성원 각자가 노력을 발휘하는 경쟁에서 이긴 경우 그에 합당한 지위와 보상을 해주는 것입니다. 그런 노력을 고무시키려면 불평등한 배분이 필요합니다. 희소가치의 배분이 불균등할수록 개인의 성취동기가 높아지니까요. 다시 말해 사회 불평등은 어쩔 수 없는 일입니다. 필수 불가결한 현상이라는 것이죠. 지금까지 기능론의 시각이었습니다.

갈등론 시각에서 바라본
사회 불평등 현상

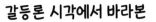

갈등론은 지금의 사회 불평등을 탐탁지 않게 여깁니다. 직업에는 귀천이 없다고 믿기 때문입니다. 어떤 직업에 종사하든 모든 사람은 소중한 존재입니다. 그래서 보수나 대우를 차등분배하는 일에 선뜻 동의하기 어렵습니다. 보수나 대우의 차등분배를 통해 직업의 차이를 두는 것은 그 자체로 인간의 존엄성을 훼손할 수 있어 부당합니다.

사회의 다양한 역할에 대해 기능적 중요성에 따라 우열을 단정해서는 안 됩니다. 의사가 사람의 생명을 지켜주는 일을 하여 중요하다고 할 때, 버스 운전기사는 어떤가요? 버스 운전기사도 시민의 안전과 생명을 지킵니다. 한 번 버스 운행만으로도 정말 많은 인명의 생사를 다루죠. 의사와 버스 운전기사가 어떻게 우열이 있다는 말인가요?

그리고 사회적으로 중요한 일을 수행하는 데에도 그에 맞는 인재가 따로 있는 게 아닙니다. 사회적 환경의 영향을 받는 인간은 누구나 사회적으로 필요한 능력을 키울 수 있으며 능력을 키울 기회를 충분히 주었더라면 누구나 그 능력을 성취할 수 있습니다. 그런데 우리 사회가 진정 공정하게 기회를 주던가요?

한 개인의 순수한 노력과 열정이 불공정한 사회 구조로 인해 끊임없이 좌절됩니다. 요즘은 교육에서도 개인 노력보다는 가정 배경이 중요합니다. 두 사람이 똑같이 노력했더라도 부모의 소득이나 학력 등 가정 배경에 따라 노력의 경험이 제한받고 높은 지위와 많은 보수를 얻는 직업이 다르게 주어지는 게 현실입니다. 성공하려면 부잣집에서 태어나야 합니다. 이런 말을 한 사람도 있지요. 그렇게 태어나는 것도 능력이라고요. 하지만 재벌 집안에서 태어나고 싶다고 해서 그럴 수 있는 것은 아닙니다. 노력한다고 해서 될 수 있는 것도 아닙니다.

가정 배경이 사회에 미치는 힘은 만만치 않습니다. 개인의 귀속적 요인이 소득 불평등에 미치는 영향은 큽니다. 부모의 경제적 지위가 높을수록 자녀의 성공 가능성이 커지는 사회죠. 반대로 부모의 경제적 지위가 낮을수록 자녀가 사회에서 성공하기는 힘들고요. 부모의 계층과 자녀의 사회적 성공 가능성 사이에 정(+)의 관계가 성립합니다. 가정 배경은 곧 권력이지요.

그뿐만의 문제가 아닙니다. 설사 가정 환경과 상관없이 능력의 차이가 있다고 해서 그것으로 인간을 서열화할 수 없을 겁니다. 능력의 차이로 인간을 서열화하면 인간 존엄성을 훼손하는 일이 될 테지요. 그런데 능력의 차이에 수입의 차이가 덧붙어 개입하면서 인간을 서열화하는 일이 벌어지고 있습니다.

보수의 차이가 지나치게 벌어지면 기능적 중요성과 능력에 대해 인정해주는 의미는 사라지고 지배와 복종이라는 관계를 낳을 수 있습니다. 보수의 차이가 클수록 보수가 많은 사람이 보수가 적은 사람을 낮추어보고 군림하는 현상을 낳을 수 있다는 얘기입니다. 예를 들어 갑질 사건을 보면 이 같은 문제를 잘 알 수 있습니다. 기업의 고위임원이 벌어들이는 소득이 평사원의 보수와 비슷하면, 평사원을 홀대할 수 있을까요? 평사원도 고위임원의 부당한 폭언과 폭행에 굴종하지 않을 겁니다. 누구도 서로를 함부로 대할 수 없지요. 갑질 사건은 경제 불평등이 인간 존엄성을 위협하는 수준에 이른 실태를 보여줍니다.

인간이 평등하게 태어났다고 믿는 사람이라면 이런 불평등한 위계에 동의하거나 합의할 수 없을 겁니다. 그런데 기능론을 지지하는 사람들은 희소한 사회적 가치의 배분에 대한 사회적 합의가 있었던 것처럼 말합니다. 하지만 기능론의 사회적 동의에 관한 주장은 한 가지 중요한 사실을 숨기고 말하는 것 같습니다. 이미 자신들은 지배 집단으로서 높은 위치에 있다는 사실 말이죠.

이미 소득 수준이 높은 사회적 지위를 차지하고 있으니까, 사회적 지위는 사회적 중요성에 차이가 있다고 얘기하는 것입니다. 지배 집단이 자신의 지배를 정당화하려고 직업 간의 중요도를 구분해놓고, 자신들의 수익이 많은 이유는 중요한 일을 하기 때문이라고 주장하는 겁니다. 피지배 집단을 향해 "나는 너희처럼 허드렛일을 하는 게 아니야"라고 하는 겁니다.

모든 이야기와 논리는 지배 집단의 입장에서 만들어낸 겁니다. 경쟁의 원리도 마찬가지입니다. 경쟁의 원리가 사회적 합의에 따른 거라고 주장하고는 하는데요, 이미 지배적 위치에 있으니까 경쟁에서 밀려 낙떠러지로 추락할 가능성이 없다고 확신하여 경쟁을 통해 사회적 가치를 배분해야 한다고 말하는 것입니다. 경쟁해봤자 그들의 지배적 위치는 구조적으로 앞서 있으니까요. 이미 출발선이 다릅니다. 사회라는 경기장은 이미 지배집단에 기울어진 운동장입니다. 이런 운동장에서 함께 뛴다고 해서 공정할 수 없습니다. 결국 경쟁의 원리는 공정한 게 아닙니다. 권력과 가정 배경이 뒷받침되면 경쟁 원리는 공정할 수 없습니다. 의사처럼 그 직업을 갖는 데 시간과 비용이 많이 드는 경우, 가난한 집에서 태어난 사람은 잠재적 능력이 있더라도 그 직업을 얻기 힘듭니다. 갈등론도 희소한 자원의 배분으로 사회 불평등 현상이 일어난다는 사실 자체에 관해서는 동의하지만, 그 배분의 기준이 경쟁 원리에 따를 때, 그 과정과 결과 면에서 공정하지 않다고 주장하는 겁니다.

공정한 배분을 의심하게 만드는 또 다른 구조적 요인이 있습니다. 사회적 자원이 생산되는 구조를 보면 무에서 유를 창조하듯 만들어지는 게 아니라는 걸 알 수 있습니다. 사회적 자원은 누군가에게서 가져오는 것입니다. 그래서 지배계급과 피지배계급의 이익이 나란히 함께 존재할 수 없습니다. 양립할 수 없다는 거죠. 누군가 사회적 자원을 가졌으면 다른 누군가를 갖지 못했다는 얘기가 됩니다. 사실상 빼앗는 겁니다. 빼앗기 위해 지배 집단은 국가 폭력기구를 동원하고는 합니다. 지배 집단은 경찰과 군대를 동원하여 빼앗긴 사람의 사회적 불만을 잠재우고 사회를 유지하려 합니다. 법과 제도를 통해 자원을 배분하는 일도 사실 그 뒤에는 폭력적이고 강제적인 힘이 작동하는 있는 겁니다. 그럼으로써 기득권, 즉 기존에 획득한 권력을 보호할 수 있게 됩니다.

그러니 지금의 사회 불평등을 그대로 놔두면 불평등한 계층 구조를 재생산하거나 고착화합니다. 변하지 않고 지금 상태가 계속되게 만든다는 겁니다. 기울어진 운동장을 평평하게 해야 합니다. 그렇게 만드는 힘은 어디에서 나올까요? 그 해답 역시 사회의 모순된 구조에서 찾을 수 있습니다. 갈등이 불가피하게 도출되고 그것이 세상을 바꾸게 되죠.

이런 겁니다. 사회 불평등 현상이 사회 구성원들에게 상대적 박탈감을 안겨주고 집단 간 대립과 갈등을 일으키는 요인으로 작용합니다. 갈등론은 희소가치의 차등분배 수준과 사회 갈등 정도 사이에도 정(+)의 관계가 있다고 봅니다. 희소가치의 차등분배는 사회 구조의 모순이 반영된 결과이며 차등분배 탓에 사회적 갈등이 발생합니다. 그 사회 갈등은 다시 사회 변동의 원동력이 되어줄 것이라고 믿습니다.

갈등론도 사회 불평등이 어느 사회에서나 나타나던 보편적인 현상인 것에 동의합니다. 모든 역사에서 사회 구조가 불평등했기 때문이죠. 하지만 사회 불평등이 불가피하다고 말할 수는 없습니다. 어쩔 수 없으니 받아들이라는 것에 동의할 수 없습니다. 불가피하다는 주장은 현존하는 불평등 현상을 정당화하기 위한 기득권의 변명에 불과합니다.

인간은 평등하게 태어났고 평등하기를 원합니다. 하지만 지배 집단의 이익에 부합하도록 불공정하게 자원이 배분되었습니다. 그것은 잘못된 겁니다. 잘못되었으면 바꿔야지요. 어차피 안 바뀐다고요? 아닙니다. 바뀔 때까지 바꿔야죠. 갈등론은 사회 불평등 현상의 극복을 강조합니다.

사회 계층화 현상의 이해를 위한 이론적 틀 2

사회 불평등 현상이 계속 나타나면 일정한 틀이나 체계를 갖추어가게 됩니다. 이러한 현상을 사회 계층화 현상이라고 합니다. 그래서 불평등한 사회라면 사회 계층화 현상은 일어나게 마련입니다.

계급론과 계층론은 사회 계층화 현상을 이해하기 위한 이론적 틀이라고 할 수 있습니다. 그런데 계층론과 사회 계층화 현상에 사용된 '계층'이라는 개념이 서로 같은 것인지 다른 것인지 이해하기 어렵게 만듭니다. 그러면 사회 계층화 현상을 사회 불평등이 굳어지는 현상으로 살짝 표현을 바꾸어 이해해도 좋습니다. 계층론과 계급론은 사회 불평등이 굳어지는 현상을 이해하기 위한 이론 틀이라고 할 수 있습니다.

모든 문제 현상을 볼 때에는 항상 원인이 궁금해집니다. 사회 계층화 현상을 일으키는 요인은 경제적 요인, 정치적 요인, 사회적 요인으로 구분할 수 있을 겁니다. 이 세 가지 중에서 무엇이 더 중요할까요? 경제적 요인이 결정적으로 중요하다고 본 것이 계급론입니다. 결정적으로 중요하다는 말은 다른 요인, 즉 정치적 요인이나 사회적 요인은 경제적 요인의 곁가지에 불과하다는 것입니다. 정치적 요인이나 사회적 요인이 바뀌어도 사회 계층화 현상이 크게 달라질 건 없다는 말입니다. 다시 말해 경제적 요인이 바뀌어야만 근원적으로 문제가 해결된다는 거죠. 그래서 사회 계층화 현상의 원인은 경제적 원인, 한 가지라고 하여 일원론입니다.

반면 세 가지 요인을 모두 고르게 살펴봐야 한다는 것이 계층론입니다. 한 가지가 아닌 세 가지를 모두 고르게 고려하니, 요인이 다양하죠. 다원론입니다. 세 가지 요인은 뿌리가 다릅니다. 어느 것도 한 뿌리에서 나오지 않았습니다. 그런데 그것들이 모두 제각각 사회 불평등 현상, 그리고 그것이 굳어지는 사회 계층화 현상에 영향을 줍니다. 무엇이 결정적이라고 할 것 없이 세 가지 요인이 서로에게 영향을 미치는 것으로 봅니다.

자, 그러면 사회 불평등이 굳어지는 사회 계층화 현상을 무엇으로 구분하여 이해하는 게 좋을까요? 계급으로 구분할까요, 아니면 계층으로 구분할까요? 계급으로 구분하면 지배계급과 피지배계급으로 분류하여 사회 불평등 현상을 논하게 됩니다. 계층으로 구분할 때에는 일반적으로 상층, 중층, 하층으로 구분하고, 이를 더 세분화할 수도 있습니다. 각 이론을 살펴보고 이제 어떤 시각으로 사회 계층화 현상을 분석하는 게 적절할지 판단해보길 바랍니다.

마르크스의
계급론

일반적으로 마르크스의 계급론은 경제를 중요하게 취급했다고 합니다. 경제는 생산이 핵심이기 때문에 생산 활동을 중심으로 자신의 이론을 정립했죠. 생산 활동은 어려운 말이 아닙니다. 노동한다는 것입니다. 인간은 생존하려고 노동을 하여 옷, 음식, 집을 비롯하여 생활에 필요한 물질을 생산합니다. 자본주의 사회에서는 이런 생산 활동이 주로 작업장에서 이뤄집니다. 작업장에서 생산 활동을 하는 사람들 사이에 맺게 되는 사회적 관계를 생산관계라고 하는데, 어느 시대나 생산관계가 평등하지 않았습니다.

생산관계가 평등하지 않은 가장 큰 이유는 생산에 필요한 생산수단의 소유 여부가 다르기 때문입니다. 노예 사회의 주요 생산수단은 노예 그 자체이며, 봉건 사회의 주요 생산수단은 토지입니다. 노예나 토지를 소유한 세력은 생산관계에서도 우위를 차지합니다. 노예를 소유한 주인, 토지를 소유한 영주가 노예와 농노를 지배했죠.

자본주의 사회의 주요 생산수단은 토지, 공장, 자본 등을 말합니다. 이 것을 소유한 자본가계급은 생산관계에서 지배적인 위치에 있습니다. 하지만 그러한 생산수단이 없는 사람이 있습니다. 다수의 노동자입니다. 노동자는 생산수단을 소유한 계급에 종속되어 노동력을 제공하며 생계를 유지해야 합니다. 자본주의 사회에서 생산수단을 소유한 자본가는 생산 활동을 할 때 지배자의 위치에 있고, 그렇지 못한 노동자는 피지배자의 위치에 놓입니다.

자본가는 노동자에게 일을 시키고 임금을 주는데 이렇게 지출된 비용보다 많이 생산하도록 유도합니다. 이윤을 챙깁니다. 그게 잉여가치입니다. 잉여란 나눠주고 남은 것을 말합니다. 이 잉여가치를 자본가가 몽땅 가져가기 때문에 자본가는 지배적인 위치를 계속 유지할 수 있습니다. 반면 노동자는 부스러기만 챙길 뿐입니다. 일을 열심히 할수록 자본가의 배만 두둑해지고 노동자에게는 찔끔 오른 급여에 만족하라고 합니다.

이렇게 기울어진 생산관계는 사회의 핵심적인 경제적 구조를 형성하는 데 기초가 됩니다. 이 경제구조 위에 법적, 정치적 구조가 조성되어 법과 제도가 만들어지고 의식과 관념이 만들어집니다. 사회 제도와 의식은 모두 불평등한 계급구조를 옹호하는 데 활용되고 있을 뿐입니다. 이러한 불평등한 생산관계가 경제구조를 틀 지우고 구조로 고정되어 계속되기 때문에 자신의 처지를 분명하게 인식하게 됩니다. 동료의식이 강해집니다. 결국 적대적인 갈등 관계를 형성하게 됩니다. 이런 적대적 관계에 있는 집단을 계급이라고 합니다.

요컨대 마르크스는 생산수단의 소유 여부가 계급을 구분하는 가장 중요한 기준이라고 보았습니다. 물론 지배계급은 많은 소득을 가지고 있습니다. 부자죠. 그런데 소득이나 부는 생산수단을 소유하면 자연스럽게 얻을 수 있는 것입니다. 소득이나 부는 계급을 구분하는 핵심적인 요인이 될 수 없습니다. 그것은 생산수단의 소유 여부에서 비롯된 계급 관계의 산물일 뿐입니다.

생산수단을 소유한 계급은 뭐든 다 가질 수 있습니다. 경제적으로 많은 부를 얻을 수 있고 정치적으로 권력을 가질 수 있으며 사회적으로 고급스러운 문화생활도 누릴 수 있습니다. 지배계급이 정치적으로 혹은 사회적으로 뒤처지는 일은 있을 수 없습니다. 지위가 불일치할 수 없다는 얘기입니다. 이처럼 모든 것은 경제적 요인, 그중에서도 생산수단의 소유 여부가 결정적이며 정치적 권력이나 사회적 지위는 경제적 요인에 따라 묻어가는 것이지 독자적으로 존재하진 않습니다. 그것들은 모두 곁가지에 불과합니다. 다시 말해 정치적 권력이나 사회적 위신은 계급 관계의 산물에 불과합니다. 정치적 권력이나 사회적 위신마저 자본가계급이 장악하게 됩니다. 그러니 자본가는 계속 자본가가 되고 노동자는 계속 노동자로 남아 거듭하여 그 계급이 재생산됩니다. 따라서 모든 관심을 경제적 요인에 집중하여 사회 계층화 현상을 분석해야 한다는 논리가 나옵니다.

적대관계에 있는 집단 사이에 뚜렷한 장벽이 있습니다. 이분법적이죠. 자본가계급과 노동자계급이 지배와 피지배로 확실하게 분리되어 있지요. 중간 단계 없이 단절되어 있습니다. 양분되는 것이죠. 생산수단의 소유 여부에 따라 그들은 건널 수 없는 강을 사이에 두고 대치하는 것입니다. 이는 계급 간 사회이동이 자유롭지 못함을 의미하기도 합니다. 그래서 계급은 불연속적이라고 합니다. 계급의 구분은 명확하고, 계급 간의 관계가 끊어져 있으면서 적대적이라는 얘기입니다. 사회 불평등 현상은 계급적인 서열화가 굳어져 불연속적으로 구분된 상태로 볼 수 있습니다.

계급은 갈등 속에서 단련됩니다. 갈등을 통해 자신의 처지를 더욱 분명하게 알게 됩니다. 그래서 같은 계급에 속하는 사람들 사이에서는 강한 귀속의식이나 연대감을 느끼게 됩니다. 이것을 계급의식이라고 합니다. 계급의식은 집합적 행동을 낳기도 합니다. 집단행동에 나설 수 있게 됩니다. 적대적인 상대 계급에서 자신이 속한 계급을 보호하려고 뭉치게 되지요. 계급의식이 강해지면서 두 계급의 적대감은 폭발합니다. 결국 충돌하게 됩니다. 이것을 계급 투쟁이라고 하지요. 이런 계급 투쟁은 사회 모순이 있는 한 항상 있었습니다. 그래서 인류의 모든 역사는 계급 투쟁의 역사였다고 말한 것입니다.

이상의 내용을 종합적으로 평가하자면, 마르크스의 계급론은 역사적으로 생산관계를 분석한 결과, 사회 불평등 현상에 대해 생산수단의 소유 불평등이 정치적, 사회적 불평등을 초래하는 것으로 봅니다. 그리고 계급갈등의 불가피한 측면을 강조합니다. 따라서 사회 불평등 현상을 역동적으로 설명하는 역사 이론으로 계급론을 평가할 수 있습니다.

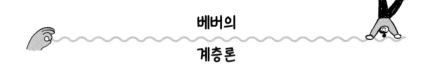

베버의 계층론

베버의 계층론은 다원적 사회 불평등 이론이라고 합니다. 그만큼 마르크스보다 다양한 요소들로 사회 불평등 현상을 파악하여 설명했습니다. 베버는 다원론적 입장에서 사회 불평등을 크게 세 가지 차원, 즉 경제적, 정치적(권력적), 사회적 차원에서 파악했습니다. 각 차원에서 '계급(class), 파당(party), 지위(status)'가 형성됩니다. 즉 경제력의 차이는 계급을, 권력의 차이는 파당을, 사회적 위신(위엄과 명예, 존경심)의 차이는 지위 집단을 만들어냅니다.

 아, 여기서 계급이 나오네요. 베버도 사회 불평등 현상의 원인으로 경제적 요인을 고려합니다. 계급을 인정한다는 얘기입니다. 그런데 계급을 결정하는 요인에 대해 베버는 마르크스와 다르게 생각했습니다. 베버는 생산수단의 소유 여부뿐만 아니라 소득이나 부(재산)의 크기도 계급 형성에 영향을 미친다고 봅니다. 마르크스와 같은 단순한 구분으로는 복잡한 산업 자본주의 사회에서 사람들의 경제적 위치를 파악하기 어렵다는 것이죠. 그래서 그는 소득이나 재산도 계급 형성에 영향을 주는 요인으로 보았습니다.

 베버는 정치적 권력도 주목하여 봅니다. 그는 정치 권력 획득을 지향하는 '파당(party)'을 불평등 구조에서 또 하나의 단위로 제시하고 있습니다. 파당이란 공통된 목적을 공유하여 함께 행동하는 사람들의 집단을 의미합니다. 파당을 파벌이나 정당으로 해석할 수 있습니다. 나아가 그것의 목적은 권력의 획득에 있으니 권력 집단이라고 이해해도 좋습니다. 정치적 이념이 파당을 형성하게 되고, 그것이 권력에 영향을 미쳐 사회 계층화 현상의 원인이 될 수 있습니다. 베버는 권력을 매우 중시했습니다. 그는 권력을 '상대방의 의사에 반하여 자신의 의지를 관철할 수 있는 능력'이라고 정의하면서, 권력 현상이 인간과 인간 사이의 관계를 지배와 피지배의 관계로 만든다고 보았습니다. 하지만 권력 결정론은 아닙니다. 권력을 중시했지만, 권력이 다른 경제력이나 사회적 위신까지 결정하지는 않습니다. 큰 영향을 미칠 뿐입니다.

 마지막으로, 사회적 위신입니다. 베버는 개인이 다른 사람들로부터 받는 존경이나 개인이 누리는 명예와 위신의 차이에 따라 사회적 지위가 달라진다고 보았습니다. 사회적 지위의 차이도 사회 불평등 현상의 한 차원이라고 본 것이죠. 비슷한 명예와 위신을 누리는 사람들은 하나의 '지위 집단'을 형성합니다. 개인의 부나 권력의 차이와 상관없이 비슷한 사회적 위신을 가지고 있는 사람들은 같은 지위 집단으로 봐야 한다는 주장입니다.

정치적, 경제적, 사회적 요인 등 다양한 요인에 의해 계층이 형성됩니다. 계층이란 비교적 비슷한 수준의 사회적 가치를 가진 사람들로서 위와 아래가 있는 층을 말합니다. 흔히 상층, 중층, 하층으로 구분하지요. 그런데 상중하로 나누는 계층 구분선이 명확하지 않습니다. 이것이 자본가계급과 노동자계급으로 나누는 계급 구분과 다른 점입니다.

마르크스의 계급은 구분선이 명확합니다. 생산수단이 있고 없음을 통해 뚜렷하게 구분되는 '집단'으로 계급을 봅니다. 그래서 각 계급은 계급 내에서 똑같은 처지로 규정될 수 있었습니다. 하지만 베버의 계층은 집단이 아니라 범주(category)의 성격을 지닙니다. '집단'을 언급할 때는 두 사람 이상이 소속감을 느끼고 지속적인 상호작용을 해야 한다는 조건을 충족해야 하는데 '범주'는 이런 복잡한 조건 없이 구분되는 느슨한 묶음을 지칭합니다.

일반적으로 범주의 의미는 '똑같지는 않아도 공통점을 지닌 부류의 인구'를 뜻합니다. 범주의 개념을 말할 때 소속감이나 지속적인 상호작용 따위는 필요 없습니다. 예를 들어 청소년, 독거노인 등은 집단이 아닙니다. 나이와 생활경험이라는 공통점을 지닌 인구를 분류한 것으로 범주의 개념을 적용한 것입니다. 계층도 단순한 인구의 부류를 말하는 범주 개념입니다. 상층, 중층, 하층은 경제적 능력, 정치적 권력, 사회적 위신의 요소를 조합하여 만든 인구 부류입니다.

게다가 계층 형성에 영향을 주는 각 요인이 제각각 따로 영향을 주기 때문에 계층 구분이 더욱 불명확해집니다. 이게 무슨 얘기일까요? 먼저 계급을 보면, 베버가 생각하는 계급은 생산수단의 소유 여부, 소득과 재산의 크기 등 다양한 요소의 영향을 받습니다. 그런데 그 계급이 권력과 지위에까지 결정적인 영향력을 행사하는 게 아닙니다. 권력과 지위는 경제적 요소로 환원될 수 없습니다. 파당과 지위 집단은 권력과 사회적 위신이라는 독자적인 기원을 갖습니다. 생성되는 뿌리가 다르다는 얘기입니다. 계급, 파당, 지위는 다른 종자란 얘기이기도 합니다. 그래서 경제적 불평등, 정치적 불평등, 사회적 불평등이 서로 독립적으로 나타난다는 얘기도 나옵니다.

물론 이럴 수 있습니다. 경제적 능력, 정치적 권력, 사회적 위신이 모두 많거나 높은 부류는 상층으로, 그보다 덜한 부류는 중층으로, 또 그것들이 가장 적은 부류는 하층으로 분류하는 것이죠. 하지만 앞서 뭐라고 했죠? 정치적, 경제적, 사회적 요인은 모두 독자적으로 다른 기원을 갖는다고 했습니다. 그래서 각 계층은 세 가지 요인 가운데 어느 것은 많이 가지고 있으나 다른 것은 적게 가지고 있는 경우가 발생할 수 있습니다. 정말 이런 경우가 다반사로 있습니다.

예를 들어 로또에 당첨되거나 소유한 토지의 개발 사업 덕분에 벼락부자가 된 경우, 경제적으로는 상층이라고 할 수 있을 것입니다. 하지만 이런 벼락부자가 갑자기 본래 상층이 누리던 여가활동, 예를 들어 클래식 음악을 감상하고, 고급 미술을 이해하며 승마를 즐길 수 있느냐 하면 그렇지 못합니다. 남아도는 돈으로 그런 생활을 경험해볼 수는 있겠지만 충분히 그 가치를 누리지는 못합니다. 다른 경우도 생각해볼 수 있죠. 청렴하여 경제적으로 하층이지만 고위 관료이거나 존경받는 인물인 경우도 있죠. 물론 흔히 볼 수 없습니다. 하지만 이런 불일치가 나타날 수 있습니다.

재벌 총수는 어떤가요? 경제적으로 상층인 것은 분명하지요. 경제력으로 정치 권력도 쥐락펴락하니 정치적으로도 상층입니다. 하지만 사회적 위신이 높은 것은 아니죠. 물론 재벌 총수를 위인으로 추종하는 사람도 있지만 그들의 편법 불법 행위를 아는 사람들은 그렇게 안 보죠. 부정축재자(不正蓄財者)로 비판합니다. 치졸하게 부정한 술수를 사용한 몹쓸 인간으로 취급하기도 합니다. 이때에는 경제적 차원에서 상층에 속하지만, 사회적 차원에서는 하층에 속하는 사례가 될 수 있습니다.

이처럼 서로 다른 지위 간의 위치가 다른 현상을 지위 불일치 현상이라고 말합니다. 한 계층 안에도 계급, 파당, 지위가 각각 다를 수 있습니다. 이처럼 계층론은 지위 불일치 현상을 설명할 때 용이합니다.

계층론이 지위 불일치 현상을 설명하기 쉽다는 말은 곧 계층을 규정 짓는 게 모호하다는 것을 확인시켜줍니다. 계층의 구분이 명확하지 않아 끊어지지 않고, 한 계층에서도 여러 요소가 복합적이기 때문에 끊어 구분하기 어려우니 계층론은 연속적이라고 말하는 것입니다. 계층 간의 관계를 연속적인 서열 관계로 보는 것이죠.

그래서 동일한 범주에 속하는 사람들 사이에 연대의식은 강하지 않습니다. 뚜렷하게 구분이 되어야 자기 집단에 대한 의식을 가질 수 있습니다. 하지만 계층 구분이 뚜렷하지 않아 계층의식도 명확하지 않습니다. 그러니 다른 계층에 대한 인식도 모호하여 적대감도 약합니다. 계층 간의 관계가 적대적이지 않다는 얘기입니다.

계층 간 적대감이 약한 것은 계층 구분이 유동적일 수 있기 때문이기도 합니다. 계층론에서 계층 개념은 집단으로 구분되지 않고 범주화한 것이며 그리고 다양한 요인을 활용하기 때문에 수시로 계층이동이 일어나는 현실을 보여줄 수 있습니다. 계층이라는 구분 자체가 계층이동이 일어나는 것을 염두에 둔 것입니다. 처음부터 고착된 건 없다는 것이죠. 다양한 요인에 의해 계층이 구성되므로 상중하 계층이라는 위계의 구분 기준도 더욱 유동적일 수 있습니다. 아무래도 다양한 요인이 계층에 영향을 미친다면 계층이동의 기회도 많아질 수 있다는 것이죠. 어느 한 요인이 부족하면 다른 요인을 챙겨서라도 계층이동을 할 수 있습니다. 생산수단을 갖지 못하면 영원히 노동계급으로 남아야 하는 계급론과 다른 특성을 보여주고 있지요.

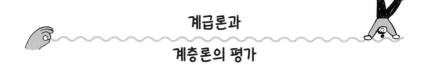

계급론과 계층론의 평가

마르크스의 계급론과 베버의 계층론 가운데 무엇이 더 적절한 설명인 것 같은가요? 우리가 일반적으로 진리라고 부를 때, 그것은 다양한 면을 빼

놓지 않고 포함하고 있을 때입니다. 계급론과 계층론은 모두 사회 불평등 현상의 원인으로 경제적 요인을 고려했습니다. 하지만 계층론은 더 많은 것을 보려 했지요. 그래서 사회를 이해하고 해석할 때 베버의 계층론이 사회를 더 잘 보여주는 것 같습니다.

그런데, 그래서 어쨌다는 거죠? 사회 계층화 현상을 다양한 요소를 분석하여 파악했습니다. 그런데 그 계층이란 게 범주 개념으로, 애매하게 분류됩니다. 그렇게 애매한 계층으로 분류해서 뭘 어쩌자는 것이죠? 계층론에는 사회 계층화 현상의 해소를 위해 어느 계층이 어떤 행동을 해야 할지 분명하게 제시하기 곤란한 점이 있지요. 계층의식도 뚜렷하지 않다고 했으니까요.

마르크스는 과연 중산층의 존재를 몰랐을까요? 그렇지 않습니다. 정치적 권력과 사회적 위신에 관한 생각을 안 했을까요? 역시 그렇지 않습니다. 그런데 왜 마르크스는 계급만을 고집했을까요? 마르크스는 사회구조의 핵심 포인트를 잡고자 했던 겁니다. 그뿐만 아니라 참고할만한 또 다른 이유가 있습니다. 마르크스는 이런 말을 남겼죠.

"철학자들은 세계를 다양하게 해석해왔을 뿐이다. 중요한 것은 세계를 변혁하는 것이다."

마르크스가 사회를 이해하지 못한 것도 아니지만 사회에 대한 해석보다는 변혁의 힘을 찾고자 했던 것이죠. 계급론은 사회 변혁의 힘을 찾는 이론이었던 것입니다.

그런데 오늘날 계급론은 인기가 없습니다. 계급론을 전문적으로 연구한 학자는 교수로 잘 임용되지도 않습니다. 하지만 계급론이 필요 없게 된 것은 아닙니다. 계급론이 필요 없는 평등한 사회가 도래한 것은 아니라는 얘기입니다.

그래서 여러 학자가 여전히 계급론을 놓지 않고 있습니다. 최근 학자들은 마르크스보다 발전된 형태로, 즉 생산수단의 소유 여부만이 아니라 다양한 직업, 성, 민족, 인종 등으로 세분화시켜 계급을 파악하여 사회 불평등 현상을 연구하고 있습니다. 새로운 학자들은 자본주의 체제에 대해 비판적이었던 마르크스의 핵심적인 주장을 이어가면서도 다양한 계급구조를 파악하려 시도하고 있습니다. 그리고 그 연구들은 모두 사회 불평등의 해결에 초점을 맞추고 있습니다. 오늘날 사회학계에서 계급론이 여전히 중요한 이유는 금수저, 흙수저와 같이 계급과 관련된 용어들이 계속 쏟아져 나오는 현실과 관련이 깊습니다. 우리 사회가 여전히 불평등한 이상 계급론을 낡은 것으로 취급할 수는 없습니다.

여러분도 앞으로 어떤 도구를 사용하여 사회를 분석하거나 변혁시킬 것인지 고민해보기 바랍니다. 그 고민 속에는 사회를 분석하는 데 만족할 것인지, 아니면 변혁에 더 무게를 둘 것인지도 포함해보기를 권합니다. 이 모두를 포함하면 더욱 좋겠지요.

사회 계층 구조와 사회이동

3

사회 계층 구조와 개방성

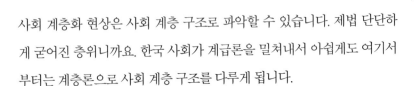

사회 계층화 현상은 사회 계층 구조로 파악할 수 있습니다. 제법 단단하게 굳어진 층위니까요. 한국 사회가 계급론을 밀쳐내서 아쉽게도 여기서 부터는 계층론으로 사회 계층 구조를 다루게 됩니다.

　사회 계층 구조는 대체로 상층, 중층, 하층이라는 일정한 형태를 갖추게 마련입니다. 이렇게 정형화된 모습으로 사회를 드러내면 그 사회에서 사회적 자원이 어떤 모습으로, 즉 어떤 계층에 더 많이 배분되는지 대강의 모습을 파악할 수 있습니다. 그림으로 그리면 복잡한 말과 글들이 정리되는 느낌이 생기게 마련이지요. 앞으로 피라미드형, 다이아몬드형, 모래시계형 등 사회 계층 구조의 유형을 표현하는 다양한 모델을 보게 될 것입니다. 그 그림으로 사회적 가치의 배분을 이해할 수 있을 겁니다.

그런데 계층 간 이동의 가능성이 없는 사회가 있고 자유로운 사회도 있을 것입니다. 구성원의 계층 간 이동 가능성에 따라 폐쇄적 계층 구조와 개방적 계층 구조로 나누어볼 수 있는데, 한 사회가 어느 계층 구조 형태를 띠고 있느냐에 따라 사회 구성원의 일상생활이 크게 달라집니다.

폐쇄적 계층 구조는 한 계층에서 다른 계층으로 상승하거나 하강할 가능성이 제한된 구조로 노예제나 봉건제 등에서 찾아볼 수 있습니다. 근대 이전의 사회, 즉 전근대 사회에서 지배적으로 나타납니다. 이것은 흔히 나타난다는 얘기입니다. 그래서 근대 이후에도 나타날 수 있다는 얘기이기도 하고요.

노예제와 봉건제에서 노예나 농노로 태어난 사람들은 주인이나 영주에 삶이 종속되었습니다. 그리고 그 삶은 한 세대의 삶으로 끝나지 않았죠. 귀속 지위가 삶에 큰 영향을 미쳐 신분과 직업이 세습되었지요. 귀속 지위에 따라 서로 다른 계층 간 혼인이나 교류도 엄격히 제한되었습니다. 인간은 모두 존엄하다는 말이 이들에게는 전혀 적용되지 않았고, 대대손손 주어진 운명에 따라 살아야 했지요. 계층 간의 장벽이 높고 두터웠습니다. 누구도 그 장벽을 넘을 수 없는 사회이기 때문에 폐쇄적이라 할 수 있습니다.

지금의 상식으로는 어떻게 이런 사회가 있을 수 있는지 의아해할 수 있는데요, 이런 폐쇄적 계층 구조는 과거의 역사적 유물로 존재하는 것만은 아닙니다. 인도의 카스트 제도는 폐쇄적 계층 구조가 오늘날에도 여전히 살아 있다는 것을 보여줍니다.

　카스트 제도는 지금으로부터 약 3천 년 전 아리아인이 인도를 정복하여 원래 인도에 살던 사람들을 노예로 삼고, 이후 계층 분화가 일어나면서 굳어진 계층제도입니다. '카스트'라는 말은 혈통보존과 관련된 층위를 지칭하는 포르투갈 말에서 유래했는데, 브라만(사제, 승려)과 크샤트리아(왕족, 무사), 바이샤(평민, 상인) 및 수드라(천민, 노예) 등으로 나누어놓고 엄격한 규율에 따라 혈통보존을 하고 있습니다. 예를 들어 다른 카스트와의 결혼을 금지하고 거주지 이동을 제한하여 카스트 간의 결합을 통한 사회 이동을 제한합니다. 카스트 제도는 더욱 세밀하게 나눌 수도 있는데요, 이때 최하위 계층을 '불가촉천민'이라고 합니다. 이들과는 말도 섞어서는 안 됩니다. 사회적 관계망 안에 아예 들어오지도 못하게 하는 것이죠. 카스트 제도는 인도가 영국에서 독립하면서 법적으로 폐지되었지만, 아직도 많은 인도인의 일상생활에 큰 영향을 미치는 사회 관습으로 남아 있습니다. 이것이 오늘날까지 인도의 사회 발전을 가로막고 있지요.

　폐쇄적 계층 구조는 인도에서만 볼 수 있는 게 아닙니다. 한국에서도 볼 수 있습니다. 한국 재벌가는 철저히 그들만의 폐쇄적 관계를 형성하고 있기 때문입니다. 드라마에서 가난하지만 당찬 미모의 여성이 재벌가 남성과 사랑에 빠지는 신데렐라 이야기를 다루는 경우가 있는데 현실에서는 있을 수 없는 일입니다.

　참여연대 부설 참여사회연구소가 연구한 '30대 재벌 혼맥도'에 따르면, 한국 사회의 특이한 폐쇄적 계층 구조를 파악할 수 있습니다. 이 혼맥도는 재계와 정·관계, 언론계 등 한국 사회 지도층의 혼인 관계를 보여줍니다. 재벌가는 또 다른 재벌가뿐만 아니라 언론사 회장, 국회의원, 검사, 판사, 장관, 국무총리, 대통령 등의 집안과 사돈을 맺습니다. 상류 사회는 거대한 거미줄처럼 얽힌 혼맥 구조로 구성되어 있어 몇 다리만 걸치면 다들 사돈지간이라고 합니다. 결혼할 의사를 전하고 이를 성사시키는 것은 일종의 경영과 같습니다. 이들 관계는 사업에 직접적인 영향을 주기도 합니다. 재벌 간 결혼동맹을 통해 사업을 확장하기도 합니다. 정관계 사람들과의 결혼동맹은 정치와 재벌의 유착관계를 강화할 수 있습니다. 언론사와의 혼인은 언론사가 왜 재벌에 유독 우호적인지를 알려주는 근거가 되기도 합니다. 재벌가의 혼인 유형은 상류층 간의 '계급내혼'의 특징을 보입니다. 그들은 자녀들의 결혼을 통해 그들만의 성을 높이 쌓았습니다. 이처럼 재벌의 혼맥도를 통해 우리 사회의 '기득권 대물림'이 이뤄지는 구조를 알 수 있습니다. 한국의 상류 사회는 결코 개방적이지 않습니다.

반면 개방적 계층 구조는 다른 계층으로 상승하거나 하강할 기회와 가능성이 열려 있는 구조를 말합니다. 일반적으로 신분제가 폐지된 근대 이후 대다수 사회가 개방적 계층 구조를 형성하고 있습니다. 이 계층 구조에서는 성취 지위를 중시하기 때문에 개인적 노력이나 능력이 사회이동의 중요한 요소로 작용합니다. 서로 다른 계층 간 혼인이나 교류에도 제한을 두지 않지요. 사회 구성원에 변화가 없는 상태에서, 즉 한 사회 밖으로 빠져나간 사람이 없고 새로 유입된 사람이 없는 상태를 가정하여 계층 구성비만 변화했다면 그 사회가 개방적 계층 구조라는 것을 말해줌니다.

한국 사회는 최상위 계층의 폐쇄성이 있지만, 전반적으로 개방적 계층 구조를 보여줍니다. 이렇게 개방성을 갖추는 데 교육이 주효했습니다. 교육을 통한 계층의 변동은 개방적 계층 구조의 형성에서 매우 중요한 역할을 합니다. 기능론적 관점에서는 교육 제도를 통해 계층이동이 활발하게 이루어지고 인재가 적재적소에 배치되어 사회가 효율적으로 유지된다고

주장합니다. 한국 사회도 이런 기능론적 관점으로 충분히 해석될 줄 알았죠. 하지만 최근 한국 사회에서는 갈등론의 관점이 더 적절하게 적용되는 것 같습니다. 가정 배경, 특히 부모의 사회경제적 지위가 자녀의 학업 성취와 대학 입학에 중요한 영향력을 행사하고 있기 때문입니다.

오늘날 한국에서 부유층의 상위권 대학 입학 비율이 높아졌습니다. 교육을 통한 계층이동의 사다리가 끊어졌을 뿐만 아니라 경쟁마저 불공정해, 청년층들은 좌절하고 자포자기의 심정으로 '흙수저, 금수저'라는 수저계급론이 유행하게 되었습니다. 소득 격차와 경쟁은 심해지는데 부모의 자산이나 지위가 뒷받침이 안 되면 개인적으로 아무리 노력해도 계층 상승을 기대할 수 없기 때문입니다. 계층 지위 상승에 대한 기대감은 현저히 낮아지고 있습니다. 앞으로는 "개천에서 용 나는" 일이 없을 것이라는 말도 나옵니다. 점차 한국 사회가 폐쇄적으로 갈 것이라고 우려하는 사람도 있습니다. 이처럼 사회 계층 구조가 폐쇄적으로 흐르면 사회 갈등은 더욱 심해질 것입니다.

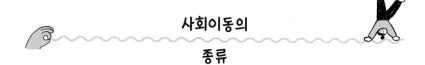

사회이동의 종류

계층 구조가 얼마나 폐쇄적인지 혹은 개방적인지 살펴보려면 개인이나 집단의 사회적 서열이 얼마나 어떤 형태로 바뀔 수 있는지를 분석해야 합니다. 결국 사회이동의 가능성과 범위가 관건입니다. 사회이동은 개인이나 집단이 속해 있는 계층적 위치가 굳어져 있지 않고 변화하는 현상을 의미합니다.

사회이동을 몇 가지 기준에 따라 자세히 살펴보겠습니다.

첫째, 사회이동의 원인에 따라 개인적 이동과 구조적 이동으로 나눌 수 있습니다. 개인적 이동은 개인의 의지와 노력 때문에 사회 계층 구조에서 계층적 위치가 변화하는 경우를 말합니다. 주변에서 흔히 볼 수 있는 사회이동은 개인적 이동입니다. 이번에 어느 집 아이가 어느 대학에 들어갔다더라, 어디에 취직했다더라 하는 얘기들은 개인의 노력에 따라 이뤄지는 것으로 그것이 계층의 변화를 보였다면 개인적 이동입니다.

반면 구조적 이동은 거대한 사회이동으로 흔하게 발생하지는 않습니다. 전쟁, 혁명, 산업화와 같은 사회의 급격한 변동에 따라 나타나는 계층적 위치의 변화가 있을 수 있는데, 이를 구조적 이동이라고 말합니다. 중세 유럽의 봉건제에서 제1신분 성직자, 제2신분 귀족에 이어 겨우 제3신분에 불과했던 부르주아가 시민혁명을 통해 사회의 지배 세력으로 등장한 경우를 그 예로 들 수 있습니다. 이 경우 부르주아계급은 상승 이동을 했습니다. 산업화 때문에 산업구조가 농업 중심에서 공업 중심으로 급격히 변화하여 소작농 다수가 도시의 임금노동자로 이동하게 되었다면 이 역시 구조적 이동입니다. 그런데 이 경우에는 수평 이동이 됩니다. 농업사회에서 하층이었던 사람들이 공업사회에서도 하층이기 때문입니다. 수평 이동이 일어난 구조적 이동인 것이죠.

둘째, 사회이동의 방향에 따라 수직 이동과 수평 이동으로 나눌 수 있습니다. 사회적 서열에서 위로 올라가는 현상을 상승 이동이라고 합니다. 대다수 사람이 이런 상승 이동을 기대하며 살아가고 있습니다. 하지만 세상일이 뜻하는 대로만 일어나지는 않습니다. 사회적 서열에서 아래로 내려가는 일도 있을 것입니다. 이것을 하강 이동이라고 합니다. 상승 이동과 하강 이동을 모두 포함하여 위와 아래로 흐르는 이동, 즉 수직 이동이라고 합니다. 수직 이동에 하강 이동이 포함된다는 사실을 종종 놓치는 경우가 많습니다. 위만 보고 사는 게 익숙해서 그런지 수직 이동에서 하강 이동을 고려하지 않는 탓인지도 모르겠습니다. 어쨌든 수직 이동이 빈번하게 일어날 수 있으면 그 사회는 개방적이라고 할 수 있을 것입니다.

하지만 위와 아래로의 이동만 있는 게 아니라 옆으로의 이동도 있을 수 있겠죠. 이것은 수직 이동과 달리 수평 이동이라고 부릅니다. 수평 이동은 회사 내에서 같은 직급으로 이동하는 것처럼 동일한 계층적 위치 내에서의 이동을 말합니다. 수평 이동은 조선시대와 같은 전근대 사회에서도 흔히 나타납니다. 신분제 사회처럼 폐쇄적 계층 구조라 하더라도 수평 이동은 통제하지 않거든요. 수평 이동은 지배층이 현재의 질서를 위협하지 않기 때문에 특별히 제한할 이유가 없었던 것입니다. 신분제 사회를 포함하여 어느 사회에서나 민감한 반응을 보이는 건 수직이동입니다. 사회학에서도 사회 변동 양상을 파악할 때 수평이동보다 수직이동에 더 관심을 두고 있습니다.

셋째, 사회이동을 사회이동이 이루어지는 기간을 두고 살펴볼 수도 있을 것입니다. 사회이동이 이루어진 세대 범위에 따라 세대 내 이동과 세대 간 이동으로 구분할 수 있습니다. 세대 내 이동은 한 개인이 자신의 삶 가운데 두 시점을 정하고 두 시점 사이에서 경험한 직업적 지위 변화를 말합니다. 예를 들어 어린 나이에 조그만 가게의 배달부로 생활했으나 장년이 된 시점에서 중소기업의 사장이 된 경우를 말합니다. 세대 내 상승 이동이죠. 또 중소기업 사장이었다가 경제 불황으로 기업이 파산하여 노숙인이 된 경우도 세대 내 이동입니다. 이것은 세대 내 하강 이동입니다.

세대 간 이동은 부모 세대와 자녀 세대 간에 나타나는 계층적 위치 변화를 말합니다. 예를 들어 아버지는 가난한 농부였지만, 자녀는 열심히 노력하여 대기업의 임원이 되어 부와 명예를 누리게 되는 경우를 예로 들 수 있습니다. 세대 간 상승 이동인 것이죠. 이럴 때도 있죠. 아버지는 대기업 회장입니다. 하지만 자녀는 어릴 적부터 아버지만 믿고 살다가 청년이 되어서도 흥청망청 살고 마약을 하여 패가망신하는 것입니다. 이것은 세대 간 하강 이동이죠. 하지만 이런 일들은 보기 드문 현상입니다. 이해를 도우려고 사례를 제시했지만, 사례가 좀 더 현실감이 있어야겠습니다.

현실적으로 흔히 나타나는 다음 사례를 생각해봤으면 합니다. 아버지는 가난한 농부였습니다. 하지만 아버지는 자녀에게 농사일을 시키고 싶지 않았습니다. 그리하여 인근 소도시에서 고등학교에 다니게 도왔고 결국 자녀는 중소기업의 비정규직 노동자로 취업하였습니다. 이 사례도 세대 간 상승 이동으로 보이나요? 도시의 비정규직 노동자도 전체 사회에서 하층 농민과 비슷한 지위를 점하고 있기에 세대 간 수평 이동에 불과합니다. 계층을 대물림한 것이죠.

세대 간 이동에서 관심을 두고 관찰해야 할 현상이 계층 대물림 현상입니다. 세대 간 이동에서 부모 세대 계층과 비교하여 자녀 세대 계층이 일치하면 계층 대물림이라고 합니다. 지위의 대물림은 지위의 세습을 뜻합니다. 계층의 대물림 비율이 세대 간 상승 이동 및 하강 이동보다 높으면 세대 간 계층의 고착화 현상이 나타난다고 말할 수 있습니다. 고착화는 콘크리트처럼 굳어진다는 것을 의미합니다. 계층 대물림 비율이 높은 사회의 미래는 암울합니다. 변할 게 없으니까요.

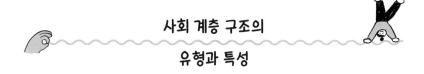

사회 계층 구조의 유형과 특성

사회이동은 시간 차이를 두고 일어납니다. 세대 간 이동의 경우, 한 세대의 삶이 지나가야 나타나지요. 그렇게 시간이 지나고보면 일정한 형태가 나타납니다. 하나의 유형이 만들어진 것이죠.

사회 계층은 상층, 중층, 하층으로 구분할 수 있는데 각 계층 구성원의 양적 비율에 따라 계층 구조의 유형이 나타납니다.

먼저 완전히 불평등한 계층 구조는 계층 구조가 수직선으로 세워진 모습으로 나타납니다. 가장 가난한 사람부터 가장 부자인 사람까지 수직으로 쌓아 올린 구조입니다. 이 구조에서는 같은 계층에 속한 사람이 두 명 이상일 수 없습니다. 조금이라도 소득에 차이가 있어 소득이 같은 사람으로 옆에 나란히 세워둘 수 없습니다. 오직 위와 아래의 차이만 존재할 뿐입니다. 위에 있는 사람의 발밑에 그다음 사람이 있고, 그 사람의 발밑에 다시 다른 사람이 있는 사회입니다. 생각만 해도 아찔한 사회입니다. 이런 계층 구조라면 극단적인 갈등이 난무할 것입니다. 아무리 불평등한

사회라도 이런 계층 구조는 있을 수 없다고 하니 다행입니다.

　그럼 완전 평등형 계층 구조도 상상해볼 수 있을 것입니다. 완전 평등형 계층 구조는 수평선을 이룹니다. 모든 사람이 동일한 소득 수준에 있는 사회입니다. 이 같은 사회도 현실적으로 불가능합니다. 완전 평등형 계층 구조는 사회적 효율성 및 발전을 저해할 우려가 있다고 합니다. 누구나 동일한 자원을 소유하고 있으니 굳이 더 노력하여 사회적 자원을 얻으려고 노력하지 않는다는 것이지요. 하지만 이런 우려 때문에 완전 평등을 지향하지 말아야 한다면 그건 어리석어 보입니다. 현실적으로 있을 수 없는 모델임을 알지만, 왜 완전 평등형 계층 구조를 지향하냐면 정말 그런 계층 구조를 달성하는 게 가능해서라기보다는 지금의 계층 차이를 줄이는 방향을 설정하는 데 도움을 줄 수 있기 때문입니다. 굳이 완전 평등형 계층 구조의 문제점을 지적하며 그 방향으로 나아가려는 모든 노력을 폄훼해서는 안 될 것입니다.

한편 현실적으로 흔히 볼 수 있는 사회 계층 구조는 피라미드형과 다이아몬드형으로 나타납니다. 피라미드형 계층 구조는 상층에서 하층으로 갈수록 계층 구성원의 양적 비율이 높아지는 구조를 말합니다. 이러한 구조는 소수의 상층이 희소 자원을 대다수 독점하여 다수의 하층을 지배하고 통제하는 유형입니다. 주로 전근대적인 봉건 사회에서 나타나지만, 현대에서도 종종 볼 수 있습니다. 이런 유형의 계층 구조가 나타나면 하층의 불만이 커질 수 있습니다. 사회구조의 변화를 추구하는 시도가 나타날 수 있습니다. 사회 통합의 필요성이 강하게 제기될 수 있는 계층 구조입니다.

반면, 다이아몬드형 계층 구조는 상층과 하층보다 중층의 양적 비율이 훨씬 높은 구조를 말합니다. 근대 이후 산업사회로 접어들면서 전문직, 관료, 사무직 등과 같은 중간 계층의 구성원 비율이 급격하게 높아지고, 나아가 고도로 발전한 산업사회, 즉 선진국에서는 사회 복지 제도가 발달하여 최소한의 삶의 조건을 사회와 국가가 지원하면서 개인의 재산 축적이 활발하게 이뤄졌죠. 그래서 다이아몬드형 계층 구조가 나타나고는 했습니다. 이 구조는 두텁게 형성된 중층이 상층과 하층 사이에서 완충 작용을 하여 비교적 안정된 모습을 보입니다. 계층 구조의 안정성은 중층의 비율이 높을 때 나타납니다. 다수를 이룬 중층은 현 상태에 큰 불만이 없어 사회적 안정성이 높다고 이해할 수 있습니다.

하지만 경제 불황으로 중층이 무너질 때도 있습니다. 예를 들어 한국도 1997년 금융위기를 겪으면서 중산층이 대거 몰락하고 하위계층으로 편입되는 일이 있었습니다. 이런 사회에 기존 하위계층은 하위계층대로 자신의 계층에서 벗어나지 못하는 경우가 대다수입니다. 반면 최상위 계층은 더 부유해지고, 중산층 중 극히 일부가 최상위 계층으로 이동하여 기존의 최상위층과 함께 부의 풍요로움을 만끽했습니다. 재벌의 계열사는 금융위기 이후 더욱 늘어나 몸집을 키웠고, 일부 중산층은 몰락한 중산층이 값싸게 내놓은 주택을 대거 사들여 부동산 시장의 '큰손'이 되었습니다. 이 같은 사회는 중층의 비율이 상층이나 하층보다 더 낮은데, 이를 모래시계형 계층 구조라고 합니다. 경제 선진국을 포함하여 세계적으로도 중산층의 비율은 꾸준히 감소하고 있습니다. 중산층의 감소는 사회 양극화 현상이 심화된다는 것을 의미합니다. 상층과 하층으로 갈라졌기 때문입니다. 중층에서 몰락한 사람들의 상대적 박탈감도 증가합니다. 하층은 하층대로 불만이 더 커집니다. 혼란은 더욱 극심해집니다. 따라서 사회 통합의 '필요성'이 높아졌다고 할 수 있습니다. 물론 사회 통합의 '가능성'이 높은 게 아니므로 사회 불평등 현상의 해소는 쉽지 않은 사회적 과제가 될 것입니다.

사회이동과
사회 계층 구조의 의의

사회이동은 전근대 사회보다 근대 사회에서 더욱 뚜렷하게 나타납니다. 신분적 예속에서 벗어난 덕분입니다. 사회이동이 활발하여 사회 구성원의 성취동기를 자극하고 사회 발전도 이룰 수 있게 되었습니다. 개인의 노력으로 능력을 갖춘 자는 얼마든지 상류층이 될 수 있으며 제 능력을 발휘할 기회도 증대되었습니다. 덕분에 사회 전체적으로 인재를 적재적소에 배치할 수 있어서 더욱 좋은 일입니다.

기능론적 시각에서는 이런 사회이동이 사회 통합에 이바지한다고 봅니다. 낮은 계층에 있는 사람들은 높은 계층으로 오를 수 있다는 사실에 자신의 현재 처지에 대한 불만도 누그러뜨릴 수 있기 때문입니다. 물론 갈등론적 시각에서는 이런 개인적 사회이동으로는 사회 불평등 현상을 근원적으로 개선할 수 없다고 봅니다. 계급 혁명에 의한 구조적 이동을 기대할 뿐이죠. 특히 계층 대물림 비율이 높으면 갈등론적 시각에 동조하는 일도 많아질 것입니다. 사회모순이 곪으면 터지고 말 것이라는 얘기입니다.

사회이동이 활발하더라도 수평 이동만 활발하면 폐쇄형 사회입니다. 개방형 사회가 되려면 수평 이동뿐만 아니라 수직 이동이 활발해야 합니다. 수직 이동이 활발한 것은 그렇지 못한 경우보다 다행스러운 일이라고 볼 수 있습니다. 계층 구조가 개방적이란 걸 나타내기 때문입니다. 개방적 계층 구조를 갖는 개방형 사회는 폐쇄적 계층 구조를 갖는 폐쇄형 사회보다 바람직해 보입니다. 부모 세대의 지위가 대물림되는 측면보다 개인의 노력이나 능력에 따라 지위가 달라질 수 있기 때문입니다.

하지만 수직 이동이 활발하더라도 꼭 좋은 건 아닙니다. 수직 이동에는 하강 이동도 포함되기 때문입니다. 하강 이동이 많으면 삶이 나락으로 떨어진 것이니까, 수직 이동이 활발하다는 소식 또는 계층 간 사회이동이 활발하게 일어났다는 사실을 무작정 반길 수 없습니다. 개방적 계층 구조인데 결과적으로 피라미드형 계층 구조가 나올 수 있습니다. 상층이나 중층에서 하층으로 몰락한 사람이 많아지면 충분히 가능한 일이죠. 이처럼 상승 이동이 아니라 하강 이동의 비중이 높아지는 경우 사회 불안의 요인이 될 수 있습니다.

한편 폐쇄적 계층 구조는 이리 보고 저리 봐도 맘에 안 듭니다. 그런데 폐쇄적 계층 구조의 짝을 피라미드형 계층 구조에서만 찾아서는 안 됩니다. 물론 폐쇄적 계층 구조 사회의 사례로 과거 신분제 사회를 떠올립니다. 또 피라미드형 계층 구조는 과거 신분제 사회에서 많이 나타났습니다. 그래서 신분제 사회는 폐쇄적 계층 구조와 피라미드형 계층 구조를 갖는다고 볼 수 있습니다. 하지만 폐쇄적 계층 구조는 무조건 피라미드형 계층 구조라고 말할 수 없습니다. 바람직한 계층 구조로 선호되는 다이아몬드형이더라도 사회이동이 존재하지 않으면 폐쇄적 계층 구조가 될 수 있습니다.

폐쇄적 계층 구조가 다이아몬드형 계층 구조로 나타날 수도 있습니다. 이 둘의 결합이 어색하지만 불가능한 일은 아닙니다. 수직 이동을 법과 관습으로 엄격히 제한하면서, 소수의 상층, 다수의 중층, 소수의 하층으로 분류되는 다이아몬드형 계층 구조를 형성할 수 있습니다. 그런 법 제도가 어떻게 만들어질 수 있느냐고 물을 수 있겠지만, 중층이 상층과 결탁하여 자신의 지위를 유지하려고 하층의 상승 이동을 막고 상층의 기득권을 인정하기로 타협하면 가능한 일입니다. 중층은 본래 상층과 하층의 중간에 위치하여, 간에 붙었다, 쓸개에 붙었다 하는 성질이 있어서 이런 상상을 하는 것이 황당한 일은 아닙니다. 이런 사회가 실제로 있는지 모르겠지만, 개념상 폐쇄적 계층 구조가 다이아몬드형으로 나타날 수 있다는 것은 분명합니다.

그럼 다이아몬드형 계층 구조를 선호한 나머지, 그것이 폐쇄적 계층 구조라도 괜찮을까요? 피라미드형 계층 구조와 폐쇄적 계층 구조의 결합보다는 낫다고 좋아할 일인가요? 아닙니다. 여전히 신분을 대물림하고 있다면 그것만으로 문제가 될 수 있습니다. 폐쇄적 계층 구조는 항상 걸림돌입니다.

그러면 이 모든 걸 종합하여, 개방적 계층 구조로서 하강 이동이 아니라 상승 이동이 활발하게 이뤄지면 만족스러운 것일까요? 그래서 결과적으로 다이아몬드형 계층 구조를 형성하게 되었다면요.

하지만 이것만으로도 사회 불평등 현상이 개선되었다거나 사회가 전보다 평등해졌다고 말할 수 없습니다. 사회이동이 활발하더라도, 즉 하층이 상층으로 상승 이동을 하기 쉽더라도, 계층 간 격차가 크다면 평등한 사회라고 볼 수 없습니다. 예를 들어 활발하게 상승 이동을 했는데 상층에서 누리는 생활은 황제 생활이더란 말입니다. 하지만 여전히 하층에서는 생존을 걱정할 정도로 빈곤한 사람들이 있다는 말이죠. 그러면 이것이 어디 평등한 사회라고 얘기할 수 있겠냐는 말입니다. 사회 불평등 현상이 전혀 해소되지 않았죠. 계층 구조의 개방성은 사회이동이 얼마나 활발하냐에 따라 결정되는 것으로, 사회 불평등의 개선과는 상관이 없습니다. 사회이동의 보장 자체가 사회 평등을 의미하지는 않죠.

사회이동이 활발해도 계층 격차가 큰 사회에서는 사회이동의 긍정적 효과를 보기 어렵습니다. 이미 계층 차이가 크게 벌어져 있을 때는 사회이동이 활발해도 그것은 사회 불평등을 완전히 해결한 것이 아닙니다. 따라서 계층 차이를 줄이려는 노력이 무엇보다 필요해 보입니다. 개인의 노력이나 능력을 발휘해 상승 이동할 것을 권유하기 전에 계층 차이 자체를 줄여야 한다는 얘기입니다.

그렇다면 평등사회를 위해 우리는 어떤 방안을 세울 수 있을까요? 이 것은 정치적, 경제적, 사회적 불평등과 같이 여러 가지 사회 불평등을 모색하며 그 불평등이 어떤 차이가 있고 서로 상대의 불평등에 대해 어떤 영향을 주고받는지 밝혀가며 불평등을 발생시키는 원인을 줄여나가야 합니다.

이에 대해 우리는 일반적으로 교육 기회의 평등을 통해 사회이동을 활발히 하면서 사회 보장 제도를 통해 계층 차이를 줄이는 데 관심을 둡니다. 사회이동의 보장이 사회 불평등 현상을 완화하는 데까지 이르려면 교육의 기회를 실질적으로 균등하게 보장하고 사회적 약자에 대한 적극적인 배려, 그리고 소득 재분배 정책을 비롯한 사회 복지 정책을 마련해야 합니다. 하지만 이것으로는 부족합니다.

이런 대안들은 계층 간 차이를 좁히는 정책과 함께 진행되어야 합니다. 계층 간 차이를 근원적으로 좁히지 않으면 소득 재분배 정책을 실행하더라도 사회 불평등 현상을 해결하는 데 효과가 떨어질 수 있습니다. 직업 간 소득 차이, 그리고 학력, 성별 등에 따른 소득 격차를 줄여나가는 근본적인 대안이 필요합니다.

열심히
사는데,
왜
가난한가요?

빈곤 문제, 어떻게 해결할까

빈곤의 유형과 특징 ①

인간이 생존하려면 최소한 옷, 음식, 집이 있어야 합니다. 하지만 그것만 갖춘다고 해서 살 수 있는 것도 아닙니다. 교육을 받아야 하고 아프면 병원에도 가야 합니다. 이처럼 기본적인 생활을 유지하는 데 생활비가 필요하지요. 그런데 그것이 충분하지 않을 수 있습니다. 생존 욕구 충족과 최저 생활 유지에 필요한 자원이나 생활비가 절대적으로 부족한 상태에 놓일 수 있습니다. 이러한 상태를 절대적 빈곤이라고 합니다. 다시 말해 절대적 빈곤은 인간의 생존에 필요한 최소한의 수준인 절대적 빈곤선(貧困線)에 미치지 못하는 상태라고 할 수 있습니다. 한 사회의 절대적 빈곤율이 높다면 '최소한의 생활 수준'도 유지하기 힘든 사람이 많다는 얘기가 됩니다.

과거에는 절대적 빈곤 상태에 놓인 때가 많았습니다. 산업화가 본격적으로 이루어지기 이전에 특히 그랬죠. 그 사회는 생산성이 매우 낮았습니다. 그래서 기본적인 생활에 필요한 자원이 절대적으로 부족했죠. 불행은 하나의 고리처럼 맞물렸습니다. 먹을 게 없어 영양실조에 걸릴 정도니 질병에 걸리기 쉽고 수명은 짧았죠. 글을 읽을 줄 모를 정도로 교육의 혜택을 받지 못했고, 그래서 삶을 개선할 방법을 찾을 수 없었지요.

산업화 이후 물질적 풍요 덕분에 절대적 빈곤은 많이 줄었습니다. 하지만 현대 사회에서도 여전히 절대적 빈곤에 시달릴 수 있습니다. 선진국에서도 절대적 빈곤층은 나타날 수 있는 거죠. 선진국에도 노숙 생활을 하는 사람은 있거든요. 오히려 절대적 빈곤이 완전히 사라진 나라는 찾아보기 힘듭니다.

한편 물질적으로 풍요로워졌으나 여전히 경제적 부의 불균등한 분배가 개선되고 있지 않기 때문에 경제적 불평등은 계속되고 있습니다. 부의 상대적 격차 탓에 빈곤한 상태, 즉 상대적 빈곤을 겪고 있습니다. 산업화 이후 상대적 빈곤이 절대적 빈곤보다 더 주목받고 있습니다.

상대적 빈곤은 사회 구성원 다수가 누리는 생활 수준을 누리지 못하는 상태라고 할 수 있습니다. 상대적 빈곤율이 높다는 것은 '국민 대다수가 누리는 생활 수준'을 누리지 못하는 사람이 많아진 것으로 파악할 수 있습니다. 이것을 불평등과 관련하여 설명하자면, 소득의 상대적 불평등이 심화되면 상대적 빈곤율이 높아지는 것입니다.

불평등의 완화는 경제성장 속도와 관련이 없습니다. 성장 속도와 고른 배분은 일치하지 않습니다. 경제가 발전하면 일반적으로 절대적 빈곤은 줄어듭니다. 완전히 사라지지 않더라도 말이죠. 그러나 경제가 발전하더라도 상대적 빈곤까지 줄어드는 것은 아닙니다. 상대적 빈곤층 비율은 단지 사회의 전반적 소득 분포를 고려한 빈곤층 비율일 뿐입니다. 경제성장으로 사회 전반직으로 소득이 증가했더라도 고른 분배가 이뤄지지 않으면 상대적 빈곤은 발생하게 마련입니다. 그래서 급격한 경제성장을 이룬 개발도상국이나 심지어 경제 선진국에서도 상대적 빈곤은 나타날 수 있습니다.

일반적으로 상대적 빈곤은 절대적 빈곤보다 덜 주목하는 경향이 있습니다. 하지만 영양실조에 걸리는 절대적 빈곤 상태에서 벗어나면 상대적 빈곤이 증가하더라도 특별한 문제가 되지 않을까요? 아닙니다. 절대적 빈곤에서 벗어난다는 것은 최소한의 생명을 유지하게 되었다는 것이지, 사람답게 살 수 있는 충분한 풍요를 누리고 살고 있다고 볼 수는 없기 때문입니다.

상대적 빈곤을 문제 삼지 않으면 경제적 불평등을 방관하는 것과 같습니다. 절대적 빈곤은 경제적 불평등의 극단적인 모습이고, 상대적 빈곤은 경제적 불평등에서 여전히 핵심적인 문제입니다. 최소한의 생활 수준을 유지하지만, 사회 구성원 다수가 누리는 생활을 못하는, 상대적 빈곤층은 상대적으로 박탈감을 느끼게 됩니다. 불만이 커지게 됩니다. 상대적 박탈감을 가지면 사회 불안과 갈등을 유발할 수 있습니다. 상대적 빈곤이라고 해서 문제의 심각성이 줄어드는 건 아닙니다.

특히 상대적 빈곤도 건강 불평등의 원인이 될 수 있습니다. 영국의 윌킨슨(Wilkinson, R.) 교수는《평등해야 건강하다》에서 상대 소득과 사회적 격차가 건강 불평등의 주요 요인으로 나타난다고 주장합니다. 즉 소득 불평등과 상대적 박탈감에서 오는 스트레스, 불안, 수치심 등과 같은 사회 심리적 요인들이 복합적으로 작용하여 건강을 해친다는 것입니다. 실제 사례를 살펴보면, 세계 최고의 경제 대국으로 잘살지만, 소득 격차가 심한 미국은, 국내총생산(GDP) 수준이 미국의 절반에 해당하는 그리스보다 평균 기대수명이 더 낮습니다. 심지어 미국 뉴욕의 할렘가와 같은 빈민 거주지에 사는 사람들의 사망률은, 세계에서 가장 가난한 나라인 방글라데시에 사는 사람들보다 높다고 합니다.

상대적 빈곤은 상대적 빈곤층의 건강과 생명에만 영향을 미치는 게 아닙니다. 그것은 부메랑이 되어 부유층의 삶도 위협할 수 있습니다. 그리고 사회 질서를 무너뜨릴 수 있지요. 윌킨슨에 따르면, 가난한 이들은 소득 격차가 커질수록 직장, 집, 자가용 등 사회적 지위를 상징하는 재화를 획득할 기회가 적어지고, 다른 계층의 사람들이 자신을 열등하게 취급한다고 생각하면 폭력적 성향이 강해질 수 있다고 합니다. 불평등한 사회적 배분은 빈곤층을 양산하여 개인과 가정의 삶을 파괴할 뿐만 아니라, 사회적으로는 범죄가 증가하고 사회 불안을 유발할 수 있습니다. 상대적 불평등 때문에 발생하는 위계적인 관계는 공동체 생활을 불가능하게 만듭니다.

따라서 경제성장으로 절대적 빈곤을 극복해낸 국가들도 상대적 소득 격차 문제를 해결하려면 적극적인 조치를 실행해야 합니다.

빈곤 문제의 원인과 해결 방안 ②

왜 빈곤 문제가 발생할까요? 원인 진단은 해결 방안을 찾는 데 바탕이 됩니다. 원인 파악이 부적절하면 그에 따른 해결책도 효과를 보기 어려울 수 있습니다. 그래서 빈곤 문제의 원인을 잘 파악해야 합니다. 일반적으로 빈곤 문제의 원인은 개인적 측면과 사회적 측면으로 나누어볼 수 있습니다. 어떤 게 더 핵심적인 원인인지 살펴보죠.

먼저 개인의 능력과 노력이 부족하기 때문이라고 보는 견해가 있습니다. 이러한 견해에 따르면 개인의 게으름, 성취동기의 부족 등을 문제 삼을 수 있습니다. 빈곤의 해결책도 개인적으로 접근합니다. 빈곤에 처한 개인들이 스스로 가난에서 탈출하기 위한 의지와 능력을 갖추려고 노력하라고 합니다. 자활 의지를 강조하는 것입니다. 자신의 가난한 삶에 억

울해하지 말고, 자신의 능력을 끌어올리면, 자신이 노력한 만큼 얻게 되어 결국 가난에서 벗어날 것이라는 얘기입니다. 그러나 이것은 틀린 말입니다. 우리 주변에는 자신이 노력한 것보다 훨씬 더 적게 가져가는 사람들이 숱하게 많습니다. 최선의 노력을 다하더라도 빈곤에서 벗어나지 못하는 일은 다반사로 나타납니다.

한국의 빈민촌을 가보세요. 어둑한 새벽에 첫차를 타고 일터로 나가는 사람이 매우 많습니다. 마약에 중독되어 무기력해 보이는 다른 국가의 빈민촌, 예를 들어 미국의 할렘가와는 크게 다른 모습입니다. 이렇게 일찍 일어나 밤늦게까지 식당 일, 대리운전, 배달 등으로 일하는 사람이 우리 주변에 많습니다. 그런데도 그들은 빈민촌을 벗어나지 못하는 경우가 많습니다.

이런 사례를 보면 빈곤 문제가 개인의 노력만으로 다룰 문제가 아니라는 것을 알 수 있습니다. 물론 열심히 일하지 않는 사람도 있을 것입니다. 하지만 문제는 죽어라 일해도 빈곤에서 벗어나지 못하는 사람을 어떻게 봐야 할 것인가에 있습니다.

한편 일할 의지가 있는데도 능력이 안 될 수도 있습니다. 나이가 너무 어리거나, 너무 많은 사람이 있지요. 질병을 앓고 있어 병실에 누워 있어야 하는 경우, 혹은 장애가 있어 거동이 불편한 경우도 노동 능력이 부족합니다. 이들은 똑같이 일할 기회를 주더라도 뒤처질 수밖에 없습니다. 노동 의지가 아닌 노동 능력이 부족하여 빈곤해질 수 있습니다. 이 경우에도 개인적 측면에서 원인이 있다고 보고 그들의 빈곤을 모른 척할 수 없다는 것입니다. 따라서 빈곤 문제의 원인은 사회적 측면에서 접근해야 합니다.

　사회구조에서 원인을 찾을 때 지금까지 많이 언급되던 것이 맬서스의 인구론입니다. 인구는 급격히 증가하는데 식량 생산은 그에 못 미치니 빈곤해진다는 것입니다. 전문용어로는 '기하급수적 인구의 증가, 산술급수적 생산의 증가 간의 부조화'라고 말할 수 있습니다. 빈곤 문제를 해결하려면 인구를 줄이거나 생산량을 증대시켜야 합니다.

　먼저 인구 문제를 다뤄보죠. 인구 증가는 여전히 세계 문제로 다뤄지고 있습니다. 하지만 인구 줄이기 정책으로 문제를 해결할 수 없습니다. 인구 억제는 강제로 시행하기 어려운 인권문제와 연결되어 있기 때문입니다. 예를 들어 강제 불임수술은 정책적으로 고려해볼 수 있는 일이 아닙니다. 가난한데 왜 그리 아이를 많이 낳냐고 물을 수도 있겠지만, 경제적으로 어려워 아이의 생존율이 낮아서 많이 낳는 겁니다. 살기 좋아지면 이처럼 아이를 많이 낳지 않아요.

　그래서 더 관심을 가지는 것은 당연히 산업화입니다. 산업화를 통해 생산량을 증가시키는 것입니다. 그런데 산업화를 이루면 빈곤 문제가 해결되던가요. 선진국에서도 빈곤 문제는 여전히 사회 문제로 나타나고 있습니다. 맬서스 인구론으로는 빈곤 문제의 원인과 해결책을 찾기 어려운 것입니다.

　그러면 무엇이 정말 중요한 것일까요? 불평등은 사회적 자원을 평등하게 배분하지 못한 것입니다. 즉 빈곤 문제의 핵심도 분배의 편중에서 찾아야 합니다. 사회 구조적 측면에서 볼 때 인구 증가나 식량 부족이 아닌, 경제 선진국에 편중된 자원의 생산과 분배 문제를 지적해야 합니다.

경제 선진국에서는 다수가 지나친 영양 섭취로 비만해지고 비싼 돈을 들여서까지 다이어트를 하는데, 지구 반대편 아프리카에서는 기아로 사람들이 죽어가는 현상이 벌어지고 있습니다. 경제 선진국 국민의 육류 섭취를 위해 제물이 되는 소들조차도 맘껏 옥수수 사료를 먹고 있는데, 그 반대편에서 수많은 사람은 그조차도 먹지 못하여 영양실조로 굶어 죽는 게 현실입니다. 화려한 도시에서 풍요를 즐기는 부자들이 있지만, 그 부자들이 버린 쓰레기더미에서 먹을 걸 찾으며 연명하는 수백만 명이 있는 것도 현실입니다.

과연 식량이 부족해서 빈곤 문제가 발생하는지 의문이 듭니다. 지금 지구에서 생산되는 식량의 양만으로도 기아와 빈곤을 해결할 수 있다는 얘기입니다. 이런 측면에서 빈곤 문제는 식량의 부적절한 배분 때문에 일어난다고 볼 수 있습니다. 사회 내의 구조적인 힘이 자원 배분 방식을 결정한다고 보는 것이죠. 세계적으로는 국가 간 불평등한 교역체제가 문제됩니다. 한 나라 안에서는 계급이나 성, 인종, 직업, 교육 등에서 작동하는 사회 구조적 힘이 자원 배분에 개입되고 있지요. 경제 선진국을 포함해, 한 나라 안에서도 다양한 사회적 약자는 더 불평등하게 자원을 배분받고 있습니다. 공정한 배분을 위한 적극적 조치 없이는 경제적 불평등이 해소될 수 없는 것입니다.

비교적 평등하다고 인정받는 국가는 불평등을 해소하려고 정부가 적극적인 정책을 추진했습니다. 물론 불평등을 해소하려면 재원 마련은 필수적입니다. 그런데 그 재원 마련을 위해 경제성장률이 더 높아져야 한다고 말할 수는 없습니다. 지금 수준에서도 할 수 있는 것은 많습니다. 소득수준이 많을수록 점점 높은 세율을 적용하는 누진과세의 도입은 가장 기본적인 대책입니다. 최저임금의 인상도 단순할지 모르나 그것이 수많은 정책보다 빈곤과 불평등에 대응하는 데 효과적일 수 있습니다. 고용 형태에서 비정규직의 증가 역시 노동 빈곤층을 확산시키고 근로 소득의 불안정성을 심화시킴으로써 상대적 불평등을 악화시킨 만큼 차별 없는 일자리 창출도 필요합니다. 아울러 노동 능력이 없는 사각지대에 놓인 빈곤층에 대한 사회적 보호 장치와 안전망을 확충해야 합니다.

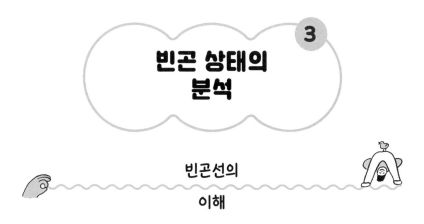

빈곤 상태의 분석

3

빈곤선의
이해

절대적 빈곤이든 상대적 빈곤이든 빈곤 문제를 해결하기 위한 정책을 추진하려면 감성적으로 접근해서는 안 됩니다. 제일 먼저 빈곤층이 몇 명이나 되는지부터 정확하게 파악해야 합니다.

　이런 연구자도 있을 것입니다. 빈곤한지 아닌지 여부는 당사자가 가장 잘 알 것이므로 설문 조사를 하여 당사자에게 빈곤하다고 느끼는지 물어보는 것입니다. 여기서 "그렇습니다. 저는 빈곤하다고 생각합니다"라고 답변하는 사람을 지원하는 것입니다. 이렇게 파악되는 빈곤을 주관적 빈곤이라고 합니다. 주관적 빈곤은 개인의 주관적 판단에 따라 빈곤층으로 느끼는 것입니다. 개인이 체감하는 빈곤입니다.

하지만 이런 주관적인 빈곤 의식은 개인마다 느끼는 정도가 다르므로 빈곤층을 파악하는 데 활용되기 어렵습니다. 자신의 욕구에 비해 충분한 경제적 능력을 갖추고 있지 못하다고 느끼는 빈곤이 주관적 빈곤입니다. 주관적 빈곤에 따르면 고급 아파트에 살고 고급 차량을 모는 사람도 빌 게이츠처럼 살지 못해 빈곤하다고 생각하면 빈곤층으로 분류될 수 있습니다. 합리적인 정책을 마련해야 하는 정부는 더욱 정확한 통계자료가 필요합니다. 객관적인 기준을 설정하여 빈곤 인구를 정확하게 객관적으로 파악하는 것입니다. 그래야 예산을 낭비하지 않고 합리적으로 빈곤 인구를 지원할 수 있을 테니까요.

가끔 절대적 빈곤층은 객관적인 기준으로 파악하고, 상대적 빈곤층은 주관적인 기준으로 파악하는 줄 아는 사람들이 있는데, 이는 전혀 사실과 다릅니다. 즉 주관적으로 빈곤을 느끼는 가구의 비율을 상대적 빈곤층 비율이라고 말하지 않습니다. 주관적 빈곤은 주관적 특성 때문에 정책 결정을 할 때 기준으로 삼기 어렵습니다.

빈곤율 혹은 빈곤 가구 수의 비율이 얼마나 되는지 알아내려면 객관적으로 수치화된 빈곤 기준을 정할 필요가 있는데, 이것이 빈곤선(영국의 사회사업가 라운트리Rowntree, B.S.가 제기한 개념으로, 최저 한도의 생활을 유지하는 데 필요한 수입 수준을 말함)입니다. 절대적 빈곤선이든 상대적 빈곤선이든 개인의 느낌에 따라 설정하지 않습니다. 그것은 생활에 필요한 지출과 빈곤 탈출에 필요한 소득 혹은 국민의 전반적인 소득 수준에 따라 설정하는 것으로 객관적인 기준입니다.

한편 빈곤층의 상대적 박탈감도 잘 살펴봐야 합니다. 상대적 박탈감은 남들보다 적게 벌고 적게 쓰는 것 같다는 감정입니다. 주관적 빈곤은 상대적 박탈감의 원인이 될 수 있습니다. 하지만 상대적 빈곤과 절대적 빈곤도 마찬가지입니다. 누구든 혹은 어느 가구든 빈곤층은 상대적 박탈감을 느낄 수 있습니다. 여기서 '상대적'이라는 용어와 문장의 앞과 뒤를 주의해서 말해야 합니다. 상대적 박탈감을 느낀다고 해서 상대적 빈곤 가구라고 할 수 있는 것은 아닙니다.

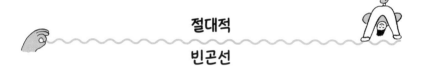

절대적 빈곤선

절대적 빈곤선은 국제사회에서 마련한 기준이 있습니다. 국제사회에서는 주로 세계은행이 제시한 기준이 활용됩니다. 세계은행은 하루 수입으로 1.90달러를 못 버는 경우를 절대적 빈곤으로 분류했습니다. 이렇게 해서 측정된 세계의 빈곤 인구는 전 세계 인구의 15퍼센트 수준에 달합니다. 1달러에 1,200원이라고 하면 절대적 빈곤선은 하루 수입 2,280원입니다.

그러면 국제기준에 따라 절대적 빈곤선을 설정하면 적절할까요? 국제기준을 한국에 적용하여 하루 동안에 2,280원을 가지고 최소한의 생계를 유지할 수 있을까요? 하루에 한 끼의 식사도 어려워 생존조차 불가능합니다. 따라서 세계 여러 국가는 국제기준과 다른 기준으로 절대적 빈곤선을 설정합니다. 국가마다 인간다운 삶의 최저 수준에 대한 평가 기준이 다르기 때문입니다.

일반적으로 절대적 빈곤선은 최저 생계비를 기준으로 설정합니다. 한국도 최저 생계비를 기준으로 절대적 빈곤층을 파악하고 있습니다. 최저 생계비는 최소한의 생계 및 건강을 유지하는 데 필요한 비용을 말합니다. 이 기준에 미치지 못하는 사람은 절대적 빈곤 인구에 해당합니다.

한국의 경우, 2019년 1인 가구 최저 생계비는 월 소득 1,024,205원입니다. 이를 30일로 나누면 하루 수입이 34,140원입니다. 이 금액으로 생활해보세요. 단, 조건이 있습니다. 식료품비뿐만 아니라 주거비, 교육비, 의료비 등을 포함하여 모든 생활비를 이 소득에서 지출해야 합니다. 최소한의 인간다운 생활을 할 수 있을까요?

참여연대와 아름다운 재단은 2004년과 2010년에 〈최저 생계비로 한 달 나기, 희망 UP 캠페인〉을 벌여왔는데요, 많은 시민이 당시 최저 생계비로 한 달 동안 살아보는 체험을 해본 결과, 최저 생계비가 턱없이 부족하다는 생각을 했습니다. 최저 생계비가 현실에 맞지 않을뿐더러 최저 생계비가 보장하는 수준은 '생존'의 수준에 불과합니다. 즉 최저 생계비 지원이 죽지 않고 버틸 정도에 불과하지 최소한의 인간다운 생활을 할 수 있는 수준은 아니라는 얘기입니다.

최저 생계비는 '국민이 건강하고 문화적인 생활을 유지하기 위하여 소요되는 최소한의 비용'이라고 법에 명시되어 있는 만큼 그 최소한의 권리를 보장하는 방향으로 나아가야 합니다. 빈곤의 원인이 사회구조에 있고, 공정한 배분 정책을 집행하지 않은 국가에 책임이 있으므로 최저 생계비는 빈곤층의 '권리'로서 생계를 보장받을 수 있는 수준이어야 합니다. 인간답게 살아갈 수 있는 수준이어야 하는 것입니다.

상대적 빈곤선

상대적 빈곤은 사회 구성원 대다수가 누리는 생활 수준을 누리지 못하는 상태를 의미합니다. 상대적 빈곤을 판단하는 소득 수준은 사회 구성원 다수의 소득 분포상에서의 상대적 위치에 따라 결정됩니다. 그래서 상대적 빈곤층은 사회의 전반적 소득 분포를 고려한 빈곤층 비율을 말합니다. 정책 결정자는 먼저 사회 전반의 소득 분포를 파악해야 합니다. 그래서 일반적으로 중위소득을 사용하여 파악하고 있습니다.

중위소득은 국민을 소득 순서에 따라 일렬로 줄을 세울 때 한가운데 위치한 사람의 소득을 말합니다. 소득 순위에서 가운데 있는 사람의 소득이 얼마인지는 상관없습니다. 얼마이든 그 사람의 소득이 중위소득입니다. 그런데 중위소득의 파악만으로 끝나는 게 아닙니다. 그런 다음 다시 중위소득의 50퍼센트 수준이 얼마인지 계산합니다. 중위소득을 절반으로 나눈 것이죠. 소득이 이에 미달하는 가구를 상대적 빈곤층으로 정의합니다. 다시 말해 중위소득의 50퍼센트 미만이 상대적 빈곤선이 되어 중위소득의 50퍼센트에 미달하는 가구가 상대적 빈곤 가구입니다.

예를 들어 한국인의 소득 순위를 나열하면 가장 앞에는 최고 부자가 서게 될 것입니다. 어느 재벌의 총수쯤 되겠죠. 그리고 맨 뒤에는 어느 노숙인쯤 되는 가장 가난한 사람이 서게 될 것입니다. 그 줄에서 한가운데 있는 사람의 월 소득이 180만 원이라면, 즉 중위소득이 180만 원이면, 그 절반인 90만 원 미만인 가구가 상대적 빈곤 가구입니다.

이처럼 중위소득을 '피악'하여 상대적 빈곤층을 파악합니다. 하지만 중위소득을 '기준'으로 상대적 빈곤층을 설정한다고 말하지는 않습니다. 중위소득의 50퍼센트 미만에 해당하는 가구를 다룬다는 사실을 놓치지 말아야 합니다.

그런데 상대적 빈곤층을 측정할 때 중위소득을 사용하는 것 자체가 적절하지 않다는 지적이 있습니다. 국민 간 소득 격차가 적은 나라는 중위소득을 사용해도 문제가 되지 않습니다. 하지만 문제는 소득 차이가 큰 나라, 즉 빈부 격차가 큰 나라에서 발생합니다.

빈부 격차가 큰 나라의 사례를 들어보겠습니다. 소득 격차가 큰 사회에 대한 비유로 '20 대 80의 사회'라는 표현이 있습니다. 소수의 20퍼센트가 부의 대다수를 차지하고 다수의 80퍼센트가 가난한 사회입니다. 더욱 과격한 사람은 '1 대 99의 사회'라는 말도 합니다. 이런 사회는 극단적인 소득 격차를 보여주어, 사회 양극화가 심각합니다.

사회 양극화 현상이 나타나는 '20 대 80의 사회'에서 소득 수준에 따라 줄을 세워보죠. 소득 수준이 겉으로 드러나지 않으니 자신이 보유한 돈을 쌓아놓고 그 위에 사람을 올려 줄을 세우겠습니다. 그리고 키를 측정하겠습니다. 키 크기는 그들의 소득에 비례합니다. 제일 키가 큰 사람은 쌓아 올린 돈이 많으니 가장 앞에 서게 되겠네요. 100명 가운데 앞의 20명은 재벌 총수, 대기업 임원, 소수 전문직 등 고액 연봉자들이 서게 될 것입니다. 그 뒤로 80명이 줄을 서 있는데, 80명 가운데 누가 먼저 앞에 서야 할지 쑥스러울 정도로 키가 비슷합니다. 모두 소득이 적고 그들 간 소득 격차도 아주 작기 때문입니다. 어쨌든 80명이 단 몇 푼이라도 소득 차이가 있어 소득 순서대로 줄을 섰습니다. 그러면 한가운데에 있는 사람은 어떤 사람인가요? 저소득층인 80명 그룹에 속한 사람이겠죠. 그 사람 소득의 50퍼센트 미만인 사람은 또 어떤 사람들이겠어요? 역시 저소득층 80명 그룹 안에 속해 있으면서 정말 찢어지게 가난한 사람들이겠죠. 따라서 빈부 격차가 심한 나라에서 많은 사람이 빈곤에 허덕이고 있는데, 중위소득을 파악하여 정부의 지원책을 세우게 되면 많은 사람이 정부의 지원 대상에서 제외되고 그래서 경제적 불평등이 개선되기 어렵습니다.

그래서 전체 소득을 총괄하여 인구수로 나누는 평균소득을 활용하여 상대적 빈곤층을 파악해야 한다는 주장이 나오게 됩니다. 평균소득은 전체 가구 소득의 평균값입니다. 앞의 극단적인 사례에서 평균소득을 측정하면, 그 액수가 중위소득보다 제법 올라갈 것입니다. 최고 상위층의 소득이 계산식에 포함되어 영향을 미치기 때문입니다. 평균소득의 50퍼센트 미만인 가구를 상대적 빈곤층으로 측정한다고 할 때 대다수 생활이 곤란한 80명의 사람이 모두 지원 대상에 포함될 수도 있을 것입니다. 그러면 실제로 소수의 20퍼센트가 독점한 부를 다수의 빈곤한 80퍼센트 사람에게 지원하여 소득 재분배 효과를 크게 볼 수 있을 것입니다.

상대적 빈곤 개념은 소득의 상대적 격차를 충실하게 반영해야 합니다. 그게 취지에 맞는 것이죠. 그런데 중위소득은 소득 양극화의 현실을 반영하지 못합니다. 소득분배의 양극화를 반영하지 못하는 중위값 대신 평균값을 활용하여 상대적 격차의 변화를 포착해내야 합니다. 상대적 빈곤선을 소득의 중위값이 아닌 평균값을 사용해야 하는 겁니다. 소득분배가 잘 이뤄져 평등한 국가는 중위소득이나 평균소득이 비슷합니다. 이런 나라에서는 중위소득을 파악하여 사회 복지 정책을 세워도 문제되지 않습니다. 하지만 소득 불평등 정도가 심한 국가일수록 중위소득이 낮고 평균소득이 높습니다. 평균소득보다 낮은 중위소득을 파악하여 복지 정책을 세우면 다수의 빈곤층이 복지의 권리를 누리지 못할 수 있습니다.

한편 중위소득을 기준으로 상대적 빈곤층을 파악하더라도 중위소득의 몇 퍼센트를 기준으로 설정할 것인지 논란이 있습니다. 일반적으로 후진국은 중위소득의 40퍼센트를 빈곤선으로 지정하는 경우가 많습니다. 선진국은 중위소득의 60퍼센트를 기준으로 삼는 경우가 많습니다. 한국은 중위소득의 50퍼센트를 기준으로 하고 있습니다. 한국은 후진국도 아니고 선진국도 아닌 것 같으니 딱 중간이면 적당해 보이나요? 이런 식으로 판단하면 합리적이지 못합니다. 우리는 중위소득 50퍼센트 수준이 과연 인간답게 살 수 있는 생활 수준을 달성하기 위한 정책 지표로 삼을 수 있는지를 판단해야 합니다. 하지만 긍정적인 답을 할 수 있을지 의문입니다. 이 기준치를 선진국 수준으로 올려야 한다는 의견이 있습니다.

빈곤선의 올바른 분석과 해석에 관하여

사회 불평등 현상을 연구하는 연구자라면 빈곤선에 대해 명확하게 이해해야 합니다. 무엇을 연구하든 양적 연구로 접근할 때 '비율'과 '수'는 구분해야 하는데요, 빈곤율(빈곤 가구의 비율)과 빈곤 가구 수도 이와 마찬가지로 구분할 줄 알아야 합니다. 빈곤율과 빈곤 가구 수는 다릅니다. 빈곤율이라는 지표는 비율이지 수가 아닙니다. 따라서 빈곤율만으로 빈곤 가구 수를 알 수 없습니다. 빈곤 가구 수를 알려면 전체 가구 수를 먼저 알아야 합니다. 전체 가구 수를 알아야 빈곤율을 통해 해당 연도의 빈곤 가구 수를 파악할 수 있습니다.

그런데 연도별로 빈곤율의 증감을 보여주는 자료를 접하게 되는 경우가 있습니다. 이런 자료를 분석할 때에는 특별히 주의할 점이 있습니다. 전체 가구 수가 제시되어 있더라도 연도별로 전체 가구 수가 달라질 수 있다는 점입니다. 따라서 빈곤율의 연도별 차이만으로 빈곤 가구 수의 차이를 비교할 수는 없습니다. 연도별로 달라진 전체 가구 수에서 빈곤율이 얼마나 되는지 측정해야지, 빈곤율만 보고 판단해서는 안 됩니다. 만일 연도별 전체 가구 수가 동일하면 빈곤율만 비교하여 그 나라의 빈곤 가구 수를 측정하여 판단할 수는 있습니다. 하지만 현실적으로 출생, 사망, 이민 등으로 인구 변화가 발생하기 때문에 해가 바뀌었음에도 전체 가구 수가 같을 수는 없을 것입니다.

한편 빈곤선과 빈곤율도 다른 개념입니다. 빈곤선은 빈곤의 기준이 되는 비용(소득 금액)을 말합니다. 절대적 빈곤선은 최저 생계비라는 비용을 말하고, 상대적 빈곤선은 중위소득 50퍼센트에 해당하는 소득을 말합니다. 빈곤선이 상승했다면 단지 빈곤선을 규정하는 금액이 상승한 것입니다. 절대적 빈곤선의 상승은 최저 생계비의 상승을 의미하며, 상대적 빈곤선의 상승은 상대적 빈곤선을 결정하는 중위소득의 50퍼센트라는 기준 금액이 상향 조정된 것입니다. 특정 사회의 생활 수준이 향상되면 일반적으로 빈곤선은 상향 조정됩니다.

빈곤선을 기준으로 그 빈곤선 아래에 분포된 가구의 비율이 빈곤율이 됩니다. 예를 들어 절대적 빈곤선이 월 소득 50만 원이고, 상대적 빈곤선이 월 소득 90만 원이라면, 절대적 빈곤율은 월 소득 50만 원조차 벌지 못하는 가구가 전체 가구에서 얼마나 차지하고 있는지의 비율이 되고, 상대적 빈곤율은 월 소득 90만 원 미만인 가구가 전체 가구에서 얼마나 차지하고 있는지의 비율이 됩니다.

따라서 빈곤선을 올려도 빈곤율이 늘어나는 것은 아닙니다. 빈곤층에 있던 많은 사람이 개인 노력이나 사회적 지원으로 빈곤 상태에서 벗어났다면 빈곤선이 상향 조정되더라도 빈곤율은 늘지 않을 수 있습니다. 빈곤선으로 설정된 금액이 증가하더라도 빈곤 가구 수의 비율은 별개의 문제로 봐야 합니다.

한편 한 국가의 특정 연도 빈곤층 규모는 절대적 빈곤층과 상대적 빈곤층을 합해서 파악하는 게 아닙니다. 다시 말해 절대적 빈곤율과 상대적 빈곤율을 더하면 전체 빈곤율이 되는 것이 아닙니다. 절대적 빈곤선에 해당하는 빈곤 가구와 상대적 빈곤선에 해당하는 빈곤 가구가 중복될 수 있기 때문입니다. 절대적 빈곤층이든 상대적 빈곤층이든 모두 빈곤층이기 때문에 어느 빈곤층이 다른 빈곤층을 포함하고 있는지를 살펴보고 규모가 큰 빈곤층으로 전체 빈곤층을 파악하게 됩니다. 즉 상대적 빈곤선이 절대적 빈곤선보다 높으면 상대적 빈곤층이 그 나라의 빈곤층이라고 할 수 있습니다. 예를 들어 상대적 빈곤선이 월 소득 90만 원이고, 절대적 빈곤선이 월 소득 50만 원이라면, 월 소득 90만 원 미만의 가구 수가 전체 가구 수에서 차지하는 비율이 빈곤층의 규모라고 할 수 있습니다.

흔한 경우는 아니지만, 국가가 처한 상황에 따라서 상대적 빈곤선이 절대적 빈곤선보다 낮을 수도 있습니다. 이런 나라의 전체 빈곤층 규모는 절대적 빈곤선으로 파악해야 합니다. 이런 지표를 갖는 나라는 절대적으로 빈곤한 국민의 비중이 매우 높은 나라에 해당합니다. 세계 최빈국 아이티의 경우가 그렇습니다. 경제 선진국에 의해 경제적으로 수탈당하고, 정치는 독재로 얼룩지고, 지형적 특색 탓에 지진이 빈번하게 발생하여 더욱 살기 어려워진 아이티는 전체 인구의 절반 이상이 절대 빈곤에 허덕이고 있습니다. 저개발국은 중위소득의 40퍼센트 미만의 인구를 상대적 빈곤선으로 설정하는 경우가 많습니다. 이때 상대적 빈곤선은 절대적 빈곤선에 못 미칠 수 있습니다. 국민 대다수가 가난한 나라에서는 이런 일이 벌어질 수 있는 것입니다. 이들 국민에게는 미래가 참으로 암울합니다. 우리나라가 그러지 않아 다행이라고 안심할 게 아니라 항상 관심을 가지고 국제적인 지원 방안을 모색해봐야 합니다. 그게 이 지구 위에서 살아가는 사람의 올바른 자세일 것입니다.

한편 국민의 전반적인 생활 수준 변화와 빈곤율의 변화를 구분해야 합니다. 국민의 전반적인 생활 수준 변화는 다른 지표, 이를테면 국내총생산(GDP)이나 국민총생산(GNP), 1인당 국내총생산, 1인당 국민총생산 등의 지표로 파악하고는 합니다. 그러면 이런 지표가 상승하여 국민의 전반적인 생활 수준이 상승하면 빈곤율은 낮아지는 것일까요? 경제가 발전하여 국민의 전반적인 생활 수준이 높아지면 일반적으로 사회 전반적인 소득 수준이 높아지고, 절대적 빈곤은 줄어들 수 있지만, 소득 수준이 낮은 사람은 항상 있을 수 있으므로 상대적 빈곤까지 줄어드는 것은 아닙니다.

경제 선진국은 전반적인 소득 수준이 저개발국가보다 높습니다. 생활 수준도 높지요. 하지만 경제 선진국의 속사정이 편한 것만은 아닙니다. 예를 들어 미국은 세계 최대의 경제 대국입니다. 미국과 유럽 국가들이 경쟁하던 시기가 있었지만, 최근에는 미국의 압도적인 승리로 나타나고 있습니다. 하지만 이렇게 잘 나가는 미국도 경제성장의 성과는 일부 계층에게 집중되어 있습니다. 그래서 미국의 상대적 빈곤율은 OECD 국가 가운데 1위를 차지할 만큼 매우 높은 수준입니다.

미국에서 상대적 빈곤율이 증가했다면 이것은 무슨 얘기일까요? 한국의 상대적 빈곤선을 기준으로 보면, 전체 가구 수에서 중위소득의 50퍼센트 미만에 해당하는 가구 수의 비중이 매우 높아진 것입니다. 상대적 빈곤율이 증가했으니 다수의 생활 수준만큼 생활하지 못하는 사람이 늘어났다는 얘기고요. 국내총생산(GDP)과 같은 지표로 파악되는 국가 전체의 경제력은 세계 최고가 되었는데, 상대적 빈곤율은 오히려 증가했습니다. 결국 미국은 빈부 격차가 심해졌다는 말이 됩니다. 미국은 세계 최대의 기업과 최고의 부자들이 많은 나라입니다. 아마존의 제프 베조스, 마

이크로소프트의 빌 게이츠, 페이스북의 마크 저커버그 등 쟁쟁한 부자들
이 미국에 몰려 있죠. 그래서 미국은 빈부 격차가 더욱 큽니다. 빈부 격차
가 커지면서 상대적 빈곤층이 늘어나는 것입니다. 상대적 빈곤율의 증가
로 소득 불평등이 악화되었다는 것을 알 수 있습니다.

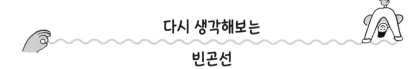

다시 생각해보는
빈곤선

빈곤선을 설정하는 이유는 빈곤층을 파악하기 위한 것입니다. 하지만 그
것이 궁극적인 목적은 아닙니다. 진정한 목적은 파악된 빈곤층에 적절한
사회적, 국가적 지원을 하기 위한 것입니다. 궁극적으로 사회 불평등 현
상을 해소하여 인간 존엄성의 평등을 실현하는 것입니다.

그런데 그 좋은 일을 하는데도 세금이 들어가게 마련입니다. 세금은 국
민의 호주머니에서 나가죠. 그래서 빈곤선을 둘러싸고 정치적, 사회적 논
란이 있습니다.

먼저 논란이 되는 것은 복지 정책을 집행할 때 절대적 빈곤선을 활용
할지 아니면 상대적 빈곤선을 활용할지를 선택하는 문제입니다. 절대적
빈곤선을 활용하게 되면 최저 생계에도 못 미치는 극빈층만을 구제하게
됩니다. 따라서 정부는 정부 예산을 많이 아낄 수 있습니다. 하지만 정부
예산을 그렇게까지 아껴 써야 하는지 의문입니다. 국민의 삶이 나락으로
떨어지는데 이때 쓰지 않으면 도대체 언제 어디에 쓰겠다는 걸까요? 정
부가 예산을 아껴 쓰는 만큼 많은 사람이 살기 어려워집니다.

그래서 절대적 빈곤선이 아닌 상대적 빈곤선으로 빈곤층을 지원하자는 주장도 있습니다. 한국 정부는 이 같은 주장을 받아들여 극빈층에 대한 지원 정책을 마련할 때 상대적 빈곤선을 활용하고 있습니다. 국민기초생활보장제도에서도 빈곤층의 기준으로 절대적 빈곤선이 아니라 상대적 빈곤선을 활용하고 있습니다. 상대적 빈곤의 측정 기준인 중위소득의 50퍼센트 선을 각종 사회 복지 사업의 기준으로 사용하고 있습니다.

상대적 빈곤선을 기준으로 삼았으면 이젠 상대적 빈곤선을 어디에 둘 것인지를 결정해야 합니다. 빈곤선을 설정할 때 그 계산식은 객관적이지만, 그 객관적인 빈곤선에서 어떤 선을 선택할지의 문제는 정치적입니다. 예를 들어 중위소득의 50퍼센트를 기준으로 할지 아니면 60퍼센트를 기준으로 할지의 선택은 정치적으로 결정된다는 얘기입니다. 빈곤선을 둘러싼 논란은 이해관계의 차이에서 비롯됩니다.

상대적 빈곤선을 낮게 설정하면 역시 정부 예산을 아낄 수 있지만 그만큼 국가의 지원을 받는 사람은 줄어듭니다. 사회 복지의 축소를 주장하는 사람들은 상대적 빈곤선을 최대한 낮게 잡으려 합니다. 그 기준선이 한없이 낮아지면 절대적 빈곤선보다 낮아질 수도 있을 것입니다. 이쯤되면 국가의 책임을 포기하겠다는 것이 되겠죠. 다시 말해 빈곤선은 국가의 국민에 대한 '책임 선'입니다. 한국의 사회적 책임 선은 안녕한지 많은 관심이 필요합니다.

여자답게?
남자답게?
그냥
인간답게!

성 불평등 현상, 어떻게 해결할까

성 불평등 현상의 의미와 양상 1

인간은 인간으로서 하나입니다. 하지만 '일반적으로' 여성과 남성이라는 두 가지의 서로 다른 신체 구조를 가지고 태어났습니다. 이처럼 몸과 생식기, 염색체, 호르몬 등의 선천적 차이에서 비롯된 성을 생물학적 성(sex)이라고 합니다. 다양한 성이 있지만, 여성과 남성의 생물학적 차이는 특별히 뚜렷하게 보입니다.

그런데 인간은 사회 속에서 성장하면서 생물학적인 성적 차이에 대해 사회·문화적 규범을 다르게 적용하면서 새로운 성 개념이 발달했습니다. 이것은 생물학적 성과 다른 '사회적 성(gender)'이라 불립니다. 젠더는 사회·문화적인 과정에서 획득되고 형성된 성 개념을 말합니다. 흔히 여성다움 혹은 남성다움이라고 말하는 관념은 사회적 조건과 환경에 따라 달리 규정되는 젠더입니다. 그리고 사회는 젠더에 따라 서로 다른 지위와 역할을 부여했습니다. 이것을 성 역할이라고 합니다. 성 역할의 차이도 젠더의 개념입니다.

생물학적 차이는 논란이 될 수 없습니다. 생식기가 다른 것을 문제 삼을 수 없다는 얘기입니다. 문제는 뭐냐면, 생물학적 차이들을 '빌미로 삼아' 불평등한 기회나 조건을 부여하거나 차별적으로 대우하는 것입니다. 생물학적 차이를 빌미로 사회적 자원의 배분에서 차등을 둠으로써 사회적 차별을 하고 억압하는 현상을 성 불평등 현상이라고 합니다.

성 불평등은 일반적으로 여성에 대해 남성의 우월로 나타나는데, 이것은 단지 생물학적 성의 차이에 따른 자연 섭리라기보다는 사회적 권력이 반영된 겁니다. 즉 남성 권력이 여성에 대하여 차별적인 지위와 역할을 부여하고 그렇게 대우하여 나타나는 현상입니다. 차별의 핵심은 권력에 있습니다. 그래서 때로는 여성도 남성에 대해 불평등한 대우를 할 수 있습니다. 예를 들어 직장 상사가 여성일 때 남성 신입사원에 대해 갑질의 횡포를 부릴 수도 있지요. 하지만 이를 두고 여성 권력이라는 표현을 적용하여 확대해석해서는 곤란합니다. 여성에게 권력이 있는 경우는 개별적인 사례에 불과하고 일반적으로 남성이 사회적 권력자로 군림하고 있기 때문입니다. 개별여성과 전체여성은 구분되어야 합니다.

사회·문화적 측면에서 보면, 성 불평등은 성차별적 언행과 성 역할 고정관념으로 나타납니다. 2008년 국립국어원이 대중매체에 나타나는 성차별적 언어표현을 조사해 발표한 일이 있습니다. 발표 자료에 따르면, 성별 언어구조가 관용화된 것(형제애, 효자상품 등), 불필요하게 성을 강조한 것(여류명사, 여의사 등), 고정관념적 속성을 강조한 것(앳되어 보이는, 꼬리 치다 등), 선정적으로 표현한 것(쭉쭉빵빵, S라인 등), 특정 성을 비하한 것(여편네, 부엌데기 등) 등 그 유형도 다양했고 가지 수도 5천 개가 넘었습니다. 이런 언어는 성 불평등 관념과 행동에 영향을 미칩니다. 남성은 직장 생활을 하여 가족을 먹여 살리는 중요한 존재라고 생각하고, 여성은 남성을 보조하는 존재로 미모를 가꾸는 게 중요하다고 말하기도 합니다. 남성은 운동을 잘해야 하고 힘이 강해야 하며, 여성은 다소곳하고 포근해야 한다고 합니다. 부당한 일에 항의하는 모습에 대해서는 남성에게는 당당해 보인다고 하지만, 여성에게는 기가 세다 혹은 드세다고 표현합니다. 이숱한 언행 속에 성차별 관념이 반영되어 사회 곳곳에서 성 불평등 현상이 나타나고 있습니다.

경제적 측면에서는 성별에 따른 취업 및 승진 제한, 성별 임금 격차 등으로 나타납니다. 여성은 남성보다 취업 관문을 통과하기 어려운 경우가 많습니다. 여성보다 남성을 상대적으로 많이 뽑는 겁니다. 물론 최근에는 성별에 따른 취업 차별은 많이 줄었습니다. 하지만 성별에 따른 임금 격차는 여전합니다. 2017년 한국에서 남성과 여성의 평균 임금 격차 비율은 대략 100 대 65로 나타납니다. 남성이 한 달에 100만 원의 평균 임금을 받을 때 여성은 65만 원을 받는다는 의미입니다. 성별 임금 격차 35퍼센트는 경제협력개발기구(OECD) 회원국 평균 13.5퍼센트를 크게 웃돌고, 조사가 시작된 이래 단 한 번도 압도적 1위라는 불명예를 놓친 적이 없습니다. 그리고 사회생활을 하더라도 여성은 임신, 출산, 육아 때문에 경력이 단절되는 경우가 많습니다. 경력 단절 여성이 재취업하기란 쉽지 않습니다. 재취업에 성공한 경우라도 임금은 예전보다 더 줄어드는 일이 발생합니다.

한편 다른 모든 불평등한 조건을 이겨내고 직장 생활을 하더라도 여성은 남성보다 승진 경쟁에서 밀려나는 일이 많습니다. 직장에서 같은 직급이더라도 승진에 유리한 핵심 업무가 있을 수 있습니다. 인사, 기획, 재정부문 등이 대표적입니다. 그런데 이런 핵심 업무에는 여성을 배치하지 않는 '유리 벽' 현상이 나타납니다. 여성을 서비스 부문, 대민 업무 부문, 고객 담당 부서와 같이 핵심 부서가 아닌, 기업 내 직무 평가에서 하위를 차지하는 직군에 배치하는 경우가 많다는 겁니다. 그리고 여성이 상위 직급으로 승진하더라도 결국 최고 임원직에 오르기 힘든 장벽을 경험하게 됩니다. 이른바 '유리천장'입니다. 직접 부딪치기 전까지는 알지 못하는, 보이지 않는 유리천장이 가로막고 있습니다. 여성의 지위 상승은 현실적으로 한계가 많습니다. 그래서 대기업 임원, 고위 공직자 대다수는 남성이 차지하는 경우가 많습니다.

정치적 측면에서 보는 성차별은 여성의 참정권이 매우 제한적이었던 역사적 사실에서 비롯됩니다. 고대 아테네에서 여성은 외국인이나 노예와 더불어 정치에 참여할 수 없었습니다. 시민혁명 이후 부르주아계급에 이어 노동자계급도 보통선거권을 가지게 되었으나 성인 여성에게는 여전히 제약되었습니다. 여성의 참정권은 20세기 초중반이라는 매우 늦은 시기에 겨우 확립되었습니다. 물론 이제는 여성도 정치에 참여할 수 있게 되었습니다. 하지만 국회의원이나 수상, 대통령직에 여성이 오르는 일은 여전히 보기 힘듭니다. 국제 의원 연맹(IPU)이 공개한 국가별 여성 국회의원의 비율을 보면, 한국의 여성의원 비율은 국제 의원 연맹 회원국 179개국 가운데 125위라고 합니다. 2020년 21대 총선에서 여성의원은 19퍼센트로 역대 최고치였지만, OECD 평균 27.8퍼센트에는 한참 못 미쳤습니다. 이는 여성들의 정치계 진출 장벽이 한국에서 얼마나 높은지를 잘 나타내고 있습니다. 특히 정치 분야에서의 성 불평등은 정책 결정의 차이를 낳기 때문에, 사회 전반의 성 불평등에 영향을 미칠 수 있습니다.

성 불평등 현상의 원인 2

성 불평등 현상이 나타나는 이유는 무엇일까요? 성 불평등 문제를 일으키는 요인은 생물학적 차이가 아니라 사회가 만들어내는 성 역할에 있습니다. 사회 구성원에게 역할을 부여하는 권한은 철저히 사회를 지배하는 권력자에 집중되어 있게 마련입니다. 따라서 성 불평등 현상이 발생하는 원인은 무엇보다 남성이 권력의 중심에 놓여 있는 상태에서 여성에게 제한된 지위와 역할을 규정한 탓입니다. 남성 중심적인 권력체계가 문제라는 것입니다.

남성 중심적인 권력체계, 즉 남성에 의한 여성 지배 체제를 가부장제라고 부릅니다. 가부장제는 본래 가장으로서 아버지가 강력한 권한을 가지고 가족을 지배하는 형태를 의미합니다. 이것이 사회 전체적으로 확산

되어 남성 중심적 사회지배 체제가 되었습니다. 그러면 가부장제가 어떻게 형성되었으며 어떤 관점으로 봐야 할지 생각해보죠.

먼저 우리가 흔히 접하는 관점은 가부장제의 형성을 생물학적 차이에서 가져와 정당화시키는 논리입니다. 이 논리는 수렵 채집 문명에서부터 근거를 찾습니다. 흔히 생산 활동에서 근력의 필요성과 우월성을 강조합니다. 남성의 신체가 육체노동에 적합하여 그것에 대한 가치를 인정받고 사회적 권위를 갖습니다. 그리하여 성 역할의 차이가 자연스럽게 자리 잡은 것으로 볼 수 있다는 논리입니다.

그런데 근력이라는 생물학적 차이를 강조하면 성 불평등 현상은 자연의 섭리로 둔갑할 수 있습니다. 생산 활동을 강조하고 그 일에서 근력을 덧붙이는 논리는 성 불평등 현상을 사회·문화 현상으로 보는 게 아니라 신체적 특징이라는 자연현상으로 보게 만들려는 의도가 묻어 있습니다. 사실 이러한 논리는 성 역할의 차별을 생물학적 신체 능력의 차이로 정당화하려는 의도에서 나왔습니다.

하지만 이 글에서는 지금까지와는 다른 역사적 맥락에서 보려 합니다. 새로운 접근에 도움을 줄, 초대 명사는 미국의 역사학자 러너(Lerner, G.)입니다. 러너의《가부장제의 창조》에 따르면, 가부장제는 가부장제로 이익을 볼 수 있는 남성에 의해 역사적으로 '창조'되었다고 합니다. 인위적으로 만들어낸 얘기란 말입니다.

성별 관계는 신석기 시대 농업혁명을 거치며 불평등한 종속 관계로 창조되었습니다. 농업혁명은 인류 역사에서 많은 변화를 가져온, 그야말로 혁명이었습니다. 농경 사회에서 인간 한 명 한 명은 농업을 위한 노동력으로 간주하게 되었습니다. 노동 자원을 공급할 수 있는 여성을 중요하게 취급해도 이상할 게 없습니다. 여성을 진정한 인간으로 본다면 그 위상을 높이 평가하여 보호할 만도 한데, 현실은 그렇지 않았습니다. 남성은 여성을 노동 자원을 제공하는 사물로 봅니다. 즉 여성을 종속시켜 소유하면 여성이 낳은 자녀도 소유할 수 있게 된다고 보고, 실제로 생식 능력이 좋은 여성에 대해 결혼 지참금을 주고 사들여 소유했죠. 결국 이러지배 과정에서 다른 사람에 대한 위계적 지배, 즉 가부장제라는 제도가 만들어진 것입니다. 이런 의미에서 인간을 인간이 아닌 대상으로 취급한 최초의 대상은 여성입니다.

특히 전쟁 경험은 사회적 가치가 있는 여성을 장악하고 확보할 수 있는 결정적인 계기가 됩니다. 전쟁에서 승리하면 전리품으로 상대국가의 재물을 탈취할 수 있었는데, 그 가운데 여성은 특별하고 유용한 재물이었습니다. 적국의 여성을 노예화하면서 그 여성이 낳은 자녀도 확보하여 사회의 생산력을 증대시킬 수 있었고, 그러면서 남성의 권력은 더욱 강화되었습니다. 노예제는 정복당한 집단의 여성을 노예로 만들면서 시작되었습니다. 더욱이 사유재산제의 확립은 여성을 재물로 여기는 사회적 인식을 뒷받침해주었습니다. 이런 권력적 힘이 작용하여 여성에 대한 남성의 지배, 가부장제가 나온 것입니다. 그리하여 가부장제는 국가와 사회를 운영하는 원리로 고스란히 적용되었습니다. 러너의 주장은 가부장제에 숨겨진 정치적 의도를 밝혀준 것이라고 평가할 수 있습니다.

한편 인간 존엄의 논리에 따르면, 남성에 의한 여성 지배는 같은 인간으로서 부당한 일입니다. 그 부당함을 있는 그대로 드러낼 수 없으니 이를 숨기고 정당화하는 방법을 고안해야 했습니다. 그 방법은 필요 이상으로 여성의 능력을 낮게 평가하는 것이었습니다. "여성은 집안일밖에 할 수 있는 게 없다"라고 하는 식이었습니다. 그런데 이렇게 집안일을 낮게 평가하고 그 일을 여성의 역할로 규정짓는 것은 실제 일의 중요성과 아무 관련이 없는 것입니다. 모든 일은 중요합니다. 설사 밥 짓는 일에 특별한 재능이 필요 없다손 치더라도 밥을 지어 먹지 않고 바깥 일을 할 수는 없습니다. 따라서 특정한 일을 낮춰 보는 건 그것이 덜 중요해서가 아닙니다. 사실은 그 일을 임의로 낮추어 평가하고 그 일을 여성의 역할로 배치하여, 여성을 열등한 존재로 만들려는 의도일 뿐입니다.

심지어 가부장제에서는 생명을 잉태하여 사회에 공급하는 여성 고유의 특성마저 낮추어 평가하는 이념을 만들었습니다. 여성의 몸을 출산하는 기계나 도구로 보는 것도 문제인데, 아들이 집안의 대를 잇는다는 논리에 따른 남아선호사상은 아들을 낳는 주체가 여성이라는 중요한 사실도 저평가했습니다. 오직 태어난 남아가 주목받았을 뿐입니다. 여성의 능력에 대한 낮은 평가나 남아선호사상은 실제가 아니라 모두 남성 지배체제를 정당화하기 위한 상상에 불과합니다. 차이, 그 자체가 아니라 차이를 우월성과 열등성으로 만들어 가르는 데서 인간 존엄성의 파괴가 시작됩니다. 성차별적 논리의 창조는 인간 존엄성의 파괴를 알리는 출발점이었습니다.

그런데 가부장제가 가족 단위에서만 작동되었더라면 남성 중심적인 권력체계가 만들어지기 어려웠을 것입니다. 성 역할에 대한 상상의 고정관념을 만들어 교육 훈련하며 성 불평등 현상을 재생산했기 때문에 가부장제가 오랫동안 존속될 수 있었습니다. 가부장제는 가족에서 아버지의 위상처럼 사회 전반에 걸쳐 남성이 여성을 차별하고 배제하는 제도와 관행으로 확대되었습니다. 그 과정에 사회적 학습이 연결되어 있습니다. 성 역할의 차별적 사회화가 진행되었던 것이죠.

예를 들어 가족 단위에서 부모들은 아이들을 양육할 때 영유아기 때부터 사회에서 요구하는 성 역할을 하도록 길러냅니다. 여아들에게는 인형을 주고 남아들에게는 공룡이나 로봇을 가지고 놀게 합니다. 사회적으로 차이를 둔 이런 놀이 경험은 점차 여성을 내성적으로 만들고 남성은 폭력적이고 적극적인 존재로 인식하게 만듭니다. 학교에 진학하면 남학교는 진리 탐구, 문화 창달, 자기도야 등 진취적이고 건설적인 인물의 양성을 내세우고, 여학교는 진선미, 성실, 신의, 정숙, 순결 등 희생과 순종, 아름다움을 추구하도록 교육합니다. 텔레비전의 드라마나 영화 속의 남자 주인공은 적극적이고 건설적이며 중요한 의사결정을 하는 인물로 묘사되는 데 반해, 여자는 수동적이고 소극적이며 의존적인 인물로 배역을 설정합니다. 광고 속에서 남성은 전문직 직업인으로 묘사되어 정장 차림에 서류 가방을 들고 있지만, 여성은 아이를 안고 있거나 쇼핑백을 양손 가득 들고 있는 모습으로 표현합니다.

더욱 심각한 점은 대중매체가 여성의 성을 상품화하고 여성을 성적 대상으로 만든다는 점입니다. 여성의 성적 매력과 에로티시즘을 부각하여 인격체가 아닌, 마치 하나의 사물 혹은 이미지로 다룹니다. 성적인 흥미 위주의 이미지로 다루죠.

인터넷으로 특정 기사를 검색해보면 그 기사와 아무 관련이 없는, 여성의 육체를 드러낸 광고가 흔하게 배치됩니다. 대중매체 프로그램이 자극적이고 퇴폐적인 성 표현을 노골적으로 드러내는 경우도 많습니다. 이는 청소년의 바르지 못한 성 의식을 조장하고, 그것을 학습하여 성적 대상으로 여성을 취급하는 사고와 행동이 재생산됩니다. 그것이 성범죄로 이어지는 경우도 많죠.

2020년에는 소위 'n번방 사건'이 일어났습니다. 아동과 청소년을 비롯한 여성을 협박해 성 착취물을 찍고 메신저 앱을 이용해 유포한 디지털 성범죄 사건이었죠. 그 규모와 폭력성이 매우 심각하여 한국 사회에 큰 충격을 주었습니다. 이 사건에 개입된 남성에게 여성이란 과연 어떤 존재였을까요? 성적 도구 혹은 성적 대상에 불과했을 겁니다. 인간이 아닌 사물이나 도구로 보는 겁니다. 인간 사회가 이처럼 위계화될 수 있다는 데 그저 놀라울 따름입니다.

가정, 학교, 대중매체 등을 통해 만들어진 젠더는 성인이 되어서도 영향을 미칩니다. 여성은 출산과 육아를 담당하고, 남성은 회사 일을 하는 것을 당연하게 여깁니다. 여성이 회사 일을 하면 여성답지 못한 것이 되고, 남성이 출산을 돕고 육아를 담당하면 남성답지 못하다는 인식도 널리 퍼져 있습니다. 이러한 기능 구분을 합리적인 분업으로 보는 사람도 있을 것입니다. 그런데 생명의 잉태가 여성 혼자 하는 것이 아니므로 출산에도 남성이 관련되어 있어야 하지만, 출산을 여성의 신체적 차이에 따른 것으로 이해하더라도, 육아만큼은 여성만이 담당할 이유가 없습니다. 회사 일도 남성의 전유물이 될 수 없습니다. 남성이 항상 능력이 뛰어난 것은 아니기에 임금이나 승진 기회의 성차별을 두는 것은 부당합니다. 하지만 이처럼 부당한 성차별은 사회 권력에 의해 사회적으로 구성되고 끊임없이 재생산되었습니다.

한편 유교 윤리에 따라 가부장제가 심각하게 영향을 끼치는 한국 사회에서 가부장제와 자본주의 체제의 결합은 독특한 지배 형태를 보여줍니다. 가부장제적 전통이 강한 한국 사회에서는 성별 임금 격차가 크게 벌어져 있습니다.

이것이 남성에게 유리한 것처럼 보입니다. 하지만 그렇지 않습니다. 노사합의에 따르더라도 사용자가 최종적으로 임금을 결정합니다. 사용자가 보기에 남성 노동자의 임금 인상 요구가 과하다 싶으면 모두 해고하고 얼마든지 다른 여성 노동자로 대체할 수 있습니다. 저임금의 여성 노동자가 항상 예비 인력으로 준비하고 있기 때문입니다. 저임금의 여성 노동자가 존재하는 한, 남성 노동자도 자신의 임금을 충분히 올려 받기 힘든 겁니다. 동시에 여성 노동자는 저임금 때문에 홀로 노동해서는 생활을 유지하기 어렵습니다. 그리하여 여성을 남성 노동에 의존하게 만듭니다. 그러면 이것이 남성을 우쭐하게 만들어 좋은 일일까요? 그렇지 않습니다. 만일 결혼하여 가족을 구성하게 되면 남성이 짊어져야 할 무게는 더욱 커질 수 있습니다. 이런 맥락에서 남성들도 생각을 바꿀 필요가 있습니다. 성 불평등이 여성에게 불이익을 주고 그 반대급부로 남성은 이익을 얻는 것으로 생각해서는 곤란합니다. 성 불평등은 여성뿐만 아니라 남성에게도 이로운 게 아닌 겁니다. 여성과 남성의 경쟁과 대결 구도는 노동자의 제 살을 깎는 행위로, 결국 이윤 창출을 기대하는 자본주의 체제의 지배 세력에게 도움을 줄 뿐이라는 얘기입니다.

성 불평등 현상의 해결을 위한 사회운동 3

성 불평등 문제는 부당한 권력 행사의 문제이므로 이에 대한 사회적 관심과 해결책이 필요합니다. 이런 갈등론적 시각을 편협하다고 여겨서는 안 됩니다. 사회 갈등에 적극적으로 대응하는 갈등론적 시각이 사회 갈등 해결에 도움이 되기 때문입니다.

반면 기능론적 시각에서는 성 불평등을 합리적 역할 배분으로 보거나, 갈등이 일어나면 그조차 일시적 불안정 상태로 봅니다. 이런 관점은 사실상 성 불평등 해소를 위해 할 수 있는 일이 별로 없어서 문제 해결의 실질적인 도움을 주기에 미흡합니다. 기껏해야 성 평등 의식의 함양이나 법과 제도적 장치의 보완을 언급할 뿐입니다.

그런데 이런 보완적 장치조차 가만히 앉아서 기다리면 시간이 지나 자연스럽게 만들어지는 건 아닙니다. 지금까지 성 불평등 현상이 조금이나마 개선되었던 것은 갈등을 마다하지 않고 그것을 해결하려고 행동에 나선 사회운동 덕분이었습니다. 그 사회운동은 여성운동 혹은 페미니즘 운동이라는 이름으로 진전되어왔습니다.

서구에서 일어난 여성운동의 역사 속에서 여성운동이 남성 중심적 사고에 갇혔던 세계를 어떻게 바꿔왔는지, 그리고 성 평등의 방향성을 어떻게 균형감 있게 찾을 수 있을지 전망해봤으면 합니다.

먼저 18세기 말부터 20세기 초까지 여성운동은 남성과 동등한 참정권 확보에 집중했습니다. 참정권은 정치에 참여할 권리입니다. 정치는 사회의 법과 제도를 통해 사회적 자원을 배분하는 활동이므로 참정권은 여성에게 불리하게 자원이 배분되는 성 불평등 현상을 해결하는 데 기초가 됩니다. 이를 처음 제기한 대표적인 인물이 프랑스의 올랭프 드 구즈(Olympe de Gouges)입니다.

올랭프 드 구즈는 〈프랑스 인권선언〉에서 권리 주체로 언급한 '인간'이 남성만 가리킨다고 비판하고, 〈여성과 여성 시민의 권리 선언〉을 제작하여 인권을 지닌 시민에 여성도 포함되어야 한다고 주장했습니다. 올랭프 드 구즈는 프랑스 혁명 당시 여성의 참정권을 주장하다가 반대파에 의해 사형을 당했습니다. 올랭프 드 구즈는 죽음 앞에서 "여성이 단두대에 올라야 한다면 연단에 오를 권리도 있어야 한다"고 부르짖으며 여성의 참정권을 요구했습니다. 이처럼 초기 여성운동은 시민의 권리를 이슈로 채택하며 여성도 시민이자 인간이라는 논리에 바탕을 두고 성 불평등 현상을 해결하려 했습니다.

그런데 여성의 참정권은 20세기 초에 이르러 간신히 인정받습니다. 그만큼 사회가 여성에게 억압적이었다는 얘기입니다. 그나마 세계대전이 일어나지 않았으면 여성의 참정권 획득은 더 늦춰졌을지도 모릅니다. 왜냐하면 세계대전 당시 전장에 나간 남성을 대신해 여성은 군수산업 분야에서 무기 제조를 위한 일을 했는데, 이처럼 사회와 국가에 이바지한 대가로 참정권을 얻어낸 측면이 있기 때문입니다.

　남성들의 편견과 달리 세계대전 시기에 군수 물자 제조에서 제 몫을 톡톡히 해냈던 여성들은 2차 세계대전 이후 남성이 독점하던 다양한 직업에 진출하여 성 평등을 외쳤습니다. 굴삭기 기사에서부터 경찰, 소방대 등 남성 일색이었던 직업에 여성들이 도전장을 내밀었습니다. 직업 영역에서의 여성들의 치열한 투쟁은 어느 정도 성과도 있었습니다. 여성의 사회 진출이 증가했습니다. 사회 진출 분야도 다양했고요.

　여기서 피임약이나 콘돔 그리고 식기세척기와 같은 가전기기의 발명은 여성의 사회 진출에 중요한 기회를 제공했습니다. 특히 피임약은 20세기 최대 발명품 중 하나로 손꼽힐 정도로 사회에 큰 변화를 일궈냈다고 평가받습니다. 피임약의 보급으로 여성은 원치 않는 임신과 육아의 부담에서 벗어나 사회에 진출할 수 있게 되었습니다.

　하지만 여성이 사회생활을 잘해나갈 수는 없었습니다. 직장 생활을 하더라도 가사노동은 여전히 여성의 몫으로 남아 있었기 때문입니다. 힘들게 직장 생활을 하고 퇴근 후 돌아온 가정에서는 집안일과 사투를 벌여야 했습니다. 여성에게 능력이 있으면 가정 생활과 직장 생활을 모두 잘해보라는 식으로 슈퍼우먼이 되라고 요구하는 것은 부당한 일이었습니다. 이처럼 직업상의 평등을 이룬다고 해서 성 불평등 현상이 크게 달라지지는 않았습니다.

그래서 1960년대 말부터 여성운동은 여성해방운동을 지향하며 일상의 변화를 추구하기 시작했습니다. 여성은 일상생활에서 벌어지는 정치를 다루었습니다. 개인적 선택의 문제로 여기는 연애, 임신, 육아 등도 사회구조의 영향을 받는 것으로 보고, 일상의 영역에 속한다고 소소하게 취급하는 문제도 중요한 정치적 의제로 다루어야 한다고 봤습니다. 예를 들면 가사 분담 논의는 국가기관의 권력 분립을 논하는 것만큼 중요하고, 가정 폭력에 항거하는 것도 공권력의 탄압을 규탄하는 것만큼 중요합니다. 그래서 '정치적으로 올바른' 선택을 해야 한다면 일상에서의 성 평등을 위한 실천도 중요하다고 주장했습니다.

그리고 여성운동은 미인 선발 대회에 나타난 여성의 상품화 및 성적 대상화에도 반대했습니다. 그것은 자본주의 체제가 빚어낸 문제로 볼 수도 있습니다. 그래서 일부 여성 운동가들은 인간을 상품으로 보는 체제를 바꿔야 한다는 생각을 했습니다. 하지만 자본주의 체제의 극복만으로는 여성이 해방될 수 없다고 생각하게 되었습니다. 자본주의 체제에 맞선 사회주의 국가에서, 즉 노동계급이 지배계급이 되었더라도 남성에 의한 여성의 지배는 얼마든지 일어날 수 있기 때문입니다. 그것은 노동계급의 바람이 될 수 있을지라도 여성의 바람이 될 수는 없었습니다. 노동계급 내에 성 불평등이 존재하는 한 여전히 성 불평등 현상은 개선될 수 없다고 봤던 겁니다.

그래서 근원적인 고민을 하게 됩니다. 남성의, 남성에 의한, 남성을 위한 사회에 대해 반기를 들고, 여성의 시각으로 세상을 다르게 보려 한 것입니다. 급진주의 여성 해방 이론은 "자매애는 강하다"라며 자매애로 이뤄진 여성만의 자율적 공동체를 지향하게 되었습니다. 여성운동만의 독자적인 이론과 운동 방향을 고민했던 것입니다.

여성은 여성으로서 자기 정체성을 찾기 시작했습니다. 기존의 여성성을 남성에 의해 규정된 여성성이라고 보아, 여성에 의한 새로운 여성성의 발견을 강조하게 되었습니다. 이런 급진적 페미니즘은 여성의 몸에 대한 여성의 권리, 즉 다른 누군가의 수단이 되거나 상품이 되거나 사회의 부속품이 아닌 바로 그 몸의 주인은 자신이라고 선언하는 것이었습니다. 오늘날 여성운동은 여성을 상품화하고 성적 대상으로 삼는 자본주의 체제에 맞서면서 동시에, 남성의 시각이 아닌 여성 자신의 시각으로 정체성을 확보하려는 이중의 목표를 두고 고군분투하고 있습니다.

최근 한국 사회에도 여성들의 주장이 힘 있게 나오고 있습니다. 누구라도 자기주장을 할 수 있는 게 민주사회입니다. 따라서 여성의 자기주장은 자연스러운 것이지 기이한 일이 아닙니다. 가부장제 혹은 성차별의 문제를 극복하려는 여성운동도 노동권 문제, 인권 침해, 환경오염 등을 다루는 노동운동, 인권운동, 환경운동과 다를 게 없습니다. 기이한 게 있다면 오히려 남성의 여성 혹은 여성운동에 대한 혐오 섞인 반응입니다.

여성의 주장이 지나치다고 보는 것은 착시현상입니다. 그동안 여성이 자신의 목소리를 내는 일이 충분히 보장되지 못했고 성 불평등 현상의 개선도 미흡했습니다. 전체 인류 역사를 통틀어 시민의 권리 주장을 모두 모아보면 그 가운데 여성의 목소리는 극히 작았다는 것을 알 수 있습니다. 그 전체적인 맥락에서 이해해야 합니다. 만일 여성의 자유로운 발언을 보장하고 성 불평등 문제의 개선이 충분했더라면 최근 한국 사회가 목격하고 있는 것처럼 여성들의 폭발적인 집단행동이 나오지는 않았을 것입니다. 수천 년 동안 정치적, 사회적으로 억눌리다가 최근에 여성이 스스로 목소리를 낼 수 있게 되니까 평상시와 달리 크게 들릴 뿐입니다. 그리고 때로는 과격하게 표출되었던 겁니다. 그것은 평등을 향해 나아가는 과정에서 자연스럽게 나오는 것입니다. 이제 비로소 여성이 제 목소리를 찾기 시작한 겁니다. 그리하여 균형점을 찾으려는 겁니다. 물론 그 균형을 맞추는 과정에서 오늘날 일부 남성이 여성에게 밀리는 것 같아 반발심이 생기는 것은 있을 수 있습니다. 그러나 이런 과정을 거쳐야 비로소 인간 사회가 평등해지는 겁니다.

사회학적 상상력이 다시 요구됩니다. 최근의 여성운동을 역사적 맥락에서 봐야 합니다. 성 불평등 문제는 사회학적 상상력을 발휘하여 역사적 맥락에서 파악해야 합니다. 노예해방을 선언한 지 오래지만, 노예제 이전에 남성에 예속된 여성의 해방은 아직 갈 길이 멀어 보입니다. 그래서 여성은 지구상에 마지막 남은 식민지라는 얘기도 나옵니다. 그러고보면 여성의 역사는 없었다고 해도 과언이 아닙니다. 이제 여성운동은 인류 역사에서 지워진 여성을 복원하고 싶어 합니다.

우리가 지금까지 배운 모든 역사는 인류의 역사가 아니라 남성의 역사였습니다. 우리는 정작 인간다움의 의미를 배우지 못했습니다. 남성 권력에 의해 편향되고 왜곡된 인간상을 배웠을 뿐입니다. 우리는 인간의 인간다움에 관한 역사를 새로 써야 합니다.

인간다움을 찾으려면 여성의 주장에 관하여 귀 기울일 필요가 있습니다. 그 목소리는 가부장제에 길들어져, 놓치고 있었던 성 불평등의 감수성을 깨닫게 하는 좋은 자극이 될 수 있습니다. 여성의 역사적 관점을 통해 균형 찾기가 이뤄지면 비로소 비인간성에 맞선 인간다움의 연대도 가능하다고 봅니다. 인간 역사의 새판 짜기가 비로소 시작되는 겁니다.

여성의 시각이 온전하게 기록되는 일은 남성이 그랬던 것처럼 수만 년의 시간이 소요될지도 모릅니다. 아니, 그것보다 더한 시간이 필요할지도 모릅니다. 백지 위에 새 역사를 쓰는 게 아니라 기존의 남성 중심적 역사를 지우고 다시 써야 하기 때문입니다. 그리고 몇 가지 법과 제도, 정책이 바뀐다고 해결될 것이 아니기 때문입니다. 인류의 모든 문헌을 새로 써야 하고, 새로운 문화를 일궈야 합니다. 우리가 일상적으로 사용하는 언어와 습성까지도 모두 바꿔야 합니다. 쉽지 않은 행군이 될 겁니다.

하지만 인간다움을 지향하고 지지하는 사회적 노력 여하에 따라 그 시기는 단축될 수도 있을 것입니다. 남성도 우리 사회가 가야 할 길은 인간다운 사회여야 한다는 것에 동의한다면 자신과 같은 부류의 젠더가 세계의 중심이 되지 못하게 된 것에 관한 아쉬움을 버리고 기득권을 내려놓을 수 있어야 할 겁니다. 여럿이 함께 가면 평등한 인간 사회는 더욱 빨리 올 수 있을 겁니다.

가부장제는 역사적, 사회적 산물입니다. 따라서 그것은 사회운동을 통해 종식될 수 있다고 믿습니다. 가부장제가 종식되는 날, 비로소 온전한 인간의 역사가 시작됩니다.

4장

무지갯빛 물결, 힘차게 달리는 휠체어

사회적 소수자 차별 문제,
어떻게 해결할까

사회적 소수자의 의미와 차별 양상

사회적 소수자의 의미

삶의 목표만 바라보며 달리다보면 주변 사람들을 못 보는 경우가 많습니다. 일상이 너무 바빠서 그럴 겁니다. 하지만 잠깐이라도 고개를 돌려보면 우리가 지향하는 길에서 빗겨나 있는 사람들이 생각보다 많다는 것을 알 수 있습니다. 이들 가운데 사회적 소수자들이 있습니다. 우리가 그동안 눈여겨보지 못했던 사회적 소수자의 차별 문제까지 살펴 사회 불평등 현상에 대한 감수성을 키워야 합니다. 그것이 사회를 살아가는 시민의 자세입니다.

사회적 소수자란 일반적으로 신체적 또는 문화적 특성 때문에 사회로부터 불평등한 대우를 받는 사람들을 말합니다. 소수자라는 표현을 써서 숫자상으로 적은 사람들이라고 오해할 수 있습니다. 물론 사회적 소수자는 구성원 수가 적은 경우가 많습니다. 하지만 구성원 수가 적다고 해서 반드시 소수자가 되는 건 아닙니다. 구성원 수가 많더라도 소수자일 수 있습니다. 예를 들어 남아프리카공화국에서 인종차별이 극심했던 시절, 흑인은 국민 대다수이지만 사회적 차별 때문에 사회적 소수자일 수 있었습니다. 집단의 크기에 따라 사회적 소수자가 결정되는 것이 아닙니다.

사회적 소수자는 정치 권력을 포함한 사회적 권한의 행사에서 지배 집단보다 열세에 있습니다. 신체적으로나 문화적으로 다른 집단과 구별되는 차이가 있으나, 그 때문에 소수자 집단의 성원이 되고 그 이유만으로 사회적 차별의 대상이 되고는 합니다. 그러면서 소수자들은 차별받는 집단의 구성원이라는 인식이 생기게 됩니다. 그래서 단순히 소수자가 아닌 사회적 소수자라는 표현을 씁니다. 소수자 또는 소수자에 대한 차별은 사회적으로 만들어졌다는 얘기입니다.

일반적으로 우리 사회에서는 여성, 미혼모, 노인, 장애인, 이주 노동자, 난민, 소수 인종, 재외동포, 혼혈인, 비정규직 노동자, 소수파 종교인, 양심적 병역 거부자, 동성애자 등이 소수자로 분류되고는 합니다. 성, 연령, 장애, 국적, 민족, 인종, 계급, 종교, 사상, 취향, 가치관 등 다양한 기준에 의해 사회적 소수자가 규정될 수 있습니다.

이처럼 사회적 소수자는 그 범주가 넓고 다양합니다. 특히 사회의 다원화, 세계화된 인적 교류 때문에 다양한 유형이 사회적 소수자가 우리 주변에 더욱 늘어나고 있습니다. 사회적 소수자는 우리 일상생활 아주 밀접한 일부로 들어와 있습니다. 그래서 일상적으로 쉽게 사회적 소수자를 만날 수 있습니다.

혹시 이 책을 읽는 여러분 가운데 대다수는 스스로 사회적 소수자가 아니라고 해서 관심을 덜 가질 수 있을지 모르겠습니다. 하지만 사회적 소수자는 상대적인 개념이어서 사회적 관계의 기준에 따라서 많은 사람이 사회적 소수자일 수 있습니다. 여러분도 사회적 소수자입니다. 예를 들어 백인이 지배하는 세계 사회에서 유색인종인 여러분은 소수자입니다. 가부장제 사회에서 소수자는 여성이며, 자본주의 체제에서 소수자는 노동자입니다.

그리고 사회적 소수자는 시대, 장소, 소속집단의 범주 등에 따라 사회적 소수자에 해당하는지가 달라집니다. 주류 사회의 다수자였지만 상황과 여건에 따라 누구도 얼마든지 사회적 소수자가 될 수 있습니다. 예를 들어 외국으로 여행이나 이민을 가면, 그 나라에서 여러분은 소수자로 분류됩니다. 그리고 종교적 신념이나 가치관의 변화, 불의의 사고, 노년기에 진입함에 따라 사회적 소수자로 취급받아 차별의 대상이 될 수 있습니다. 사회적 소수자는 우리 자신의 이야기입니다.

사회적 소수자에 대한 다양한 차별 양상

사회적 소수자의 삶은 녹록지 않습니다. 무엇보다 경제적 부의 획득에서 큰 차별을 받기 때문입니다. 부유한 국가나 개발도상국을 막론하고 세계 모든 지역에서 사회적 소수자의 대표적인 소수 인종 집단은 상대적인 혹은 절대적인 조건에서 가난하게 살 가능성이 큽니다. 소수 인종 집단은 역사 속에서 오랫동안 차별받고 폭력에 시달리며 경제적 자원의 배분에서 배제되었습니다.

사회적 소수자 집단 내에서도 세력이 극히 작을 경우, 사회 중심부로부터 더 멀어지는 또 다른 사회적 소수자가 나타날 수 있습니다. 예를 들어 한국의 이주 노동자 집단 중에서도 중국인이나 조선족은 많은데 아프리카 출신 노동자는 더 적습니다. 이들은 소수자 중에서도 소수자입니다. 이들은 사회적 자원의 획득에서 다른 사회적 소수자보다 더 불리한 위치에 있습니다. 차별 위에 차별이 더해지죠.

사회적 소수자는 정치적으로도 소외되어 있습니다. 예를 들어 귀화하지 않는 이상 이주 노동자에게 선거권이 없습니다. 정착한 이주 노동자라 하더라도 자신들의 대표를 의회로 진출시키는 게 쉽지 않을 뿐만 아니라, 이주민을 대변하는 정치인이 나오더라도 의회에서 또다시 소수가 됩니다. 미국 이민의 역사가 오래되었지만, 한국계 정치인이 미국 정치권에서 활약하는 건 매우 드뭅니다.

사회적 소수자는 사회적으로도 교육, 사회적 관계 등에서 배제되어 사회적응에 어려움을 겪고 있습니다. 주류 사회의 구성원은 사회적 소수자에 대하여 단순한 차별과 거리 두기를 넘어 '비정상'으로 보며 괄시하는 태도를 보이는 때도 숱하게 많습니다. 사회적으로 팽배한 차별적 인식 탓에, 사회적 소수자는 학교나 직장 생활을 정상적으로 하기 어렵습니다.

평범한 사회적 관계 맺기가 그들에게는 가장 힘든 일이 되고 있습니다. 그래서 사회적 소수자는 사회적 자원의 배분과 그 배분에 개입할 능력에서 차이를 보이며 사회적 약자로 분류됩니다.

사회적 소수자 차별 현상의 원인

2

사회적 소수자 가운데 양심적 병역 거부자, 장애인, 노약자, 성적소수자는 종교, 장애, 연령, 성 정체성 등의 이유로 차별받습니다. 최근에는 외국인 이주 노동자, 결혼 이민자, 중국동포, 북한 이탈 주민 등 국적, 지역, 인종, 민족의 차원에서 다양한 문화적 배경을 가진 사회적 소수자들에 대한 차별이 늘어나고 있습니다. 하지만 그들이 가지고 있는 신체적 혹은 문화적 특징으로 차별받을 수는 없습니다.

사회적 소수자가 그런 특성을 갖게 된 것은 우연히 주류 사회와 다른 사회에서 태어나고 자라났기 때문이지 다른 이유가 없습니다. 신체적 혹은 문화적 특징이 주류 집단과 다른 사람에게 당신은 왜 그러냐고 물을 수 없습니다. 왜 장애인이냐고, 왜 성 정체성이 다르냐고, 왜 외국인이냐고 물을 수 없습니다. 따라서 신체적 혹은 문화적 특성은 사회적 소수자 차별의 정당한 사유가 될 수 없습니다.

사회적 소수자 차별은 사회적 소수자에 문제가 있어 일어나는 게 아닙니다. 차별은 부당한 겁니다. 차별이 부당한 것이라면 차별하는 자에 문제가 있는 겁니다. 차별받는 사람에게 원인이 있는 게 아닙니다.

차별하는 자들의 차별 행위는 차별하는 대상자를 일정한 범주로 분류하는 것에서 시작됩니다. 이것을 범주화라고 합니다. 범주화란 특정 인구 부류에서 공통된 특징을 찾아 분류하는 겁니다. 범주화는 본래 사물을 인식할 때 쓸모가 많습니다. 예를 들어 날카롭고 뾰족한 것은 흉기라고 범주화해놓고 아이에게 그것을 가르치면 아이는 실제 흉기가 아니더라도 날카롭고 뾰족한 것만 보면 무조건 피하게 됩니다. 그래서 안전을 지킬 수 있는 거죠.

그런데 범주화를 인간에 적용하니 문제를 일으킵니다. 사실 모든 인간은 같은 인간이므로 분류되기 어렵습니다. 그런데 특별한 부분만 골라 범주화하여 분류하니 같은 인간으로서 보는 게 아니라 범주화된 분류기준으로 사람을 보게 되는 겁니다. 물론 신체적, 문화적 특성에 따라 그 차이를 인정해주는 차원에서 범주화는 그리 나쁜 게 아닙니다. 하지만 범주화가 고정관념과 편견을 낳는 일은 흔하게 벌어집니다. 일반적으로 범주화는 눈에 보이는 신체적, 문화적 특성을 강조하거나 과장하고 그것이 매우 문제가 많은 것처럼 묘사하기도 합니다. 이렇게 범주화된 부류의 인구에 편견과 차별의 굴레를 씌웁니다.

예를 들어 피부색과 언어가 다른 이주 노동자를 범주화하여, 이런 차

이를 빌미 삼아 능력이 없는 열등한 존재로 그리고 범죄를 유발할 위험한 존재로 덧칠하여 규정하는 식이죠. 그리하여 한국인과 동등하게 대우해서는 안 되는 것으로 여깁니다. 같은 인간으로 누릴 기본권조차 인정해주려 하지 않습니다. 불평등한 게 당연시됩니다. 이런 일련의 과정은 학습을 통해 널리 퍼집니다. 주변의 말을 통해 학습되기도 하지만 대중매체와 언론이 차별을 부추기는 게 더욱 큰 문제입니다.

인간에 대한 범주화는 신이 하는 게 아닙니다. 바로 인간이 하는 겁니다. 누군가가 범주화를 주도하게 될 겁니다. 물론 범주화되는 당사자도 다른 상대를 서로 범주화할 겁니다. 하지만 범주화의 주도권이 중요합니다. 지배 집단이 내리는 범주화는 지배질서를 유지하려는 목적으로 진행되는 때가 많습니다.

주류와 다른 특정한 부분의 차이를 강조하여 주류 집단은 자신들의 지배질서를 안전하게 지키려고 합니다. 사회적 소수자를 멀리할 대상으로 만들어 자신들의 집단 정체성을 지키는 겁니다. 차이가 있는 부류의 인구가 자신들의 집단으로 들어와 질서 체계가 혼란스러워지는 일이 발생하지 않도록 단속하게 됩니다. 주류 집단은 사회적 소수자의 주류 집단 내로의 편입에 대해 강한 거부 반응을 보입니다. 그러면서 강압적인 차별 조치를 실행하기도 합니다. 취업 기회와 경제적 대우, 교육 기회, 정치 참여 기회 등 제도적인 차별을 통해, 즉 기본적 권리의 박탈을 통해 사회적 소수자가 주류 집단 가까이에 들어오는 것을 원천적으로 봉쇄하려 합니다. 그러면서 주류 집단만의 집단의식은 더욱 강해질 수 있게 됩니다.

처음 범주화부터 시작하여 그것이 편견을 낳고 차별화를 극대화하는 과정을 추적해보면 인간 존엄과 평등 정신에 어긋나는 집단의식을 만나게 됩니다. 이런 맥락에서 사회적 소수자 차별 문제는 새로운 게 아닙니다. 일반적으로 한 사회집단이 다른 집단에 관해 차이를 인정하지 않고 존중하지 않으며 차별하고 대립했던 문제와 별반 다를 게 없습니다. 그동안 인간은 사회적 동물로서 사회집단을 형성하며 다른 사회집단과 대립시켜 자신과 자신이 속한 집단을 평가해왔습니다. 그것은 사회적 소수자에 관해서도 똑같이 혹은 더 거칠게 적용되었습니다. 사회적 소수자가 주류 집단과 다르다고 이해하려 하지 않고, 그들과 차이를 극대화할 수 있는 언어, 이념, 정책 등을 끊임없이 만들었습니다. 그러면서 자신이 속한 주류 집단을 '우리 집단'으로 무장하게 됩니다. 그것은 곧 사회적 소수자에 대한 강한 배제로 나타났습니다.

　이런 적대적 차별 의식은 인간의 이성을 마비시켰습니다. 그 차별이 잘못된 거라고 알고 있어도 자신의 집단에서 배제되지 않으려면 사회적 소수자를 공격할 때 같은 목소리를 내야 했죠. 사회적 소수자에 대한 편견을 문제 삼으면 그것은 건강하게 수용되는 게 아니라 주류 집단을 위협하는 것으로 간주됩니다. 그래서 건강한 목소리는 주류 집단 내에서 엄청난 비난을 받죠. 예를 들어 난민에 대한 옹호 태도를 보였다가 여론의 뭇매를 맞는 경우가 많습니다. 사회적 소수자에 대한 차별 문제가 좀처럼 개선되지 못하는 이유가 여기에 있는 겁니다.

　결국 사회적 소수자에 대한 차별은 주류 집단에 있는 사람들이 자기 집단 안에 고립된 탓이 큽니다. 주류 집단을 옹호하는 사고가 점점 극단적으로 변해서 사회적 소수자에 대한 잔혹 행위도 서슴없이 저지르는 것입니다. 그 결과는 사회적 소수자에게만 피해를 주는 게 아닙니다. 주류 집단에도 인간성 파괴라는 가장 심각한 폐해를 안겨줍니다.

사회적 소수자 차별의 해결 방안 ③

주류 집단은 사회적 소수자를 차별하여 자신의 집단을 철옹성처럼 지켜 냈노라고 흐뭇해할지 모릅니다. 하지만 사회적 소수자에게 아픔을 주고, 두 다리 쭉 뻗고 편안하게 잘 수 있는 건 아닙니다. 주류 집단의 사회적 소수자에 대한 차별이 부메랑이 되어 주류 집단에 피해를 주는 일이 종종 발생하기 때문입니다. 편견과 차별이 극단적 저항을 불러일으키는 일은 흔히 볼 수 있습니다.

예를 들어 미국에서는 흑인에 대한 차별과 편견이 1960년대 흑인 저항운동을 불러왔습니다. 그것이 수십 년간 세월이 흘러도 개선되지 못한 결과, 1992년 LA 흑인 폭동처럼 극한투쟁을 불러왔습니다. LA에 살던 한인 주민들의 상점이 불에 타고 약탈이 벌어져 큰 충격을 주었지요. 2005

년 프랑스 파리 외곽 방리유에서는 알제리에서 이주한 주민에 대한 정치적, 경제적, 사회적 차별이 불거져 결국 대규모 폭력 사태가 일어났습니다. 3개월 동안 비상사태가 선포될 정도로 도시 전체가 그야말로 아비규환에 빠지고 말았지요.

사회적 소수자는 특별히 주목받아야 하는 특수한 사람은 아닙니다. 사회적 소수자는 누구와도 다르지 않은 평범한 인간입니다. 그러나 주류 집단은 소수자를 특수한 세계에 있는 존재로 구분하고, 그 구분을 통해 편견과 차별의 대상으로 삼았습니다. 소수자 차별은 그 자체로 인간의 존엄성에 위배되는 것으로 소수자가 아닌 주류 집단에 소속된 사람들의 인격을 훼손합니다. 따라서 인간 존엄의 가치를 올곧게 세워야 합니다. 사회적 소수자 차별은 사회의 한 부문의 문제가 아니라 인간 사회 전체의 문제로 다뤄야 합니다.

사회적 소수자에 대한 차별 문제를 개선하려면 우선, 모든 인간은 평등하다는 민주주의의 기본 정신을 토대로 자신과 다른 사람에 대한 편견을 버리고 공존하려는 관용의 자세를 가질 필요가 있습니다. 다르다는 것을 차별이나 억압의 근거로 사용해서는 안 됩니다.

그런데 상투적인 표현으로 사회적 소수자에게도 관심을 가지자는 선언만으로는 부족합니다. 국가적 차원에서 사회적 소수자를 배제하지 않고 포용할 수 있는 정치적, 경제적, 사회적 지원책을 마련해야 합니다. 예를 들어, 사회적 소수자의 목소리를 반영할 수 있는 정치적, 사회적 의사소통 통로를 다양하게 마련해야 합니다. 그리고 차별과 불이익이 발생하지 않도록 고용, 교육 등과 관련된 법률을 정비해야 합니다.

그런데 아무리 사회적 소수자에게 좋은 정책으로 보이는 것도 그 정책 논의 과정에서 사회적 소수자가 소외되면 결과적으로 좋은 정책이 만들어지기 힘듭니다. 정책이 만들어질 때는 항상 정치적 역량이 큰 집단의 입김이 강하게 작용합니다. 보통선거제가 확립되었더라도 정치적 역량이 부족한 사회적 소수자들은 자신의 삶을 향상할 수 있는 정책 결정에 의미 있는 목소리를 내기 어렵습니다. 이 점을 적극적으로 고려하여 정책을 만들어야 합니다. 즉 사회적 소수자의 차별 문제를 해결하기 위한 정책을 논의하는 과정에 사회적 소수자를 포함하고, 그들의 효과적이고 실질적인 정치 참여가 가능하도록 해야 합니다. 그래야 사회적 소수자 차별을 막아내는 정책이 효과적으로 만들어질 수 있습니다.

나아가 사회적 소수자 차별을 막는 소극적 정책으로는 여전히 부족합니다. 역사적으로 오랜 기간 차별받아온 사회적 소수자 집단에 대하여 지금부터 차별하지 않겠다고 선언한다고 해서 평등해지지는 않습니다. 이미 벌어진 차이를 좁혀놓지 않은 상태에서 이뤄지는 공정한 경쟁이란 지금의 불평등을 정당화하는 것에 불과합니다. 따라서 그 틈을 줄이는 적극적인 노력이 동시에 진행되어야 합니다.

사회적 소수자에 대한 차별을 개선할 때 고려해볼 만한 정책이 적극적 우대조치 혹은 적극적 차별 시정 조치입니다. 사회적 소수자에게 진학이나 취업 등에 우대하는 혜택을 줌으로써 역사적 차별의 틈을 좁히려는 것입니다.

예를 들어 장애인 의무고용제가 있습니다. '장애인 고용촉진 및 직업재활법'에 따르면, 국가와 지방자치단체장, 일정한 인원을 고용하는 사업

주는 일정 비율의 인원을 장애인으로 고용하도록 규정하고 있습니다. '비례대표 국회의원 후보자 여성 할당제'도 같은 취지에서 마련되어 있습니다. 구체적으로 비례대표 후보 순위에서 홀수 번호를 여성에게 부여하고 있지요. 미국에서 대입 전형 시 소수 인종 출신자에게 가산점을 주는데, 비록 최근에는 약화되었지만, 이것도 적극적 우대조치의 대표적인 사례입니다.

　하지만 적극적 우대조치가 공평하지 않다는 반발을 불러일으키기도 합니다. 이른바 역차별 논란입니다. 역차별은 사회적 소수자에 대한 적극적 배려 조치가 지나치게 강하여 오히려 사회적 소수자 집단에 포함되지 않는 일반인이 차별받는 결과를 초래한다는 주장입니다.

역차별 논란은 미국 사회에서 논쟁을 불러일으켰습니다. 미국의 백인 학생이 자신은 소수 인종의 학생보다 성적이 우수했지만, 성적이 낮은 소수 인종이 대학에 합격하고 자신은 떨어졌다며 공개적으로 문제를 제기한 일이 있었습니다. 그 백인 학생은 억울했을 겁니다. 열심히 공부했고 성적도 좋은데 백인이라는 이유로 불합격했다고 생각했기 때문입니다.

하지만 그 백인 학생의 성적이 주변 사회 환경의 도움 없이 순수하게 개인의 노력만으로 달성한 것으로 보기는 어렵습니다. 미국 사회에서 백인으로 살아가는 건 그 자체만으로 혜택입니다. 백인은 어린 시절부터 학업에 도움이 되는 것을 많이 경험할 수 있습니다. 그들에게는 기회가 많습니다. 소수 인종이 자신의 문화저 배경으로는 이해하기 힘든 교과 지식도 백인은 쉽게 접하여 지식을 쌓을 수 있었습니다. 문제를 제기한 백인 학생이 만일 소수 인종으로 태어났더라면 그 같은 좋은 성적을 얻지는 못했을 것이라는 게 미국 사회의 판단입니다. 그리고 미국 대학은 다양한 소수 인종을 교육하여 사회에 내보내는 것을 중요하게 봅니다. 사회적 다양성이 그 사회를 더 바람직한 방향으로 만들 거라고 판단하기 때문입니다. 사회는 교과 성적이 우수한 사람을 원하는 게 아니라 다양한 사람을 원한다는 얘기입니다. 그래서 적극적 우대조치를 시행하는 겁니다.

평등을 얘기할 때에는 사회 전체의 실질적인 균형을 중시해야 합니다. 사회 전반에 존재하는 사회적 소수자의 차별 문제를 균형 있게 살피지 않고 자신과 자신이 속한 집단이 불이익을 받으면 무턱대고 역차별을 운운하는 경우가 많습니다. 역차별 논리는 사회 전체의 불균형한 차별에 대한 감수성이 떨어지는 논리입니다. 부분적 사안 때문에 사회 전체를 보지 못하는 호소에 동조하지 말기를 바랍니다. 단지 편견으로 증오심을 갖게 되면 잘못된 논리와 선전에 쉽게 넘어갑니다. 그런 태도는 사회에 악영향을 끼칠 수 있습니다.

역차별에 예민한 사람은 사회적 소수자의 입장에 관해 많이 오해하고 있습니다. 심지어 사회적 소수자는 항상 주류 집단의 몫을 빼앗는 사람으로 보기도 합니다. 하지만 사회적 소수자가 자신을 차별하지 말라고 요구했던 본래의 목적은 다른 사람의 몫을 빼앗으려는 데 있지 않습니다. 차별 없이 자신의 존재를 인정하고 공정하게 경쟁할 기회를 달라는 겁니다. 우선 신체적, 문화적 특성이 다르다는 이유로 정치적, 경제적, 사회적 자원의 획득 기회를 봉쇄하지 말아달라는 겁니다. 이와 더불어 그동안 차별을 통해 벌어진 틈은 사회가 메워줘야 합니다. 그런 후에 진짜 능력에 따라 공정하게 경쟁할 수 있을 겁니다.

사회적 소수자의 입장은 사회적 다수자가 처음 그들을 범주화하던 시점으로 돌아가 생각해야 합니다. 이때 사회적 소수자의 진정한 목소리를 들을 수 있습니다. 사회적 소수자는 궁극적으로 차이의 인정을 원합니다. 사회적 소수자의 투쟁은 비록 다수의 사람과 다르더라도 그 자체를 존중하면서 사회 구성원으로서 혹은 같은 인간으로서 인정해달라는 인정 투쟁이기도 합니다.

사회적 소수자가 요구하는 차이의 인정은 주류 집단을 포함한 전체 사회에도 이롭습니다. 다름과 차이는 다양성의 징표이기 때문에 주류 집단의 문화를 풍요롭게 합니다. 해악이 아니라 도움을 주는 것입니다. 오히려 사회 통합이라는 이름으로 소수자의 정체성이 사라지면 사회는 활력을 잃게 됩니다. 단순하게 같은 색으로 덧칠이 반복되는 사회의 그림은 그다지 아름답지 못할 겁니다.

사회적 소수자의 다양한 차이를 인정하면 우리 사회는 다양한 인간으로서 존중받는 가치를 깨달을 수 있습니다. 사회적 소수자 차별을 해소하고 차이를 인정할 때, 인간은 개인 간 차이가 없는 동질한 기계 부품으로 다룰 수 없으며, 다양하여 아름다운 인간으로 모두가 존엄하다는 점을 깨닫게 됩니다. 사회적 소수자의 인권을 보호하는 일에 적극적으로 나설 때 인간으로서의 인격도 세워질 수 있을 겁니다.

사회적 소수자 차별 문제는 평등하지 않은 정치적, 경제적, 사회적 구조, 그리고 그것들과 맞물려 발생하는 차별 의식과 관련되어 있습니다. 그래서 다른 사회 문제처럼 인간 존엄을 훼손하는 문제입니다. 그런데 사회적 소수자의 차별 문제는 전체 사회에서 부분 문제로만 다루어왔습니다. 사회의 일부분으로만 다뤄온 게 진정 문제의 핵심입니다. 하지만 사회적 소수자 차별 문제는 평등을 훼손하는, 사회 전체적인 문제입니다. 사회에서 가장 극심한 차별이 벌어지는 현장을 버려둔 채 차별 없는 평등한 세상을 꿈꾼다는 것은 앞뒤가 맞지 않는 얘기입니다. 사회적 소수자의 차별은 평등한 세상을 기대하는 민주사회가 해결해야 할 오랜 과제입니다. 이 문제를 완전히 해결할 때 비로소 민주사회가 완성되는 것으로 볼 수도 있을 것입니다.

그러려면 마음과 의지를 모아야 합니다. 사회적 소수자 차별을 막는 제도를 마련하고 그것이 계속 유지되려면, 크고 작은 차별을 받아온 우리 모두가 연대하는 사회운동을 계속 전개할 필요가 있습니다. 사회적 소수자 인권 운동이 다른 사회운동과 함께 연대하여 인간의 존엄한 가치를 향해 전체적으로 움직여야 합니다. 이 모든 이들의 연대로 차별 없는 세상이 온다면 그때는 인간 존엄의 세상이라 부를 수 있을 겁니다.

5
장

인생의 후반전까지도 축복받는 삶

사회 복지를 어떻게 실현할까

사회 복지의 역사적 이해

1

어느 시대나 빈곤으로 고통받는 사람들이 있었습니다. 빈민의 삶은 한없이 안타까워 보였습니다. 인간이라면 최소한의 측은한 마음도 생기게 마련이죠. 이런 마음이 모여 사회적으로 빈민을 도우려는 전통이 생겨났습니다.

유럽에서는 종교 단체가 나서서 자선 활동을 벌였습니다. 하지만 종교인은 빈민에게 빈곤한 처지에 대해 남 탓하지 말고 자신을 돌아보라고 했습니다. 가난의 원인은 개인 탓이었습니다. "내 탓이오, 내 탓이오, 내 탓이로소이다"라고 되뇌며 가난을 인식하게 했습니다. 다만 신의 뜻을 받들어 불쌍한 어린 양에게 최소한의 먹을 것을 베풀었습니다. 시혜적 성격이 강했던 겁니다. 시혜란 베풂과 나눔입니다. 가난에 지친 자들이 눈앞에서 쓰러지니 돕지 않을 수 없었습니다. 사후 처방적이었습니다. 빈민이 빈곤해지지 않도록 사전에 돕는 일은 없었습니다. 빈민이 발생하게 된 사회 구조적 원인을 찾아 개선하려고 노력하지 않았습니다. 빈곤층을 줄이기 위한 중장기적인 제도적 방안도 찾지 않았습니다. 은혜 베풀기에 대한 빈민의 반응은 단지 고마움으로 나타납니다. 그렇게 종교인의 선행에 의존하는 상황에서는 자신의 처지를 사회 구조적인 차원에서 사고할 수도 없었습니다.

한편 빈민 구제에 국가가 잠자코 있었던 건 아닙니다. 1601년 영국의 엘리자베스는 빈민을 구제하는 법안, 즉 구빈법을 제정했습니다. 이는 국가가 빈곤 문제에 대해 처음으로 개입했다는 점에서 중요한 의의가 있습니다. 하지만 구빈법이 그리 대단하지는 않았습니다. 왕국의 안정적인 지배 질서를 유지하려는 조치에 불과했기 때문입니다. 왕국의 주인들은 거리의 빈민을 게으르고 나태한 존재로 봤습니다. 빈곤의 책임이 일차적으로 개인에게 있다는 것은 여전히 당연하게 생각했습니다. 다만, 국왕이 이런 게으른 빈민을 챙겨주니, 빈민은 국왕의 선의와 베풂에 감사하는 마음을 가질 것이라고 기대했습니다. 그러면 빈민도 충심으로 복종할 것이라는 계산도 했을 겁니다. 엘리자베스가 마음씨가 고와서 빈민을 도운 게 아닙니다. 본심은 달랐습니다. 당시 구빈원은 빈민을 모아 일을 하도록 다그치는 장소였습니다. 국가의 빈민 지원은 빈민의 증대 때문에 거리에 부랑자가 넘치고 생산 활동에 참여하지 않음으로써 발생할 수 있는 사회 혼란을 막으려는 의도로 시행되었던 것입니다. 엘리자베스의 눈에 빈민은 단지 골칫덩이였던 겁니다.

그런데 자본주의 사회가 등장하면서 빈곤 문제는 더욱 심해졌습니다.

그것은 자본주의 체제가 지닌 특성 탓이었습니다. 자본주의 초기에는 개인의 자유의지가 특히 강조되던 시기였습니다. 개인의 경제활동의 자유를 최대한으로 보장하고, 이에 대한 국가의 간섭을 가능한 한 배제하려는 경제 사상 및 정책이 주름잡았죠. 이를 두고 자유 방임이라고 합니다. 자유 방임과 경쟁을 바탕으로 성장한 근대 사회는 산업화가 진행되면서 여러 가지 문제점을 드러냈습니다. 경제적 강자인 자본가가 노동자 위에 군림하며 사악하게 부를 늘렸습니다. 노동자들의 극심한 궁핍과 장시간 저임금 노동, 폭행과 인권 유린, 아동노동 같은 사회악이 발생했습니다. 저임금의 일자리조차 얻지 못한 사람들은 빈민으로 구걸하며 살아야 했습니다. 도시의 거리에는 빈민들이 넘쳤습니다.

당시 유럽에서는 산업화 때문에 농촌에서 쫓겨나 노시로 이주한 사람들이 늘어나고, 도시에서의 생활도 개선되지 못했기에 다수의 극빈층이 끊임없이 생겨나고 있었습니다. 질병과 사고와 실업, 그리고 죽음이 항상 노동자의 생계를 위협하고 있었습니다. 그들은 한계 상황에 내몰리고 있었습니다. 벼랑 끝에서 할 수 있는 것은 하나뿐입니다. 극렬한 저항. 유럽 대륙에서 체제 전복을 목표로 하는 급진적 노동운동이 널리 퍼졌습니다. 당시 유럽 사회에서는 유령이 배회하고 있었습니다. 공산주의라는 유령이었습니다. 사회는 치안 상태마저 불안정해졌습니다. 국가와 지배계급은 사회 질서를 유지하려고 빈민과 노동자의 삶을 안정적으로 유지할 방안을 좀 더 적극적으로 찾지 않을 수 없었던 것입니다.

19세기 말 독일의 비스마르크 총리는 세계 최초로 사회 보험 제도를 광범위하게 시행했습니다. 그는 "국가 자체의 존립마저 위태롭게 할 수 있는 치안 상태의 불안정을 방지하려고" 사회 보험 제도를 시행했다고 솔직히 인정했습니다. 사회 보험 제도를 시행하면서 다른 한편으로는 급진적 노동운동을 탄압했습니다. 진정 노동자 국민을 위한 정부가 되려는 생각은 없었던 것입니다. 오직 지금의 국가를 지켜내려 했던 것입니다. 19세기 산업 노동자들이 처했던 현실에서 광범위한 불만과 저항이 쏟아지면서 이것을 누그러뜨리고, 급진적인 공산주의로의 이행만큼은 어쨌든 막아내려고 사회 보험 제도를 채택했던 것입니다.

비스마르크의 사회 보험 제도 시행 이후 1919년 독일은 세계 최초로 사회권, 즉 인간다운 생활을 할 권리를 규정한 바이마르 헌법을 제정하는 성과도 이루어냈습니다. 하지만 이 헌법 체제는 독일의 나치 정권 출범으로 좌절되었습니다. 다른 국가들에서도 다양한 사회 보장 제도가 나타났습니다. 하지만 대다수의 자유시장 경제를 채택하고 있는 국가들에서 노동자와 빈민의 삶은 크게 개선되지 못했습니다. 사회 보장 제도가 들쭉날쭉했습니다. 당시 사회 보장 제도는 자본주의에 저항하는 노동자를 달래려는 조치로 일관성도 없었습니다.

그런데 1929년의 세계 대공황과 이어 터진 1939년의 2차 세계대전을 계기로 크게 바뀌었습니다. 세계 대공황은 자본주의 사회를 크게 뒤흔들어 놨습니다. 경제 위기 속에서 노동자와 빈민의 삶은 더 나빠져 나락으로 떨어졌습니다. 실업이 증대되어 노동자들의 불만이 높아져 파업이 증가했습니다. 계급갈등이 본격적으로 드러나기 시작했던 것입니다. 계급갈등은 정치적 대결과 투쟁으로 나타났습니다. 이제 자본주의가 붕괴할 것만 같았습니다.

결국 사회적 대타협이 필요했습니다. 자본주의 체제를 유지하기 위해 불가피하게 복지 제도를 확충해야 했습니다. 자본가계급을 비롯한 부유층을 대변하는 우파 정당과 노동자계급을 비롯한 서민 대중을 대변하는 좌파 정당들이 서로 대립하다가 대화와 타협으로 이어져 복지 제도가 성립되었습니다. 부유층은 사회적 책임으로써 이윤 일부를 세금으로 내야 했고 노동자와 서민층은 체제를 뒤집으려는 혁명을 접게 되었던 것입니다. 자본주의 질서의 붕괴를 막아 기업은 계속 이윤을 추구할 수 있게 되었고, 노동자와 서민층은 생활의 안정을 얻을 수 있었습니다. 복지 제도의 도입으로 노동자의 저항을 무마할 수 있었고 자본주의 체제도 유지할 수 있었습니다. 복지 제도를 통해 노동자의 삶이 안정되면 상품을 구매할 수 있는 능력을 갖출 수 있었고, 이것은 내공황으로 시작된 급격한 경기 침체를 완화하는 데 이바지했습니다.

대립과 투쟁의 과정을 거쳐오면서 사회적으로도 빈곤이 개인의 책임이 아닌 사회적 책임의 문제로 점차 인식하게 되었습니다. 미국에서는 루스벨트 대통령이 주도하여 사회보장법을 1935년에 마련했습니다. 국민의 삶을 보장하여 세계 대공황을 극복하려 했던 것입니다. 영국에서는 1905년 실업자의 상태를 파악하고 빈민 구제 대책을 마련하려고 '왕립조사위원회'를 설립했습니다. 그 후 1942년 베버리지를 위원장으로 하는 '사회보험 및 관련 서비스에 관한 위원회'에서 베버리지 보고서를 작성하여 제출했습니다. 이 보고서는 궁핍, 질병, 무지, 불결, 나태를 5대 사회악으로 규정하고, 이러한 사회 문제를 해결하려면 정부가 나서서 사회보장, 의료보장, 의무교육, 주택정책, 노동정책으로 대처해야 한다고 강조했습니다. 이에 따라 영국은 '요람(유아용 침대)에서 무덤까지', 즉 태어날 때부터 죽을 때까지 정부가 국민 삶의 질을 향상하기 위해 기본적인 사회보장을 제공할 것을 선언했습니다. 이 보고서는 이후 다른 국가들의 복지 정책에도 영향을 미쳤습니다.

2차 세계대전(1939~1945) 기간 중 영국에서 베버리지 보고서가 발표되었듯이 전쟁 기간에 파업을 줄여 전쟁을 원활하게 수행하려면 노동자의 삶을 안정시켜야 했습니다. 사회 복지 정책은 전쟁 후에도 계속되었습니다. 특히 전쟁 이후 파괴된 시설을 복구하면서 세계 경제는 호황을 누렸습니다. 장기호황과 경제성장의 도움을 받아 복지 정책이 계속될 수 있었습니다.

그런데 경제성장으로 자연스럽게 사회 복지가 증대되는 것은 아니란 점을 분명히 알고 있어야 합니다. 가장 중요한 요인은 사회적 힘의 관계입니다. 스웨덴, 덴마크, 핀란드, 노르웨이 등 북유럽 국가들은 다른 국가보다 더 적극적인 국민 복지를 내세우며 세계에서 가장 앞선 복지 국가를 운영했습니다. 노동자계급을 기반으로 하는 좌파 정당의 정치적 영향력이 다른 유럽 국가나 미국보다 더 강한 덕분이었습니다. 그리고 이들 국가에서 노동자들의 총파업은 강도와 규모 면에서 매우 강력했습니다. 이들 나라의 기업은 다른 나라보다 더욱 곤혹스러워했습니다. 정부도 곤경에 처한 것은 마찬가지였습니다. 북유럽 국가의 정부는 노동자와 자본가 사이에서 적극적으로 중재에 나섰습니다. 이에 노동자들은 사회 복지 혜택을 통해 급진적인 노동운동을 접고, 기업과 정부는 적극적으로 사회 복지를 위한 재원의 마련에 협조하는 타협 지점이 마련되었습니다. 그러한 사회적 합의에 기초하여 오늘날의 사회 복지 국가를 유지해오고 있는 것입니다.

그리하여 현대 국가는 기존의 시각과 다른 관점으로 빈곤을 다루게 되었습니다. 현대 국가는 빈곤의 원인으로 개인적 요인뿐만 아니라 사회적 요인도 강조하여 살펴보게 되었습니다. 시장 경제의 불평등한 관계를 내버려두는 일은 국민을 보호해야 할 국가의 의무를 팽개치는 것과 마찬가지라고 판단하게 되었습니다. 빈곤의 책임이 사회와 국가에 있다는 것을 인식하고 국가에 복지 책임을 지우게 되면, 복지는 국가의 의무가 됩니다. 다시 말해 빈곤 발생 원인을 사회 구조에서 찾게 되면서 사회 복지를 국민의 권리로 인식하게 되었습니다. 사회 복지는 대통령을 잘 만나 그가 내려준 선물 보따리가 아니라 국민이라면 마땅히 누려야 할 권리라는 것입니다. 사회 복지는 노동자가 힘겨운 투쟁으로 얻은 결과였기 때문에 이런 권리 의식이 생겨날 수 있었습니다.

그리고 국가는 빈곤이 발생했을 때 뒷수습하는 것으로는 빈곤 문제를 해결하는 데 충분하지 않다고 판단했습니다. 계속 거리로 쏟아져 나오는 빈민의 발생 자체를 막아야 했습니다. 사전에 사회 복지 정책을 통해 빈곤을 예방하고 구제하려고 했습니다. 사전 예방적 차원의 사회 복지가 추진되었던 것입니다. 국가의 빈민 지원 목적도 확장되었습니다. 빈곤의 극복만 국가의 목표가 아니었습니다. 최저 생활의 보장뿐만 아니라 인간다운 삶의 질 보장 및 향상을 위해 정책이 추진되었습니다. 빈곤 극복만이 아니라 다양한 측면에서 삶의 질을 개선하는 것을 목표로 삼기 시작한 것입니다.

사회 복지 제도의 이해

사회적 위험과 사회 복지의 의미

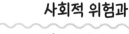

사람은 누구나 행복하기를 원합니다. 즉 복지를 원합니다. 행복과 복지는 사실상 같은 말입니다. 사전에서도 복지를 '행복한 삶'이라고 설명합니다. 영어식 표현으로 welfare는 만족스럽고 좋은 것을 의미하는 'well'과 어떤 상태를 의미하는 'fare'의 합성어입니다. 복지는 바로 심리적으로 만족할 만한 수준으로 물질의 풍요로움을 누리고, 삶의 질을 개선하여 인간이 행복해지는 길을 지향하고 있습니다.

그런데 복지를 말할 때 흔히 앞에 붙는 말이 있습니다. '사회'라는 단어입니다. 단순히 복지라는 말보다는 사회 복지라는 말을 더 많이 들어봤을 것입니다. 복지를 개인의 몫으로 다뤘던 시기가 있었지만, 오늘날에는 사회적 책임으로 다루어 사회 복지라는 말을 흔히 사용하고 있습니다. 즉 사회 복지는 사회가 나서서 인간의 행복한 삶을 보장해주는 길입니다.

사회 복지는 생활하면서 겪게 되는 위험에 대응하려고 마련되었습니다. 우리가 사는 사회는 사실 위험천만한 사회입니다. 인간 사회는 온통 위험으로 가득합니다. 물론 인간은 의료기술과 과학기술을 발전시켜 사회의 위험들에 대처해왔습니다. 하지만 현대 사회에서 그 위험성이 줄어들기는커녕 끊임없이 확대 재생산되고 있습니다. 물질적 풍요로움의 계기가 되었던 산업화와 근대화는 예상하지 못했던 위험을 가져왔습니다. 도시에 몰려든 사람들은 일자리를 찾지 못했고 점차 빈부 격차가 심해져 굶주린 사람들이 거리에 가득했습니다. 어렵게 찾은 일자리에서 해고되는 일도 흔하고, 열악한 노동 조건 때문에 산업재해로 고통받기도 합니다. 그리고 폐수와 공해와 같은 환경오염 탓에 생활 조건은 더욱 나빠졌습니다. 많은 국가가 원자력 발전소를 운영하여 물적 풍요를 누리지만, 원자력 발전소에서 다루는 방사능이 어떻게 삶을 파괴할지 아무도 모릅니다. 언제 어디서 터질지 모르는 위험이 도사리고 있습니다. 사회는 이처럼 수없이 다양하고 예측할 수 없는 위험으로 가득합니다. 사회적 위험은 최소한의 인간다운 삶과 생존권을 위협하는 수준에 이르렀습니다.

개인이 생활하면서 겪게 되는 위험스러운 상황은 한 개인의 사적인 경험이 아니라 사회 구성원 모두가 겪고 있는 문제이며, 한 개인의 힘만으로 감당할 수 없고 개선될 수도 없습니다. 그래서 '사회적 위험(social risk)'이라고 부릅니다. 사회적 위험이란 사회적인 문제와 관련되어 발생하여 사회 구성원들의 연대와 국가의 적극적인 대처가 필요한 위험을 말합니다.

나날이 사회적 위험이 심각해지면서 인간으로서의 존엄과 가치 보장, 행복한 삶의 실현에 대한 갈망도 커졌습니다. 시민들은 실업, 노령, 장애, 질병, 빈곤 및 사망 등 다양한 위험 요소에 대해 국가가 적극적으로 해결해줄 것을 압박하기에 이르고, 이를 계기로 사회 복지에 대한 인식과 중요성이 싹트기 시작하였습니다.

사회 복지는 제도와 정책으로 논의되기 시작했습니다. 그래서 사회 복지 제도 혹은 사회 보장 제도로 실행되고 있습니다. 사회 복지는 사회적 위험에서 국민을 보호하여 최소한의 기본적인 욕구를 충족시킬 뿐만 아니라 인간다운 삶과 만족스럽고 행복한 생활을 증진하고자 합니다. 따라서 최저 생계 유지라는 소극적 차원뿐만 아니라 모든 사회 구성원에게 행복한 삶의 조건을 마련해주는 적극적인 차원까지도 포함되어 제도와 정책이 만들어지고 있습니다.

사회 보장 제도는 지금의 생활에 직접적인 도움을 줄 뿐만 아니라, 미래의 사회적 위험에 대한 불안감을 줄여 정서적 안정감도 줄 수 있습니다. 그뿐만 아니라 사회 불평등 현상을 줄여 사회 통합에도 이바지합니다. 한국은 사회보험, 공공 부조, 사회 서비스 등의 제도적 수단을 통해 사회 보장을 구체적으로 실현하고 있습니다. 이 모든 사회 보장 제도에는 정부가 항상 비용 부담의 주체로 참여하고 있습니다.

사회보험의 의미와 종류

사회보험은 사회적 위험에서 국민을 보호한다는 뜻입니다. 사회적 위험이 심해지면 사회를 위험에 빠뜨리게 됩니다. 그래서 그 위험에 대비하려고 사회보험을 마련하게 되었습니다. 그래서 미래에 직면할 사회적 위험에 대처하는 사전 예방적 성격을 가진다고 말합니다. 모든 보험이 그렇습니다. 개인이 가입하는 사보험도 마찬가지입니다.

그런데 사보험은 사회보험과 여러 면에서 다릅니다. 요즘 보험에 가입하라고 권유하는 TV 광고가 눈에 띄게 많아졌습니다. 보험 회사들이 제공하는 보험 상품은 생명보험, 상해보험, 암보험, 노후보험, 자동차보험, 화재보험 등 다양합니다. 이런 보험을 사보험(민간영리보험)이라고 합니다. 사보험의 '사(私)'라는 글자는 개인의 사사로움을 의미합니다. 그래서 사보험 가입은 개인의 자유입니다. 수혜자의 판단에 따라 가입 여부를 결정하는 것으로 이를 임의 가입이라고도 합니다. 임의 가입은 임의로, 즉 자기 마음대로의 자유 가입을 말합니다. 그래서 보험료 비용 부담과 대상자의 수혜 정도는 보험에 가입할 때 계약 조건에 따라 개인마다 다릅니다. 보험료가 비싸면 혜택도 많아지지만, 보험료가 저렴하면 혜택도 적어 용돈에 불과할 수 있습니다. 그 모든 게 개인 선택입니다.

개인이 경제적으로 여유가 있으면 사보험을 통해 사회적 위험에 대비할 수 있을 것입니다. 하지만 모든 사람이 그런 능력이 있는 게 아닙니다. 같은 하늘 아래에서도 경제적으로 여유로운 삶을 살아가는 사람이 있지만, 하루하루의 생계를 걱정하며 힘겨운 삶을 살아가는 사람도 있습니다. 가난한 사람은 하루 벌어 하루 살기도 어려워서 미래의 위험까지 챙길 여유가 없습니다. 이들은 사회적 위험에 있는 그대로 노출되기 쉽습니다.

그리고 사보험만으로 사회적 위험에 대처하기 어렵습니다. 경제적 능력이 있는 개인도 안심할 수 없습니다. 예를 들어 사회적 위험이 크게 폭발하면 보험금을 지급하느라 민간 보험 회사들이 파산할 수도 있습니다. 그러면 보험료를 많이 낸 보험 계약자도 충분히 보상받지 못할 수 있습니다. 결국 사보험만으로는 개인이 처한 위험을 일부만 보상해줄 뿐 사회적 위험이라 할 만한 거대한 위험 사태에 대해서는 충분히 대처하기 어렵습니다.

그래서 사회보험이 필요했습니다. 사회보험은 사회적 위험에 대비하여 수혜자로부터 보험료를 미리 거두었다가 사회적 위험이 현실로 나타났을 때, 필요한 비용을 지급해주는 일종의 공공 보험입니다. 보험의 성격이 사적이지 않고 공적입니다.

이런 공적인 성격의 보험은 사회 구성원 일부가 아닌 모든 국민이 가입해야 유지될 수 있습니다. 사회보험은 모든 국민이 서로 돕는 관계를 맺습니다. 모든 국민이 납부한 보험료로 위험에 처한 사람을 돕게 됩니다. 건강보험의 경우 건강한 사람이 아픈 사람을 도와주고 자신이 아프면 다시 다른 사람의 도움을 받으니 서로 돕고 돕는 관계에 놓이게 됩니다. 이것을 상호 간에 서로 돕는 원리, 즉 상호 부조의 원리라고 합니다. 의무 가입을 통해 사실상 모든 국민에 해당하는 보험 가입자들은 어려운 이웃을 돕는 사회적 연대를 맺는 것입니다. 사회적 연대를 맺어 국민이라면 누구라도 위험에 처했을 때 다른 사회 구성원의 도움을 받을 수 있는, 보편적 복지 이념을 바탕으로 두고 있습니다. 보험의 혜택이 모든 국민에게 적용될 수 있으므로 수혜 대상자의 범위가 넓다고 말할 수 있습니다.

사회보험을 원활하게 운용하려고 몇 가지 제도적 장치를 마련했습니다. 먼저 사회보험은 사보험과 달리 강제 가입을 원칙으로 합니다. 보험에 가입할 의사가 있든 없든 가입해야만 합니다. 모든 국민이 또는 특정한 일에 종사하는 사람들이라면 누구나 사회보험에 가입할 의무를 지닙니다. 강제로 가입시켜야 모든 국민을 대상으로 하는 보험 재원을 모을 수 있으므로 어쩔 수 없습니다.

비용 부담의 주체는 모든 국민입니다. 사업주, 근로자 또는 자영업자 등 모두가 의무적으로 비용을 부담합니다. 사회 구성원들이 저마다 서로 돕겠다는데 국가와 지방자치단체가 빠질 수는 없을 겁니다. 이들도 일부를 부담합니다. 수혜자가 기본적으로 보험료를 부담하고 국가와 지방자치단체 또는 사업주가 일부를 지원해주는 것입니다.

사회보험은 보험료 책정 방식도 특이합니다. 보험료 산출 기준은 원칙적으로 가입자의 비용 부담 능력에 따릅니다. 수혜 정도와 무관하게 각자의 능력에 따라, 즉 소득과 재산에 비례하여 비용을 부담합니다. 부유한 사람은 보험료를 많이 내고 가난한 사람은 적게 내는 거죠. 일종의 세금과 비슷합니다. 그렇다고 해서 혜택이 달라지는 것은 아닙니다. 심한 교통사고를 당했을 경우 보험료를 많이 낸 사람은 수술해주고 보험료를 적게 낸 사람은 진통제만 처방해주는 게 아닙니다.

따라서 부유한 사람이 많은 보험료를 납부하여 가난한 사람의 치료비 부담을 덜어주니 소득 재분배 효과가 나타날 수 있습니다. 소득 재분배 효과란 부유한 계층의 소득이 가난한 계층으로 옮겨서 소득이 사회 전체적으로 재배치되는 효과를 말합니다. 사회보험은 사회적 위험에 처한 사람이 부담할 비용을 돈으로 지급하니 금전적 지원이 이뤄지는 것이라고 할 수 있습니다. 금전적 지원을 원칙으로 삼음으로써 소득 재분배 효과가 더욱 분명하게 드러날 수 있습니다.

우리나라의 사회보험으로는 건강보험, 공적 연금 보험, 고용 보험, 산업재해 보상보험, 노인 장기요양 보험이 있습니다. 앞의 네 가지를 흔히 4대 사회보험이라고 하고, 노인 장기요양 보험을 함께 묶어 5대 사회보험이라고 하지요. 이들을 하나씩 살펴보고 잘 알아둬야 합니다. 그것은 여러분의 삶의 질과 직접 연결된 일이기 때문입니다. 나중에 일자리를 얻게 될 때, 사업주가 4대 보험에 가입했는지를 꼭 챙겨봐야 합니다.

먼저 학생들이 쉽게 접해본 사회보험은 건강보험일 것입니다. 건강보험은 국민이 질병이나 부상 때문에 건강한 삶을 살기 어려운, 사회적 위험에서 보호하기 위한 공공 보험입니다. 사람이 아프거나 다치면 생활의 질이 급격히 떨어집니다. 학교나 직장에 나갈 수도 없고 나가더라도 제대로 공부나 일을 할 수 없지요. 개인의 질병이 사회적으로 큰 어려움을 줍니다. 그래서 다른 걱정 없이 병원 진료를 받아 사회생활을 다시 잘할 수 있도록 돕는 제도가 건강보험입니다.

둘째, 공적 연금 보험이 있습니다. 흔히 연금 제도로 불립니다. 연금 제도는 두 가지로 구성되어 있습니다. 공무원 연금, 군인 연금, 사립학교 교직원 연금(사학연금) 등 공무원들을 대상으로 하는 연금과 지역 가입자, 일반 직장 가입자 등 일반 국민을 대상으로 하는 국민 연금 제도입니다. 이러한 연금 제도는 국민의 고령, 장애, 폐 질환 또는 사망 시 연금 급여를 제공하여 국민의 생활 안정과 복지 증진에 이바지하는 제도입니다. 그런데 고령화 사회에서 연금 제도는 연금을 받아야 할 대상자는 늘고, 정부의 재정도 넉넉하지 않아 큰 사회적 문제가 되고 있습니다. 정부는 연금 보험료를 올리고 연금 지급 액수는 줄이는 방향으로 연금 고갈 문제를 해결하려고 하지만 더 많은 복지를 원하는 국민의 반대에 직면하여 좀처럼 해결책을 찾지 못하고 있습니다.

셋째, 일상에서의 질병이나 부상이 아니라 특별히 직장에서 일하다 다치면 산업재해 보상보험을 통해 수입에 대한 적정선을 보호받을 수 있습니다. 산업재해 보상보험은 줄여서 흔히 산재보험이라고 하는데요, 노동자의 업무상 재해를 신속하고 공정하게 보상하여 노동자를 보호하기 위한 제도입니다.

모든 노동자는 산업재해의 위험을 안고 있습니다. 최근에도 연간 약 900명이 산업재해로 사망하고 있습니다. 부상이나 질병을 앓는 경우는 이보다 훨씬 많지요. 노동자는 기계 부품처럼 사용하다 고장 나면 내다 버리는 존재가 아닙니다. 노동자는 안전하게 일할 수 있는 권리가 있고 고용주와 사회는 산업재해 발생 시 치료해줄 의무가 있습니다. 그 권리와 의무를 위해 산업재해 보상보험이 마련된 겁니다.

넷째, 잘 다니던 직장을 갑자기 잃는 경우 고용 보험을 통해 보호받을 수 있습니다. 갑자기 실업자가 되면 경제생활을 하기 어려워집니다. 당장 핸드폰 요금이라든지 카드값을 내야 하는데, 돈이 없으면 큰일이지요. 그래서 직장 다닐 때 차곡차곡 쌓인 보험금을 실업자가 되었을 때 지원받습니다. 고용 보험은 근로자가 실직 시 재취업할 때까지 생계를 지원하면서 직업 훈련과 취업을 알선해주는 제도입니다.

실업의 고통은 한 개인의 고통으로 끝나지 않습니다. 우선 한 집안의 경제를 책임지던 가장의 실업은 식구 모두를 힘들게 합니다. 특히 한국은 유럽 복지 국가보다 여성의 사회 진출 정도가 낮고 자녀의 출가도 늦으며 사회 복지 수준도 미비합니다. 그래서 가장의 실업이 주는 충격은 더욱 커집니다. 나아가 한 지역에서 대기업의 부도로 대량 해직 사태라도 일어난다면 지역 경제가 마비됩니다. 해고 당하면 당장 외식을 줄이고 자녀 학원비부터 줄이기 시작하여 식당과 학원이 문 닫고, 아파도 웬만하면 참고 견디어 동네 병원도 타격을 받습니다. 실업은 분명 사회적 위험이지요. 하지만 실업자가 되더라도 실업급여를 받을 수 있으면 충분하지는 않아도 그것으로 다른 일자리를 알아볼 수도 있고, 재활하는 데 도움이 됩니다.

끝으로 추가할 보험이 있습니다. 노인 장기요양 보험입니다. 노인 장기요양 보험은 노인 인구가 늘면서 중요한 사회보험으로 주목받게 되었습니다. 노인이 된다는 것은 숙명이고 이것 자체로는 사회적 위험이라고 할 수는 없을지 모릅니다. 하지만 노인이 되면서 각종 노인성 질환에 시달리는 경우가 많습니다. 이럴 때 삶의 질이 급격히 떨어집니다. 치매, 중풍, 신체 마비 등의 노환 때문에 사망하는 비율이 증가하는 추세에 있습니다. 특히 치매 환자가 늘면서 가족들의 부담이 늘었습니다. 치매 환자가 있으면 가족들 가운데 누군가가 항상 매달려 있어야 합니다. 무슨 일이 일어날지 모르기 때문입니다. 개인이나 가족이 감당하기 힘듭니다. 그래서 노인 장기요양 보험 제도가 생긴 것입니다.

노인 장기요양 보험은 고령이나 노인성 질병 등으로 목욕이나 집안일 등 일상생활을 혼자 수행하기 어려운 노인 등에게 신체 활동 또는 가사 지원 등의 장기요양 급여를 제공하여 노후 생활의 안정과 그 가족의 부담을 덜어 삶의 질을 높이는 사회 보험 제도입니다. 이 제도는 해당하는 노인이 병원이나 약국을 이용할 때는 건강보험의 도움을 받는 것과 달리 요양 시설을 이용할 때는 노인 장기요양 보험을 통해 금전적 지원을 받습니다. 그리고 요양 시설을 이용하지 않더라도 배설, 목욕, 식사, 취사, 조리, 세탁, 청소, 간호, 진료의 보조 또는 요양 관련 상담 등 다양한 형태의 장기요양 서비스를 받을 수 있습니다. 여기서 서비스라는 용어 때문에 사회 서비스로 봐서는 안 됩니다. 노인 장기요양 보험은 그 재원의 마련 과정과 복지 제공의 맥락을 볼 때 사회보험입니다.

공공 부조의 의미와 종류

공공 부조는 보험료를 부담할 능력이 없는 사람들을 대상으로 최소한의 생활을 보장하기 위한 제도입니다. 생활 조건이 매우 어려운 사람을 대상으로 지원합니다. 부조(扶助)는 도울 부, 도울 조를 조합한 용어로 쉽게 말해 돕고 또 돕는 제도입니다. 즉 일방적으로 계속 돕는 제도입니다. 그래서 상호 부조가 아닙니다. 생활이 극히 어려운 사람은 다른 사람을 돕기 어렵잖아요. 공공 부조의 혜택을 받는 사람에게 비용을 부담하라고 말할 수도 없습니다. 공공 부조는 수혜자 부담의 원칙이 적용되지 않습니다. 보험료를 부담할 능력이 없는 사람들에게 지원해주는 제도이기 때문입니다. 재원을 부담하는 자는 수혜받지 않는 국민입니다. 그래서 재원을 부담하는 사람과 수혜받는 사람이 일치하지 않습니다.

공공 부조는 특별합니다. 특별히 생활 유지 능력이 없거나 생활이 어려운 국민을 대상으로 선별하여 도움을 주기 때문입니다. 그래서 선별적 복지 이념을 바탕으로 한다고 볼 수 있습니다. 지원 대상자를 심사를 통해 선별합니다. 대상자가 강제 가입이든 자유 가입이든, 가입하는 게 아닙니다. 공공 부조는 재원 마련을 위한 가입자가 별도로 구성되어 있지 않습니다. 가입자라는 말 자체가 있을 수 없죠. 공공 부조는 정부가 일방적으로 대상자를 선정합니다. 지원 대상자로 선정해달라고 신청하면 심사를 거쳐 정부가 선정할 뿐입니다. 대상자로 선정되면 원칙적으로 금전적인 지원을 해줍니다. 그런데 물질적 급여를 제공하기도 합니다. 옷이나 쌀과 같은 생필품을 제공하기도 하지요.

그러면 그 많은 재원을 어디서 장만할까요? 국민의 세금으로 마련합니다. 비용은 국가와 지방자치단체가 전액 부담합니다. 수혜자는 비용을 전혀 부담하지 않습니다. 사회보험의 경우 수혜자가 일정한 금액을 부담했던 점과 다릅니다. 그래서 국가가 걷은 세금을 생활이 어려운 사람에게 직접 지급하기 때문에 소득 재분배 효과가 매우 뛰어납니다. 모든 사회 보장 제도는 소득 재분배 효과가 있지만, 공공 부조는 사회보험이나 사회 서비스보다 그 효과가 더 크게 나타납니다.

가구 소득이 일정 수준 이하로 떨어지면 비로소 국가의 지원이 시작되기 때문에 사후 처방적 성격을 가진다고 할 수 있습니다. 사후 처방적이라는 얘기는 의사가 질병을 앓고 있는 환자에게 처방전을 써주듯, 사회적 위험이 발생한 후에 처방한다는 말입니다. 이미 빈곤이라는 위험에 처한 사람에게 급여를 주는 것이므로 빈곤해진 사람들을 사후적으로 돕는 것이죠.

수혜 대상자의 범위는 극히 좁습니다. 많으면 오히려 문제겠죠. 최저 생활을 하는 빈곤층이 많다는 얘기가 될 테니까요. 그래서 사회보험이나 사회 서비스보다 공공 부조의 수혜 대상자 범위가 가장 좁다고 볼 수 있습니다. 하지만 공공 부조를 받는 사람도 사회보험이나 사회 서비스를 지원받을 수 있습니다. 중복지원을 받을 수 있습니다. 그래서 각각의 대상자가 상호 배타적인 것은 아니라고 말할 수 있습니다. 그런데 이것을 부당하게 생각하면 안 됩니다. 중복지원을 받아도 생활 형편이 워낙 안 좋기 때문입니다.

여러모로 도움을 받아야 할 정도로 특별히 가난한 사람이라고 해서 가난을 부끄러워할 일은 아닙니다. 소득이 최저 생계비에 못 미치는 사람들은 국가에 공공 부조의 혜택을 요구할 권리가 있습니다. 공공 부조는 국가가 가난한 사람에게 자비심을 베푸는 게 아니라 시민의 권리로서 보장하는 제도입니다. 하지만 이를 여전히 권리로 인식하지 못하는 경우가 많습니다. 부끄러워합니다. 대상자로 선정되었다는 것은 곧 가난하다는 것을 의미하기 때문입니다. 따라서 대상자로 선정되면 주변 사람들이 그를 가난한 사람으로 인지하게 됩니다. 그 결과 그 사람을 색안경 쓰고 보게 되는 일이 발생합니다. 대상자 선정 과정에서 부정적인 낙인이 발생할 수 있습니다. 그러니 대상자를 관리할 때 개인정보를 철저히 보호해야 합니다.

한국의 공공 부조에는 국민기초생활보장제도, 의료급여 제도, 기초 연금 제도, 장애인 연금 제도 등이 있습니다. 이들 공공 부조는 모두 특별한 경우, 즉 생활이 어려운 사람들을 대상으로 합니다.

먼저 공공 부조의 대표적인 제도로는 국민기초생활보장제도가 있습니다. 1997년, 외환 위기라는 국가적 경제 위기 상황에 놓인 일이 있었습니다. 이때 대량 실업이 발생하고 빈곤이 심화하면서 기존 제도를 정비하여 국민기초생활보장법을 만들었습니다. 이 법률에서는 수급권자의 권리를 부각하는 한편, 빈곤에 대한 사회적 책임을 강조했습니다.

국민기초생활보장제도는 상대적 빈곤선을 기준으로 대상자를 선정합니다. 절대적 빈곤선, 즉 최저 생계비를 기준으로 지원하는 게 아닙니다. 상대적인 생활 수준을 반영한 기준, 즉 중위소득의 50퍼센트를 기준으로 삼습니다. 월 소득이 중위소득의 50퍼센트에 미달할 때에 지원하되 소득 수준이 더 낮아지는 정도에 따라 구간을 설정하여 교육급여, 주거급여, 의료급여, 생계급여가 순서대로 하나씩 추가되게끔 설계되었습니다. 즉 소득이 적을수록 더 다양한 지원을 해주고 반대로 소득이 개선되어 스스로 생활할 능력이 있으면 지원 항목을 줄여 재정적 지원의 효율성을 높이려 하고 있습니다.

둘째, 사회보험에 건강보험 제도가 있다면, 공공 부조에는 의료급여 제도가 있습니다. 의료급여 제도는 생활이 어려운 사람의 질병, 부상, 출산 등에 대하여 진찰, 약제, 수술, 치료 등의 급여를 제공하는 제도입니다. 사회적으로 취약한 계층에 있는 사람이 아픈 경우가 많습니다. 어려운 경제적 조건들이 질병에 더 많이 노출되기 때문입니다. 이들은 먹고살기도 힘든데 병원비도 없어서 병원에 못 가면 삶이 극단적으로 피폐해질 수 있을 것입니다. 그래서 그런 사람들을 위해 정부가 진료비를 대신 지불하는 제도라고 보면 됩니다. 이는 사회보험 가운데 건강보험과 다릅니다. 건강보험과 의료급여를 같은 것으로 착각하는 사람이 많습니다. 하지만 전혀 다릅니다.

셋째, 사회보험에 국민 연금 제도가 있다면, 공공 부조에는 기초 연금 제도가 있습니다. 연금이라는 용어보다는 기초라는 용어에 더 주목해야 합니다. 연금이라고 해서 국민 연금과 같은 사회 보험 제도라고 오해해서는 안 됩니다. 기초라는 단어가 붙는 것에서 알 수 있듯이 빈곤한 노인만을 대상으로 합니다. 65세 이상 노인 중 소득 인정액이 일정 수준 이하인 사람에게 생활 안정에 필요한 연금을 지급하는 제도입니다.

넷째, 기초 연금 제도와 더불어 추가로 기억해야 할 공공 부조가 있습니다. 장애인 연금 제도입니다. 18세 이상의 중증 장애인으로서 소득 인정액이 일정 수준 이하인 사람에게 생활 안정에 필요한 연금을 지급하는 제도입니다.

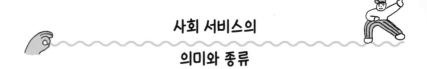

사회 서비스의 의미와 종류

사회 서비스란 국가·지방자치단체 및 민간 부문의 도움이 필요한 모든 국민에게 복지, 보건의료, 교육, 고용, 주거, 문화, 환경 등의 분야에서 인간다운 생활을 보장하고 상담, 재활, 돌봄, 정보의 제공, 관련 시설의 이용, 역량 개발, 사회 참여 지원 등을 통하여 국민 삶의 질이 향상되도록 지원하는 제도를 말합니다.

사회 서비스는 다른 사회 보장 제도를 보조합니다. 명칭에서 알 수 있듯이 사회보험이나 공공 부조와 달리 금전 자체의 제공이 아닌 서비스의 제공을 원칙으로 합니다. 생활을 돕는 서비스를 제공하는 것이지요. 이 서비스를 지원받는 사람은 생활 도움 서비스가 필요한 모든 국민입니다.

하지만 국가가 전적으로 지원해주지는 않습니다. 비용 부담 능력이 있는 국민은 본인이 직접 비용을 지불하고 서비스를 제공받는 게 원칙입니다. 수익자 부담의 원칙이 적용되는 겁니다. 물론 일정 소득 이하의 국민에 대해서는 비용의 전부 또는 일부를 국가와 지방자치단체가 부담할 수 있습니다. 이처럼 국가와 지방자치단체뿐만 아니라 개인이나 사회단체와 같은 민간 부문도 참여할 수 있습니다.

가장 이해하기 쉬운 사례로 간병인 제도를 생각해보면 좋습니다. 간병인 고용 비용을 부담할 능력이 있는 사람은 간병인을 제공하는 민간단체와 계약하여 고용하고 간병 서비스를 받습니다. 비용 부담 능력이 없을 때에는 신청과 선정 절차를 거쳐 국가와 지방자치단체가 간병 서비스를 제공해줄 수 있습니다. 이 때문에 소득 재분배 효과가 나타날 수 있습니다. 공공 부조와 사회보험뿐만 아니라 사회 서비스도 소득 재분배 효과가 있습니다. 하지만 사회 서비스는 소득 재분배의 의도를 가지고 마련된 것은 아닙니다. 부수적으로 소득 재분배 효과가 나타났을 뿐입니다.

사회 서비스에는 아동 서비스, 노인 서비스, 여성 서비스, 장애인 서비스 등이 있습니다. 구체적으로 65세 이상 국민기초생활수급자, 차상위 계층, 기초연금 수급자 그리고 독거노인 등을 대상으로 한 안전지원, 사회참여, 생활교육, 일상생활 지원 등의 서비스 제공 사업이 있습니다. 그리고 일과 가정생활의 양립을 지원하기 위한 아이 돌봄 지원 사업, 산모와 신생아 건강 관리사가 산후 관리를 지원하는 산모 신생아 건강 관리지원 사업, 가사와 간병 서비스를 제공하는 가사 간병 방문 지원 사업, 발달 장애 자녀를 둔 부모를 돕는 발달 장애인 부모 심리 상담 지원 사업 등이 있습니다. 이러한 사회 서비스의 제공은 대상자의 자립과 생활 능력을 높여줄 수 있습니다. 사회적 위험 때문에 무너진 삶을 다시 일으켜 세울 수 있는 것입니다.

사회 복지의 현실과 전망 ③

저출산 고령화 사회와 복지 제도

현시대에 출산과 양육은 사회적 위험입니다. 개인이 감당하기 힘든 일이란 얘기입니다. 여기에 단순한 노령화가 아닌 고령화를 추가하려 합니다. 노령은 예나 지금이나 사회적 위험으로 다루었지만, 고령화에 따른 고령자 부양 문제는 새롭습니다. 어린아이의 양육뿐만 아니라 고령 노인의 부양도 힘든 일입니다. 출산, 양육, 고령도 개인의 능력으로 감당하기 어려운 부담을 주고 있으면 사회적 위험이라고 부를 수 있습니다.

이제 많은 사람이 아이와 노인에 대한 돌봄 및 부양 노동을 개인적으로 대응하기 힘들어하고 있습니다. 빈곤층 가구에만 국한되지 않고 중산층 가구를 포함한 사회 모든 계층에서 아이의 출산, 양육, 고령 노인에 대한 돌봄의 책임을 나눠주길 원하고 있습니다. 특정한 개인이 아니라 많은 사람이 같은 생각이라면 그것은 사적 영역에서 다룰 문제가 아니라 사회적으로 다뤄볼 만한 사회적 위험이 될 수 있습니다. 이처럼 이전의 전통적인 사회적 위험과 구분되는 위험을 '신사회 위험(new social risk)'이라고 합니다.

서구 선진국뿐만 아니라 한국 사회도 산업사회의 정점을 찍고 후기 산업사회에 접어들었습니다. 산업사회에서 벗어나 정보사회로 이행하는 측면도 나타납니다. 새롭게 변모하는 사회에서는 여성의 노동 시장 참여가 두드러지게 나타나고, 개인의 자율적 가치가 중시됩니다. 이와 함께 저출산 현상이 나타났죠.

한국 사회에서 인구 구조에 큰 변화가 나타나고 있습니다. 합계 출산율은 여성 한 명이 가임 기간(15~49세) 동안 낳을 것으로 예상하는 평균 출생아 수를 말하는 것으로, 2001년부터 초저출산(합계 출산율 1.3 미만)이 계속되어 장기화하고 있습니다. 그동안 저출산 대책에 투입된 예산만 200조 원 가까이 되지만 2019년 합계 출산율은 0.92명으로 역대 최저 수준이었습니다. 가임기 여성 한 명이 한 명의 자녀도 낳지 않는다는 것입니다. OECD 회원국 가운데 합계 출산율이 1 이하인 나라는 한국이 유일합니다.

저출산 현상은 결혼과 출산을 필수라고 생각하지 않고 개인적 가치 추구를 더 중시하는 가치관의 변화에 따른 결과로 말할 수 있을 것입니다.

청년 세대들은 개인의 가치에 따라 판단하면서 군이 결혼이나 출산을 해야 하는지 의문을 갖게 되었습니다. 가족의 구성과 아이의 탄생이 한 개인에게는 부담이 되었던 겁니다. 아무 때나 마음대로 쉴 수도 없고, 삶을 자유롭게 즐길 수도 없죠. 이건 여성에게만 나타난 가치관이 아니었습니다. 청년 남성에게도 자유를 추구하는 가치관이 널리 퍼졌습니다.

저출산의 원인을 더 추적하면 저출산 현상은 자녀의 출산과 양육에 대한 경제적, 사회적 부담이 크기 때문에 나타난 현상이라고 할 수 있습니다. 특히 청년 실업이 증가하고 주거 비용이 상승하면서 결혼 자체가 어려워지는 구조적인 문제도 저출산 문제를 악화시키고 있습니다. 출생 이후 대학 졸업 때까지 자녀에게 투입되는 양육과 교육의 경제적 부담도 개인이 감당하기 어려울 정도가 되었죠.

한편 현대 사회는 과학기술이 고도로 발전했습니다. 노년층은 의료기술의 발달로 사망률이 감소하여 고령화 현상이 나타났습니다. 인간의 죽음이 늦어지는 것은 축복할 일입니다. 하지만 고령층 노인에 대한 부양은 사회적 부담이 되고 있습니다.

특히 한국 사회는 빠른 속도로 고령 사회를 넘어 초고령 사회로 진입하고 있습니다. 총인구 중 65세 이상 인구가 차지하는 비율이 7퍼센트 이상 14퍼센트 미만인 사회를 고령화 사회, 14퍼센트 이상 20퍼센트 미만인 사회를 고령 사회, 20퍼센트 이상인 사회를 초고령 사회라고 합니다. 한국은 2017년 65세 이상 인구가 총인구의 14퍼센트를 차지하여 고령 사회에 진입했으며, 2025년 초고령 사회로 진입할 것이라고 예상됩니다. 무엇보다 큰 문제는 고령화 속도가 매우 빠르다는 점입니다. 프랑스의 경우 고령화 사회에서 고령 사회로 진입하는 데 115년이 걸렸고, 미국은 71년, 일본은 24년이 걸렸습니다. 그런데 한국은 2000년 고령화 사회에 진입한 후 17년만인 2017년에 고령 사회로 진입하였습니다.

고령화 현상은 의료기술의 발달과 생활 수준의 향상으로 평균 수명이 증가했기 때문에 나타났습니다. 여기에 저출산 현상이 더해지면서 전체 인구 중 노인 인구가 차지하는 비중(비율)은 더욱 커지고 있습니다. 물론 저출산이 65세 이상 인구를 증가시킨 건 아닙니다. 하지만 유소년 인구 (0~14세) 100명당 65세 이상 인구를 말하는 노령화 지수는 가파르게 상승하여 2016년 이후부터는 100명을 넘어섰습니다. 합계 출산율 감소가 65세 이상 인구의 비율과 노령화 지수를 높이는 요인으로 작용하고 있는 겁니다.

저출산의 장기화로 인해 젊은 세대의 인구가 감소하면서 생산가능인구(15~64세) 역시 감소하고 있습니다. 그 결과 노년 부양비가 증가하고 있습니다. 노년 부양비는 생산가능인구 100명당 65세 이상 인구를 말하는데, 노년 부양비 역시 증가하여 2020년 이후 20명을 넘어설 것으로 예상됩니다. 그 결과 노인 부양을 위한 사회적 부담이 청장년층 세대에 가중되고 있습니다. 이는 새로운 세대 갈등으로 나타날 수 있습니다.

더욱이 노후를 미처 준비하지 못한 노인들은 빈곤에 시달리고 있는데, 2018년 기준 우리나라 노인의 상대적 빈곤율은 43.8퍼센트입니다. OECD 평균 치 17.8퍼센트를 훌쩍 넘어 압도적 1위를 나타내고 있습니다. 노인 빈곤 가구가 많아져 사회 보장 제도를 유지하는 비용이 증가하면 국가 재정이 악화할 수 있습니다. 결국에 국민 경제의 활력이 떨어질 것으로 보입니다.

저출산과 고령화는 심각한 사회 문제입니다. 한국의 경우 그 변화 속도가 워낙 빨라 적절한 대응 시스템을 마련할 시간적 여유도 충분하지 못했습니다. 하루가 급한데 서두른다고 해결될 문제도 아닙니다. 이 문제는 근원적이고 구조적인 시스템을 바꿔야 해결될 수 있다는 점에서 더욱 어려움을 겪고 있습니다. 기존 방식대로 아이의 임신, 출산, 양육, 그리고 노인 인구의 고령화를 개인 영역에서 해결하려고 해서는 이 문제가 해결되지 못합니다. 그리고 저출산과 고령화를 단순히 떼어놓고 바라봐서도 안 됩니다. 사회적 지원 시스템이 종합적으로 마련되어야 합니다.

해결책을 찾기 위해 문제를 근본적으로 되짚어봐야 합니다. 먼저 사회 보장이 미비하여 저출산과 고령화 문제의 상황을 낳거나 혹은 더 나쁘게 하고 있습니다. 따라서 기본적으로 의료, 보육 및 교육, 주거 등 3대 복지의 확실한 보장부터 챙김으로써 더 나빠지지 않도록 해야 합니다. 그리고 정부가 모든 걸 챙겨줄 수 없으니 장기적이고 안정적으로 문제를 해결하려면 직장 생활과 돌봄 노동을 병행할 수 있도록 개선책을 마련해야 합니다. 아이를 적게 낳는 이유 가운데 하나는 아이의 양육이 부담되기 때문입니다. 게다가 가족 가운데 고령 노인이 있으면 돌봄에 대한 부담은 더 늘어납니다. 사적 영역의 부담을 사회적으로 접근하는 '돌봄 사회'로의 전환이 필요합니다.

돌봄 사회가 되려면 직장 일과 가정 생활이 양립할 수 있도록 기업 문화를 바꾸는 것과 함께 가족 내에서도 돌봄의 책임에 대한 성별 불평등을 개선하는 게 필요합니다. 아이와 고령화된 노인에 대한 돌봄 책임을 여성에게만 강요하여 노동 시장에 참여한 여성에게 이중 부담을 주는 현재의 문화 속에서는 문제가 해결되기 어려울 것입니다. 사회가 책임지지 않으면 감당하기 어렵습니다.

한편 고령화로 생산 활동에 참여하기 어려운 인구는 늘어났는데, 저출산으로 생산 활동에 참여할 수 있는 인구는 줄어들고 있기 때문에 고령화와 저출산은 사실상 한몸을 이루는 경제 문제입니다. 특히 생산가능인구는 핵심 생산 계층이자 소비 계층이기 때문에 생산가능인구의 감소는 생산 능력을 떨어뜨릴 뿐만 아니라 수요를 위축시키는 요인이 됩니다.

그렇다면 이 경제 문제의 해법을 한국 안에서만 찾으려 하지 말고 넓게 생각해보면 어떨까요? 오늘날의 경제는 세계화되었다고 하니까요. 단일 민족 국가라는 혈통주의를 버리는 접근 방식도 생각해봤으면 합니다. 저출산과 더불어 고령화가 노동력 감소, 국민 경제의 위축을 낳아 문제라면 이주 노동자의 유입을 적극적으로 고려할 필요도 있을 것입니다. 세계적으로 인구 문제를 말할 때 저출산이 문제되지 않습니다. 세계 인구의 증가가 문제시되고 있지요. 그러면 다른 국가의 과잉 인구를 들여오는 겁니다. 즉 세계 인구를 고르게 배분하여 저출산, 고령화에 따른 생산력 저하 문제를 해결하는 방법도 생각할 수 있습니다.

하지만 고령화 자체를 역전시키기에는 여전히 어려움이 있습니다. 이주 노동자의 유입으로 단기간에 생산가능인구를 확보하더라도 언젠가는 이주 노동자를 포함하여 고령화가 나타날 수 있습니다. 이주 노동자에게 젊은 시절 한국에서 일하고 고령이 되면 본국으로 돌아가라고 할 수는 없을 겁니다.

따라서 노후 정책 자체에서 변화가 필요합니다. 고령 인구를 경제에서 활용하는 방안을 생각하지 않을 수 없습니다. 고령화 사회의 문제를 해결하는 대안으로 정년 연장 및 폐지와 다양한 노후 일자리의 마련 등이 필요하다고 합니다. 그런데 노인은 경력자가 대다수이므로 기업의 임금 지출 부담이 늘어날 수 있습니다. 그리고 청년층 고용을 위축할 수 있습니다. 사회적 합의가 필요합니다. 임금피크제라고 해서 일정 연령이 된 노동자의 임금을 삭감하면서 그 대신 고용 기간을 늘리는 제도를 도입하자는 주장도 있습니다. 그런데 노령 노동자의 임금이 삭감되는 만큼 청년에 대한 신규 채용이 늘어나는 것도 아니라는 반박도 있습니다.

그래서 획기적인 노동 시간 단축으로 청년과 노인이 일자리를 나눠 갖는 것도 생각해볼 수 있습니다. 그러면서 급여도 줄여야 한다는 주장이 있습니다. 하지만 노동 시간의 단축이 급여의 축소를 꼭 필요로 하는 건 아닙니다. 노동 시간이 줄면 노동 능률이 높아져 생산성이 늘어날 수도 있습니다. 그러면 오히려 급여를 늘릴 수도 있어야 합니다. 급여를 줄이지 않으면서 노동 시간을 단축하는 방법을 정책적 대안으로 고려해볼 필요가 있습니다.

다시 한 번 말하자면, 출산은 새로운 생명의 탄생을 보여주는 기쁨이고, 고령화는 사실 인간의 수명 연장을 뜻하므로 이 또한 축복입니다. 그런데 저출산과 고령화는 사회 문제가 되었지요. 정부가 하루빨리 풀어야 할 시대사적 의제가 되었습니다. 저출산과 고령화 문제의 본질은 인권 문제인데 경제 문제로 보더라도 심각성이 커지니까 사회와 국가가 다급해진 겁니다. 계기가 어떻든 이 문제의 해결 방안은 결국 복지 세노에서 찾을 수밖에 없을 겁니다. 그러면 축복을 축복답게 누리는 복지의 길은 어디에 있을까요? 적어도 사회 복지를 줄이는 길은 아닐 겁니다. 그런데 복지를 늘리더라도 어떤 방법이 합리적인지 여전히 의문입니다. 그 해결을 위해 지혜를 모으려면 좀 더 많은 상상력이 필요할 것 같습니다.

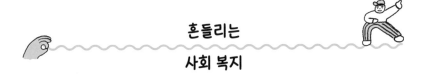

흔들리는 사회 복지

서구 사회는 전후 체제라고 불리는 2차 세계대전 이후를 복지 국가의 시대라고 부를 만큼 사회 복지 제도의 완성도를 높여왔습니다. 사회민주주의*의 영향을 받은 유럽은 사회 복지에 많은 관심을 보였습니다. 경제 선진국은 세계 대공황과 세계대전을 거치면서 노동자의 요구를 받아들여 복지 정책을 추진했습니다. 전쟁이 끝난 후에는 전쟁 때문에 파괴된 시설을 복구하면서 경제가 살아났습니다. 세계적인 호경기에 힘입어 복지 제도 역시 크게 확장되었습니다. 특히 냉전 때문에 사회주의 국가와 자본주의 국가 간의 경쟁 체제가 강화되면서 서로 자신의 진영이 더 살기 좋은 나라라며 앞다투어 홍보했습니다. 그러면서 자본주의 국가들은 복

사회민주주의

사회민주주의는 생산수단의 공적 소유와 공적 관리에 의한 사회의 개조를 민주주의적인 방법을 통해 실현하려는 이념을 말합니다. 사회주의 국가처럼 시장경제체제를 부정하는 게 아니라 시장경제체제를 부정하지 않으면서도 사회주의 제도를 적극적으로 도입한 체제라고 볼 수 있습니다.

지 정책을 강화했습니다. 그 과정에서 시장에 대한 정부의 간섭도 늘어났습니다. 자유 방임 시장 체제의 문제를 해결하려면 정부의 간섭이 필요했기 때문이었습니다.

하지만 중동 지역에서 발생한 전쟁, 이른바 중동전쟁(1948년, 1956년, 1967년, 1973년 발발)의 여파로 1970년대 석유파동이 일어나면서 세계 경제가 불황의 늪에 빠졌습니다. 경제 위기로 불안해진 정세를 틈타 1970년대 말과 1980년대 초에 영국의 대처와 미국의 레이건이 집권했습니다. 그들은 경제 위기에서 벗어나려는 정책을 펼쳤는데, 그 방향은 시장에 더 많은 자유를 주고 정부의 시장 개입을 억제하는 쪽이었습니다. 이때부터 새로운 자유주의, 즉 신자유주의* 시대가 시작된 겁니다.

신자유주의를 내세운 영국의 대처 정부는 과도한 복지 정책으로 국민이 복지 정책에 기대어 나태해졌다고 비판했습니다. 여기서 나태함은 일자리를 구하지 않는 태도로 이해할 수 있습니다. 이런 부작용을 '복지병*'이라

신자유주의

신자유주의는 국가의 시장 개입에 비판적이고 시장의 기능과 민간의 자유로운 활동을 중시하는 사상입니다. 이 사상은 자유화, 개방화, 탈규제 및 규제 완화, 공기업의 민영화, 노동 시장 유연화(정리해고 규제완화) 등의 정책으로 구현되었습니다. 이런 정책 전환은 공교롭게도 복지 정책을 공격하는 형태로 진행되었습니다. 복지 비용의 급증 때문에 누적되는 국가의 재정 적자, 비대해진 국가 관료제, 국민의 노동 의욕 감소, 국가 경쟁력 하락 등으로 인하여 복지 국가는 이제 개혁의 대상이 되었습니다. 이러한 맥락에서 경쟁과 효율, 개인의 선택과 창의성을 강조하는 신자유주의가 정치적으로 지지를 얻게 되었습니다. 이로써 복지 정책을 중심으로 한 노동-기업-정부 간의 사회적 합의가 무너지고 말았습니다. 사회적 협의체에서 노동이 배제되고 기업과 정부 간의 긴밀한 협의체가 구성된 것입니다.

복지병은 복지 혜택을 받는 것만으로도 생활하는 데 큰 지장이 없어 적극적으로 일하려고 하지 않는 현상입니다. 복지병은 사회 복지 정책에 대한 평가에서 나온 용어입니다.

사회 복지 정책은 양면성이 있습니다. 사회 복지가 지나치면 도덕적으로 느슨해지고 노동 의욕이 떨어질 수 있습니다. 그 결과 생산성과 효율성도 낮아질 수 있습니다. 이 논리에 기반한 게 복지병입니다.

하지만 다른 견해도 있습니다. 복지 혜택이 늘어나면 생활이 안정되면서 노동 의욕이 증가하여 책임감을 가지고 더 열심히 일하고 사회 참여 활동도 늘어날 수 있습니다. 예를 들어 국가가 제공하는 복지 혜택으로 자녀의 보육과 교육이나 질병, 주택마련에 신경을 덜 쓰게 되면 마음 놓고 직장 일에 몰두할 수 있단 얘기입니다. 이 논리에 따르면 복지병은 인정되기 어려운 주장이 됩니다.

고 불렀습니다. 복지병 논리에 따르면, 가장 복지 수준이 높은 국가에서 복지병이 발생하는 것으로 볼 수 있습니다. 그런데 영국이 그러한지는 의문입니다.

영국에서 제기한 복지병은 고소득층을 대변하는 정치적 구호의 성격이 강했습니다. 베버리지 보고서를 발표했던 영국은 어느 국가보다 빨리 복지 정책을 발전시켰습니다. 하지만 축구의 종주국이라고 해서 가장 축구를 잘하는 게 아니듯, 영국은 가장 이른 시점에 복지 정책을 도입했지만 복지가 가장 발달한 나라는 아닙니다. 영국은 복지병을 운운할 만큼 유럽에서 복지 수준이 가장 높은 나라가 아닙니다. 영국보다 북유럽 국가가 더 많은 사회 복지를 보장합니다. 그럼 영국보다 북유럽 국가에서 복지병이 더 크게 부각되어야 했습니다. 하지만 사실은 달랐습니다. 물론 북유럽 복지 국가도 지나친 사회 복지를 축소하려는 움직임이 있었지만,

영국만큼 과격하지는 않았습니다. 북유럽보다 복지 수준이 낮았던 영국에서 복지병이 크게 언급된 이유는 국가별 복지 수준의 비교가 아닌 다른 데서 찾아야 합니다. 그게 뭐냐면, 단지 영국에서는 복지병을 운운하는 정치 세력의 입김이 북유럽 국가보다 더 강했다는 겁니다. 영국에서 제기되었던 복지병이라는 것 자체가 복지 정책 축소를 바라는 사람들, 특히 부유층이나 기업의 의도 속에서 터져 나온 것이라는 얘기입니다.

그런데 한국의 보수 세력도 복지병 논리를 내세우는 경우가 있습니다. 이것이야말로 적절하지 않은 논리입니다. 기본적으로 복지병을 말하려면, 현재의 복지 수준이 지나치다고 여겨질 만큼인지, 아직 그 지점에 못 미쳐 더 많은 복지 혜택을 추진해야 하는지를 판단하는 게 중요합니다. 그런데 한국 사회의 사회 복지 제도는 서구 사회보다 뒤늦게 마련되었고, 그 짧은 기간 동안 복지병이 우려될 만큼 복지 혜택이 제공된 일이 없었습니다. 한국은 복지 혜택이 부족해서 문제가 되었지 너무 많아서 문제가 되지는 않았습니다. 그런데 유럽에서 언급된 복지병 논리를 한국에서도 똑같이 적용하여 주장하고 있으니 이보다 더 부적절한 주장도 없을 겁니다. 여기서 영국과 한국의 공통점이 보입니다. 그게 뭐냐면. 복지 국가를 비판하고 반대하는 정치 세력이 강하다는 겁니다. 복지병은 복지 정책을 반대하는 기득권층을 대변하는 논리로 국경을 초월하여 파급되었던 겁니다.

하지만 복지병이라는 구호가 단순히 허무맹랑한 소리라면 국경을 넘어 세계적으로 확산되기는 어려웠을 겁니다. 그동안 정부가 국민의 삶을 요람에서 무덤까지 보장하니 과두한 복지 지출로 정부의 재정 적사가 심화된 것은 사실이었습니다. 관대한 복지 제도 때문에 정부의 복지 제도에만 의존하여 살아가려는 무임승차자가 늘어났고, 사회 전체적인 노동 생산성이 떨어졌습니다. 이런 상황을 근거로 복지 국가에서 그동안 위축되었던 기업과 보수 세력을 규합하는 데 복지병 논리는 제법 효과적이었습니다. 그동안 유럽 사회를 지배하던 복지 정책은 정부의 복지 예산의 지출을 늘렸고 그 복지 비용을 부담해야 하는 고소득층과 기업에 큰 부담을 주었던 것은 사실이었기 때문입니다. 그 결과 복지를 축소하고 복지 제도를 개선하려는 우파 정당과 기업의 정치적, 사회적 압력이 커졌습니다. 이 압력을 지지 기반으로 삼았던 1980년대 영국과 미국의 보수 정부는 집권에 성공하여 복지 정책을 적극적으로 뒤집어놓았습니다. 신자유주의 이념에 따르는 이들 보수 정부의 복지 정책 축소 정책은 매우 공격적이었습니다. 복지 급여의 삭감, 급여 자격 조건의 강화, 급여 기간의 제한과 같은 조치를 통해 복지 제도를 대대적으로 손질했습니다.

그러한 정치적 공세에 밀려 정치적 좌파 세력은 분열되고 힘없이 무너졌습니다. 국민의 다수가 보수 정부를 지지했고 상대적으로 좌파 정당에 대한 지지는 줄었습니다. 좌파 정당들은 재집권을 위해 기존의 전통적 복지 정책을 고집할 수 없었습니다. 기존 사회민주주의와 다른 새로운 이념을 바탕으로 하는 정책적 변화를 찾아야 했던 것이죠. 이미 시장 경제의 효율성을 강조한 정치 세력이 사회에 뿌려놓은 효율성 강조 논리들을 외면할 수 없었습니다. 신자유주의의 붐을 어떻게든 반영해야 했던 것입니다. 그래서 나온 것이 영국의 사회학자 기든스(Giddens, A.)가 제창한 '제3의 길'이었습니다.

기존 유럽에서 일반적이었던 사회민주주의 차원의 복지를 제1의 길이라고 한다면, 이에 대한 공격으로 시장에서의 자유를 극대화하고 국가의 간섭을 최소화하려는 신자유주의 정책을 제2의 길이라고 할 때, 기든스는 그 둘과도 다른 제3의 길을 걸어야 한다고 주장했습니다. 사실 제3의 길은 이전의 길과 다른 게 아니라 모두 영향을 받아 타협을 보았다는 게 맞는 얘기입니다. 제3의 길은 사회적 평등과 경제적 효율성의 통합을 모색했습니다. 이는 복지 정책에도 새로운 방향성을 제시했습니다. 사회적 위험에 대비하는 사회 복지를 추진하되 그것이 경제적 효율성을 저해하지 않도록 하자는 것이었습니다.

사회민주주의 정신에서 후퇴한 좌파 정당들은 이제 신자유주의자들이 강조하는 시장의 효율성을 어느 정도 받아들여야 한다는 생각에 이르렀습니다. 하지만 복지 정책을 완전히 없애는 것은 아니었습니다. 국민에게 경제적 혜택을 직접 제공하기보다는 인적 자원에 투자하는 복지 국가를 지향했습니다. 국민이 자립할 수 있도록 돕는 데는 예산을 적극적으로 투입했던 겁니다.

예를 들어 실업자를 재교육하고 취업을 모색하는 사람을 돕는 데 예산을 아끼지 않았습니다. 그러면서 실업자를 대하는 주안점이 달라졌습니다. 예전에는 실업자가 되면 별다른 조건 없이 실업급여를 지급했지만, 이제는 실업자가 되었다고 해서 무조건 지원해주지 않습니다. 조건을 달았습니다. 재교육 및 훈련을 포함하여 다른 일자리를 찾는 노력을 했는지를 확인한 후에 그런 노력에도 불구하고 실업자로 남아 있으면 지급하고, 그런 노력 자체가 없으면 지급하지 않는 것입니다. 그러면 복지 지원이 국가 경제의 생산성을 증대시키는 데도 이바지할 것이라고 기대했던 것입니다.

이러한 새로운 복지는 '일하는 복지'를 의미하여 workfare라고 합니다. 이는 '노동연계복지'라고도 합니다. 행복 추구와 삶의 질 향상이라는 welfare의 의미를 줄이고 생산성과 노동을 강조한 것입니다. 그래서 생산적 복지라고도 합니다. 생산적 복지는 빈민층이 자활 사업에 참여하거나 일자리를 찾아 나설 때에 한하여 지원을 해주는 새로운 형태의 복지 제도입니다.

한국에서도 생산적 복지가 낯설지 않습니다. '지역공동체 일자리 사업'*과 '근로 장려 세제'*, 그리고 '맞춤형 국민기초생활보장제도'* 등으로 생산적 복지를 실현하고 있기 때문입니다.

생산적 복지 제도는 재정 부담 및 사회적 비효율성을 개선하는 데 이바지하는 면이 있습니다. 하지만 노약자, 병약자, 중증 장애인 등 노동 능력이 전혀 없는 사람의 경우 복지 혜택에서 소외시킬 우려가 있다는 점에서 한계가 있습니다. 이런 문제점은 생산적 복지 제도가 안고 있는 것으로 이미 예고된 것이었습니다. 유럽에서도 생산적 복지가 제안된 이후 지금까지 논란이 계속되고 있습니다. 그리고 더 본질적인 문제도 있습니다. 인간으로서 누릴 수 있는 당연한 권리라기보다는 일을 하면 주는 대가처럼 사회 복지의 본질을 흐려놓았다는 것입니다.

제3의 길이 제시된 이후 지금까지 효율성 논리와 공공성 논리가 불안한 동거를 하고 있습니다. 그런데 최근에는 불평등이 심해지자 효율성 논리에 따르는 사회 복지에 대해 반발하는 목소리가 커지고 있습니다.

지역공동체 일자리 사업

정부는 일자리가 없는 저소득 취약 계층을 대상으로 일자리를 제공하는 공공 근로 사업을 실행했습니다. 최근에는 지역공동체 일자리 사업이라고 명칭을 순화했습니다. 정부는 무턱대고 저소득 취약 계층을 지원하지 않습니다. 정부가 공공 부문에 일자리를 만들어 놓았을 때, 그 일을 하러 나오면 생활보조금을 지급하여 실업자들이 경제활동에 참여할 동기를 자극합니다. 그렇게 그들의 자활을 돕습니다. 자활적 복지는 공공 부조에서 특별히 강조되었던 것입니다. 공공 부조는 자립을 지원하는 제도라고 할 수 있습니다. 그런데 특별히 생산적 복지라는 차원에서의 공공 부조는 단순히 일방적 지원이 아닌, 생산 활동을 이끄는 방향으로 자활을 지원한다고 볼 수 있습니다

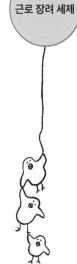

근로 장려 세제

근로 장려 세제는 근로 소득이 일정 수준 이하인 저소득 가구에 근로장려금을 지급하되 처음에는 근로 소득이 높아질수록 근로장려금을 높이다가 소득이 일정 수준을 넘으면 자활이 가능한 것으로 판단하여 근로장려금 지급액을 점차 줄이는 제도입니다. 근로 소득이 높아질수록 국가로부터 받는 장려금이 늘어나게 되어 근로 욕구를 고취할 수 있다고 봤습니다. 일하여 소득을 늘리면 지원금을 더 주겠다는 방식으로 행동 변화를 유인하는 것입니다. 그동안 공공 부조는 국가에서 모든 비용을 부담하기 때문에 국가에 의존하는 사고방식을 심어줄 수 있다는 지적이 있었습니다. 수혜자의 도덕적 해이가 일어날 수 있죠. 이를 없애려고 일을 할수록 지급액을 늘리는 것입니다. 복지 수혜자의 소득 증대 노력과 복지 혜택을 연계시키는 복지 제도라고 할 수 있습니다. 근로 연계형 소득 지원 제도인 거죠. 근로 장려 세제는 빈곤에서 벗어나 경제적으로 자립할 수 있도록 지원하며, 저소득 근로자 가구에게 현금 급여를 지급하여 실질 소득을 증가시킴으로써 조세 제도를 통한 소득 재분배 효과를 기대할 수 있습니다.

국민기초생활보장제도는 2015년부터 맞춤형 급여 체계로 운영하게 되었습니다. 기존에는 소득 수준이 최저 생계비 이하인 가구에 대하여 생계급여, 의료급여, 주거급여, 교육급여를 일괄적으로 지급했습니다. 반면에 최저 생계비를 조금만 초과해도 모든 급여의 지급을 일시에 중단시켰습니다. 이에 수급자의 생계가 급격히 곤란해지는 일이 발생했습니다. 그리고 소득 수준이 최저 생계비를 조금만 넘어도 모든 지원이 끊기자 아예 소득수준을 높이지 않는 게 낫다는 생각을 할 수 있었습니다. 일자리를 얻어 자립하는 것을 기피하는 겁니다.

그래서 국민기초생활보장제도의 변화가 필요했습니다. 변경된 맞춤형 급여 체계에 따르면 국민기초생활보장제도는 최저 생계비가 아닌 중위소득 50퍼센트를 기준으로 삼았습니다. 중위소득 50퍼센트 이하에 해당하는 가구를 소득 수준에 따라 네 단계로 구분하고, 소득 수준이 높아지더라도 모든 급여 지원을 중단하는 게 아니라 중위소득 30퍼센트를 넘어서면 생계급여만 중단하고 나머지 세 가지의 급여는 여전히 지원합니다. 다음 단계로 소득이 더 증가하면 생계급여와 의료급여 지원을 중단하지만, 주거급여와 교육급여는 계속 지원하고, 그다음 단계에서는 교육급여만이라도 지원해주는 것입니다. 급여별 선정 기준이 다층화되므로 소득이 어느 정도 증가하더라도 모든 급여의 지급이 일시에 중단되는 건 아닙니다. 다시 말해 수급자의 근로의욕이 고취될 수 있을 것으로 기대하고 마련된 정책 변화입니다. 이러한 조치들도 사회 복지제도의 효율성을 고려한 것이라고 할 수 있습니다.

생산적 복지가 정부에서는 예산을 아껴 '남는 장사'가 될 수 있었을 것입니다. 하지만 이러한 논리는 정부의 국민 보호 책임을 완전히 줄이는 방향으로 전락할 수 있는 길을 열어놨다고 비판받고는 합니다. 정부가 국민의 삶의 질과 행복을 향상시키는 일을 포기한다면 누가 그것을 감당하라는 것일까요? 시장에 맡기자는 것입니다. 즉 국민 개인이 알아서 제 능력에 따라 삶의 질 향상과 행복을 추구하라는 것입니다.

지금의 불안한 동거가 시장 원리로 더 기울지 않을지 불안해하는 사람이 많습니다. 사회 복지의 일반적인 형태를 시장에 맡겨버리려는 움직임이 실제 일부 일어나고 있기 때문입니다. 권력은 시장으로 넘어가고 있는 듯합니다. 국민의 생명과 재산을 책임져야 할 국가가 자꾸 뒷걸음질치고 있기 때문입니다.

이런 분위기를 직감할 수 있는 게 건강보험의 약화입니다. 흔히 의료 민영화라고 얘기합니다. 민영 의료 보험 체제에 따르는 미국의 경우, 돈이 없어 민간 보험에 가입하지 못한 사람은 치료받지 못합니다. 직장 수준에 따라 보험의 질도 달라지는데, 해고되면 다시 민간 보험료를 낼 여력이 안 되어 무보험자로 전락하기 일쑤입니다. 이것을 잘 알고 있는 시민들은 의료 민영화에 크게 반대하고 있습니다.

한국의 의료 체계는 완전히 국가가 운영하진 않습니다. 한국의 의료 공급은 시장에 맡겨져 있습니다. 개인이 병원을 설립하고 운영하는 게 다수라는 얘기입니다. 하지만 전 국민을 대변하는 건강보험이 있어서 의료비를 통제하고 있습니다. 건강보험이 적용되지 않는 비급여 항목은 여전히 개인 부담이지만 그나마 다행입니다. 상당 부분을 건강보험이 보완

해주기 때문입니다. 어느 병원도 건강보험의 적용을 거부할 수 없습니다. 이런 제도를 건강보험 당연지정제라고 합니다. 하지만 건강보험의 적용에 있어 예외가 생기면 의료보험 체계가 흔들립니다.

그런데 2015년 건강보험 당연지정제에서 벗어난 순수한 영리 병원의 설립을 허가한 일이 있습니다. 제주 녹지 국제병원 이야기입니다. 이 병원의 경우 외국인만을 상대로 운영할 예정이기는 했지만, 건강보험 적용을 받지 않는 병원이 한 개라도 생기면 그것을 근거로 다른 병원도 따라 하게 되어 의료 재앙이 오지 않을까 우려되었습니다.

이런 식입니다. 거대 자본을 가진 재벌이 대규모 시설에 최고급 의료 시설과 의료진을 갖춘 순수한 영리 병원을 만듭니다. 이 병원의 진료비 전액은 본인이 부담하거나 이 병원과 계약한 민간 보험에 가입해야 합니다. 국민건강보험증을 가지고 치료를 받을 수 없는 겁니다. 그러면 이런 최고급 의료 서비스는 최상위 부자들만 이용하게 됩니다. 최상위 부자들은 다른 병원에 가지 않습니다. 그러면 이들은 생각하겠죠. 건강보험료를 왜 내야 하냐고요. 자신은 일반 병원에서 치료도 받지 않는데 말이죠. 건강보험료를 내지 않으려 할 겁니다. 이런 주장에 호응하는 사람은 늘어날 겁니다. 그것이 중산층까지 확대되면, 결국 국민건강보험에는 저소득층이나 노인들만 남게 될 것입니다. 국민건강보험제도가 무너지는 것이죠. 그래서 국민건강보험이 적용되지 않는 영리 병원을 애초에 만들지 말아야 한다는 주장이 나오는 것입니다.

시민단체들은 거세게 항의했습니다. 결국 2019년에 제주 녹지 국제병원의 설립이 취소되었습니다. 국내 첫 영리 병원 설립이 무산된 일은 의

료의 공공성 차원에서 볼 때 매우 다행스러운 일입니다. 하지만 논란은 가라앉지 않고 있습니다. 언제 어떻게 다시 의료 민영화가 추진될지 모릅니다.

　사회 복지 체계에 시장원리가 도입되면 국민의 삶은 매우 불안해집니다. 의료 서비스는 공공재여야 합니다. 시장에서 사고파는 단순한 상품으로 만들어서는 안 됩니다. 의료 서비스를 상품화하면 돈 있는 사람만 좋은 의료 상품을 사게 되고 건강하고 오래 살게 되는 것이며 가난한 사람은 형편없는 의료 서비스에 만족하고 건강을 잃어도 운명으로 받아들이는 사회가 될 수 있습니다. 생산적 복지 논리가 확산되면서 그 안에 담긴 효율성 논리가 자칫 의료 서비스의 상품화 논리로 이어지지는 않을지 심각하게 우려되는 상황입니다. 한국 정부가 의료 복지와 관련하여 강화해야 할 것은 효율성이나 기업의 영리성이 아니라 공공성입니다. 의료 복지에서 공공성이 지나쳐 문제가 되고 있지는 않습니다. 정부가 해야 할 책임은 여전히 질병과 사망 등의 사회적 위험으로 불안한 삶을 사는 국민을 편안하게 해주는 것이어야 합니다.

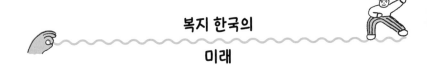

복지 한국의 미래

한국 국민은 더욱 좋은 사회 복지를 원합니다. 북유럽 선진국들이 모든 교육과 의료 서비스를 거의 무료로 제공하는 것을 부러워하는 사람이 많습니다. 북유럽 복지 국가가 되려면 그곳 국민이 내는 만큼 우리도 세금을 내야 합니다. 정부로부터 더 나은 사회 복지 서비스를 제공받으려면 그 비용은 국민 스스로가 짊어져야 합니다. 그런데 세금은 적게 내고 싶어 합니다. 이보다 더 앞뒤가 맞지 않는 얘기도 없습니다.

물론 누구도 세금 내는 것을 즐거워할 리 없습니다. 정부가 세금을 올릴 때마다 국민의 원성이 높아지는 건 당연합니다. 하지만 납세의 의무는 국민에게 주어진 의무이고, 사회 복지를 누리려면 세금을 내야 한다는 사실도 인정해야 합니다. 그러면 이렇게 말할 수 있겠죠. "세금을 낼수밖에 없다면 그래 좋다. 내겠다. 그러나 나만 내지는 않겠다. 모두 내야하고 그것도 공정하게 내자"라고 하겠죠.

이제 문제는 납세의 의무를 모든 국민이 성실히 수행하고 있는지와 세금 부담을 국민이 어떻게 나누어 짊어지느냐 하는 것으로 논쟁의 초점이 모입니다. 세금을 내지 않는 사람들이 있거나 남들보다 불공평하게 세금을 내야 한다면 당장 정부의 세금 징수에 반발하고 나설 것이기 때문입니다.

먼저 세금은 누구나 내야 합니다. 정부의 세금 징수가 정당성을 얻으려면 우선 국민의 소득 수준을 정확하게 파악하고 빠짐없이 징수해야 합니다. 봉급생활자의 월급 통장은 유리 지갑처럼 훤히 보이기 때문에 이들에 대한 세금 징수는 어려울 게 없습니다. 문제는 자영업자입니다. 국세청은 자영업자들의 소득을 정확하게 파악하지 못해 봉급생활자들의 원성을 듣습니다. 자영업자들의 탈세에 불만이 생기는 것입니다. 특히 영세 자영업자보다 전문직 자영업자들의 탈세에 대한 비판이 많습니다. 의사, 한의사, 변호사 등 전문직에 종사하는, 돈 잘 버는 자영업자들의 탈세 혹은 그들이 종사하는 사업장의 국민 연금 체납은 큰 사회 문제가 되고 있습니다.

세금 탈루자가 한둘이 아닙니다. 2019년 국세 2억 원 이상을 1년 넘게 내지 않는 고액 상습 체납자가 7천 명이 넘습니다. 그 총액이 5조 2천억 원을 넘습니다. 2014년에는 7조 원을 넘기도 했습니다. 소득과 재산이 많아 고급 주택에 살고 고급 승용차를 타고 승마와 골프를 즐기며 살아가지만, 각종 편법으로 세금을 내지 않고 피하는 고액 상습체납자를 찾아내는 일은 정부의 능력과 의지의 문제입니다. 이 문제를 해결하지 않고서 세금만 올리려고 해서는 안 될 것입니다.

국민의 공분을 사는 일은 여기에 그치지 않습니다. 특히 한국에서 최고위층인 재벌 그룹 가족들의 탈세가 큰 문제입니다. 재벌 총수 가운데 삼성의 경우 이건희가 재산을 숨기려고 다른 사람의 이름으로 4조 5,000억 원의 자금을 관리했는데, 그 과정에서 85억 5,700만 원의 세금을 포탈하고, 회사 자금 33억 원을 횡령한 일이 2008년에 밝혀졌습니다. 그 후에 숨긴 은행 계좌가 추가로 속속 밝혀지기도 했고요. 아직 밝혀내지 못한 것도 많을 것이라는 게 일반적인 견해입니다. 이에 대해 국세청이 제대로 과징금을 부과했는지에 대해 논란도 일어났고, 그동안 정부와 검찰 등은 왜 재벌, 특히 삼성에 대해서만 봐주냐는 비판도 있었습니다. 이런 상황에서 국민에게만 성실한 납세를 요구할 수는 없을 것입니다.

한편 누구나 세금을 내야 하나 똑같은 액수로 내는 것은 정의롭지 않습니다. 공평과세의 원리는 누구나 동일한 세금을 내는 데 있지 않습니다. 세금은 소득이 많은 자에게 많은 세금을 내고 소득이 적은 자에게 적은 세금을 내는 게 공평한 것입니다. 세금 100만 원이 재벌 그룹의 회장에게는 푼돈이겠지만 저소득층에게는 한 달 생활비 전부일 수 있기 때문입니다.

하지만 고소득층은 제 나름대로 불만이 많아질 수 있습니다. 사회적 책임은 헌신짝처럼 버린 채, 자신들이 낸 세금을 가져다 가난한 사람에게 바친다고 생각할 수도 있지요. 이런 반발에 편승하는 보수적인 정치 세력도 있습니다. 그러나 이들의 요구를 모두 수용해서는 복지 국가가 될 수 없습니다. 고소득층과 대기업을 등에 업고 규제 완화와 세금 인하를 주장하는 정치 세력이 권력을 쥐는 한 복지 국가로의 길은 가기 힘듭니다.

유럽 복지 국가의 경험을 살펴보면 정치 세력 간의 투쟁 결과에 따라 복지 국가의 수준이 달랐음을 확인할 수 있습니다. 사회 복지에 소극적인 정치세력이 집권했을 때 복지 혜택이 늘어나는 일은 역사상 존재하지 않았습니다. 다시 말해 사회 복지에 적극적인 정치 세력이 국가 권력을 획득하지 않고서는 복지 국가는 도달하기 어려운 과제입니다.

물론 사회 복지가 사회 불평등을 완전히 해소해주지는 않습니다. 완전하게 평등해지기는 어렵고 여전히 사회 불평등 현상은 나타날 것이라는 얘기이지요. 실제로 북유럽 국가에도 노숙인이 있습니다. 모든 나라에 부자와 가난뱅이가 있습니다.

하지만 어차피 해소될 수 없는 사회 불평등 현상이라면 그냥 이대로 놔둬야 할까요? 아니면 조금이라도 달라지는 것에 의미를 두어야 할까요? 사회 불평등 현상에 대한 가치 판단과 정책 결정은 사회와 국가의 존립 목적과도 관련이 있으니 가볍게 생각하지 않기를 바랍니다.

문화는
일상생활과
함께
성장한다

문화와
일상생활

너와 나의 연결고리! 사회를 지탱하는 부드러운 시크릿

문화를 어떻게 이해할까

문화의 의미와 속성

문화의 의미

아주 옛날에는 사람이 안 살았습니다. 그러니 문화도 없었습니다. 문화는 사람이 만든 겁니다. 영어권에서 문화를 지칭하는 'culture'는 본래 라틴어의 'colere'에서 유래합니다. 이는 '(땅이나 밭을) 경작하다', '일구다'는 의미입니다. 자연환경을 자연 그대로 두지 않고 사람의 힘으로 일구는 노력이 더해진 것이 문화입니다. 즉 자연환경의 제약을 인위적으로 극복하는 의미가 담겨 있지요.

　문화는 인간 여럿이 일궈낸 사회적 산물입니다. 그래서 자연적인 것,

선천적인 것, 유전적인 것, 본능적인 것과 다릅니다. 예를 들어 추위, 더위, 배고픔과 같은 생리적인 욕구는 문화가 아닙니다. 하지만 그것에 맞서, 옷을 만들고, 음식을 요리하고, 집을 짓는 것은 문화에 속합니다. 본능에 따른 행동도 문화가 아닙니다. 그래서 인간의 모든 행동이 문화라고 봐서는 안 됩니다. 본능적 행동은 제외되어야 한다는 것이죠. 문화는 이처럼 자연적인 것, 본능적인 것과 구별되는 속성이 있습니다. 요컨대 인간이 사회를 인위적으로 만들었듯이 문화도 인위적입니다.

이런 문화 개념은 좁은 의미로 보는 경우가 있고, 넓은 의미로 해석할 때도 있습니다. 먼저 좁은 의미의 문화 개념을 알아보겠습니다. 문화의 어원에서 살펴봤듯이 인간의 노력으로 척박한 황무지를 비옥한 농업용 토지로 만들어내는 게 문화입니다. 인류 역사에는 황무지와 같은 세계가 있었죠. 미개와 야만의 세계입니다. 흔히 원시 부족 사회를 지칭합니다. 이를 계몽되고 발전된 형태의 문명으로 일궈낸 게 문화입니다. 여기서 문화는 문명을 지칭하죠.

한편 상류 엘리트층은 평범한 사람들의 일상생활도 문화와 동떨어진, 미개한 것으로 생각했습니다. 교양 없는 것으로 업신여기는 것이지요. 이런 것은 문화로 취급하지 않았습니다. 이처럼 문화는 일상생활과 다른 고급스럽고 세련되고 교양 있고 예술적이고 우수하고 수준 높은 것을 뜻하게 됩니다.

문화인, 문화 민족, 문화 시민의 문화생활이라고 하면 어떤가요? 움츠린 어깨가 펴지고 으쓱해지는 느낌이 들지요? 신문의 문화면이나 TV의 문화계 소식에서 사용하는 문화도 마찬가지입니다. 신문이나 TV의 문화계 소식은 온통 미술, 음악, 문학 등 예술에 관한 내용으로 가득하지요. 이와 같은 문화는 좁은 의미의 문화입니다.

좁은 의미로 문화를 이해하는 태도는 배타적 성격을 지닙니다. 원시 부족 사회의 문화를 문화가 아닌 미개와 야만으로 표현하여 문화권에서 배제하려는 것입니다. 상류층이 하층의 문화를 무시하는 것도 같은 태도입니다. 선진국이 후진국의 문화를 배제할 때 혹은 상류층이 하류층의 문화를 배제할 때, 선진국이나 상류층은 좁은 의미의 문화 개념을 사용합니다. 선진국은 자신들의 문화만을 문화라 지칭하고 상류층도 자신들 계층만의 문화를 문화라 지칭하면서 '구별 짓기'에 나서는 것입니다. 고상하고 우월한 위치에 있고 싶은 바람을 문화의 개념에 집어넣은 것이죠. 이처럼 문화라는 개념 속에는 인위적인 의지와 의도가 담겨 있습니다.

그런데 점차 문화는 다양한 사회·문화 현상과 관련되어 넓게 사용되었습니다. 특히 문화 인류학에서 문화는 포괄적인 의미로 정의되었습니다. 영국의 문화 인류학자 타일러(Tylor, E.B.)는 "문화란 지식, 신앙, 예술, 법률, 도덕, 풍속 등 사회의 구성원으로 인간이 획득한 능력과 습관의 총체"라고 정의했습니다. 총체는 복합적인 전체를 의미합니다. 평범한 사람들의 일상생활도 문화에 포함해야 할 것으로 생각했던 것입니다. 쉽게 말해 문화는 의식주, 사고방식, 가치관 등 인간의 모든 생활양식입니다.

본래 '일궈내다'의 의미를 통해 설명하면, 생활양식의 복합적인 전체를 특정한 사람이 아닌 모든 인간이 일궈낸 것입니다. 문화를 생활양식 그 자체로 보면 확실히 개념이 넓어지지요. 생활양식에는 어디 세련된 것만 있나요. 평범한 사람들의 사소하고 구질구질해 보이는 것에도 삶의 지혜가 담겨 있습니다. 인간의 삶에서는 소중한 것으로 문화에 포함할 수 있어야겠죠. 이처럼 문화는 단순히 정신적이거나 예술 활동에 국한되는 것이 아니라 주어진 자연환경에 적응하는 가운데 축적한 지혜와 그에 따른 산물들을 통틀어 지칭하는 개념이라고 할 수 있습니다. 사회적 측면에서 볼 때 어떤 문화가 더 우월하다고 판단할 수 없을 것입니다. 그래서 일반적으로 사회학에서는 넓은 의미의 문화 개념을 사용합니다.

넓은 의미의 문화 개념은 포괄적 성격을 지닙니다. 특정 시대, 특정 국가, 특정 계층만의 소유물로 여기는 문화 개념에 반기를 드는 것입니다. 고상한 곳에서 아래를 내려볼 때 허접해 보이는 것이라도 그것은 제 나름대로 생활의 지혜가 담긴 훌륭한 자산이라는 것입니다. 문화 개념의 민주화라고나 할까요. 지배계층이 독점하던 문화 개념을 모든 인류에게로 가져온 것이 넓은 의미의 문화입니다.

좁은 의미의 문화와 넓은 의미의 문화로 문화를 분류할 때처럼 문화라는 개념을 둘러싼 서로 다른 입장을 읽을 수 있습니다. 앞으로 우리는 전체문화, 하위문화, 주류문화, 비주류문화, 대중문화, 고급문화, 저급문화 등 다양한 명칭의 문화를 말하게 될 것입니다. 이처럼 문화와 관련된 개념이 다양할 수밖에 없는 것은 문화가 엄청나게 광범위한 사회적 관계 속에서 사용되어왔기 때문입니다. 그런 개념들은 문화를 둘러싼 인간의 다양한 다툼과 밀접한 관련이 있습니다. 문화를 공부하면 사회의 역동적인 면모를 이해할 수 있게 될 것입니다.

문화의 속성

혼자 힘으로 살아갈 수 없었던 인간은 사회를 만들고 계속 유지하려고 인위적인 노력을 기울였습니다. 사회의 형성과 유지는 한 개인의 힘으로 될 수 있는 게 아니었습니다. 개인 간의 지속적인 상호작용으로 문화를 형성하고 그것을 다시 다음 세대로 전승했습니다. 사회는 개인들이 상호 작용하며 만들기 때문에 한 개인이 사라지더라도 사회의 수명이 끝나지 않습니다. 개인의 생애가 끝나는 동시에 사회가 사라지는 게 아니었습니다. 비록 개인의 삶이 끝나더라도 개인이 다른 사람과 함께 일궈놓은 문화는 계속되었죠. 모든 게 사회화 덕분이었습니다.

사회화는 인간이 사회 속에서 지식과 기능, 가치와 규범을 습득하여 내면화하는 과정이라고 했습니다. 사회화는 곧 사회의 문화를 습득하여 내면화하는 과정이기도 합니다. 그래서 사회화는 곧 문화화라고 할 수도 있지요. 한 사회의 문화를 수용하게 되면 사회 통합에 이를 수 있습니다. 문화는 사회 질서를 이해하는 데 중요한 개념이 됩니다.

인류의 역사를 통틀어 사회가 계속 유지되는 것은 문화의 힘이기도 합니다. 문화는 사회를 유지하려는 속성을 지니고 있었지요. 문화의 속성 자체가 사회를 유지하고 전승하도록 형성되어 있었습니다. 그럼 문화의 속성을 하나씩 꺼내보겠습니다.

첫째, 학습성입니다. 인간은 문화를 학습하여 사회를 지탱하고 전승시켰습니다. 문화의 학습성은 선천적, 유전적으로 문화를 지니고 태어나는 것이 아니라 출생 후 사회화 과정을 통해 후천적으로 문화를 습득하는 특징을 보여주는 속성입니다. 사회화와 직접 관련된 속성입니다. 사회에서 필요로 하는 지식, 기능 등을 학습하고 사회의 가치와 규범을 내면화하는 과정을 통해 문화를 익히게 됩니다. 사회 구성원으로서 필요한 지식과 기능을 습득하게 되면 개인의 사회적 행동이 변하게 됩니다. 개인이 변합니다. 문화가 변하는 게 아닙니다. 문화의 학습성을 문화의 변동성으로 오해해서는 안 됩니다. 특정 문화에 대해 낯설게 여겨지던 개인이 점차 그 문화에 대해 익숙해지는 현상은 학습 덕분입니다.

둘째, 공유성입니다. 인간은 문화를 공유하며 소통했습니다. 문화의 공유성은 문화가 개인적인 것이 아니라 한 사회의 구성원들이 공통으로 가지고 있는 생활양식이라는 의미에서 찾아볼 수 있습니다. 특정 개인이 가지고 있는 고유한 것이 아닌 다수 사회 구성원이 공유하는 규범, 가치를 사람들은 공유합니다. 사회 구성원 사이에서 발견되는 공통점은 공유성을 갖고 있다는 것을 의미합니다. 그 공통점이 일정한 형태로 모이면, 관습이나 풍습, 그리고 제도가 됩니다.

그렇게 만들어진 사회규범은 다시 사회 구성원의 사고와 행동에 구속력을 지니게 됩니다. 이렇게 공통으로 공유하는 게 없으면 집단생활을 하기 어렵습니다. 사회 구성원이 사회생활을 하면서 중구난방으로 흐를 것이기 때문입니다. 하지만 공유하는 게 같으므로 사회가 안정적으로 유지될 수 있습니다.

친구들 가운데 공유하는 게 많으면 흔히 뜻이 잘 통하는 친구라고 합니다. 이처럼 문화의 공유성은 사회 구성원 간의 원활한 소통을 돕습니다. 공유하여 동질감을 느낍니다. 그러면 갈등하지 않고 서로를 이해할 수 있게 됩니다. 그리고 나처럼 다른 사람도 행동할 것이기에 상대방의 행동을 예측할 수 있습니다. 그리고 서로에게 무엇을 기대하는지도 예측할 수 있습니다. 공유성 덕분에 사회적 혼란이 발생하지 않게 되어 안정된 상호작용을 하며 사회생활을 원활하게 이어갈 수 있습니다. 문화의 공유성은 사회 구성원 간 원활한 상호작용의 토대가 되는 것입니다.

어떤 행동이나 현상을 보고 그것이 무슨 의미인지 바로 떠올리는 사람이 있다면 그 사람은 그 사회의 문화를 공유하고 있는 덕분입니다. 다른 사회에 소속된 사람은 문화를 공유하지 않으므로 특정한 현상의 의미를 몰라 어리둥절해 할 수 있습니다. 사회 구성원은 다른 문화권에 있는 사람을 두고 그것도 모르냐고 합니다. 우리는 다 아는 사실인데 말이죠. 문화의 공유성 때문에 벌어지는 일입니다.

한 사회의 공통점이 있다면 그것은 다른 사회와의 차이점으로 나타날 것입니다. 그래서 문화의 공유성이 문화의 경계를 구분하게 됩니다. 한 사회의 특수성을 공유하므로 공유성은 서로 다른 문화 체계를 구분하는 기준이 되는 거죠. 다른 사회에서 공유하지 않는 문화를 공유하고 있으니 그 사회의 결속력을 높이는 데 중요한 역할을 하게 됩니다.

셋째, 총체성(전체성)입니다. 문화의 총체성은 문화가 여러 가지 요소들로 구성되어 있으며, 이들 각 요소는 서로 긴밀하게 연결되어 있다는 의미입니다. 인간은 다양하고 복잡한 문화 요소를 만들어왔는데, 그것들이 서로 연결되어 있으므로 부분적 요소로 단절된 게 아니라 전체로서 의미를 지니는 게 문화라는 것입니다.

문화를 구성하는 요소는 매우 다양하고 광범위합니다. 문화 요소에는 우리가 보고 만질 수 있는 물질이나 그것을 제작하고 사용하는 기술과 같은 물질문화의 요소가 있습니다. 그뿐만 아니라 언어, 지식, 가치관, 신념 그리고 그것을 반영한 각종 규범, 제도와 같이 비물질문화의 요소도 있습니다. 한 가지 더 강조하여 말하자면 기술은 물질과 직접 연계되어 물질문화이고, 사회규범과 제도는 사회 구성원의 가치관을 반영한 비물질문화라는 것을 잊지 말기 바랍니다. 문화는 이러한 구성 요소들의 총체입니다.

문화는 여러 구성 요소가 연결된 체제로서 존재하므로 한 부분에서의 변동이 다른 부분으로의 연쇄적인 변동을 초래합니다. 예를 들어 자연환경의 기후 요인도 인간 문화와 연결되어 있습니다. 문화를 구성하는 다양한 요소들이 기후 요인 때문에 다양하게 서로 영향을 주고받으며 그 기후에 맞는 의식주 문화가 만들어집니다. 기후에 따라 재배 작물이 다르므로 시장에서 거래되는 상품이 다릅니다. 기후가 경제생활에 영향을 미치는 것입니다. 기후는 경제생활뿐만 아니라 종교에도 영향을 미치지요. 예를 들어 이슬람교에서는 돼지고기 섭취를 금지하는 규율이 있는데 이것이 기후환경과 관련되어 있습니다. 이슬람교가 발달한 서남아시아 지역에서는 고온 건조한 사막 기후로 돼지를 키우기 쉽지 않아 전략적으로 돼지고기에 대한 혐오 의식을 발달시키며 문화적으로 대응하게 되고 이것이 종교에도 영향을 미쳤던 것입니다.

한편 오늘날에는 과학기술의 발달이 연쇄적인 문화 변동의 중요한 요인이 되고 있습니다. 예를 들어 인터넷의 발달이 상거래 방식, 의사전달

방식, 근무 형태 등에 영향을 주어 전자상거래, 전자 우편(이메일) 이용, 재택근무 활성화 등의 문화가 만들어졌습니다. 정보 통신 기술의 발달 때문에 가족 간 대화 문화가 달라지고 기업에서 업무 처리 문화가 달라졌습니다.

정치에서 선거문화도 달라졌지요. 유권자들은 실시간으로 서로의 선거 참여를 독려하고, 투표 참여 사진을 올리는 등의 활동을 통해 새로운 투표 문화를 만들어냈습니다. 스마트폰과 누리 소통망(SNS)이 대중화되고, 양자 간 결합이라는 새로운 의사소통 방식이 나타나면서 이런 새로운 정치문화가 만들어진 것입니다. 이처럼 물질문화와 비물질문화의 연결 관계를 설명할 때도 문화의 총체성이 관련되어 있습니다. 문화의 총체성은 문화 요소 서로가 영향을 주고받는 관계라는 것을 보여줍니다.

넷째, 변동성과 축적성입니다. 인간은 자신의 경험을 쌓고 또 쌓으며 변화를 모색해왔습니다. 세상에 변하지 않는 것은 없습니다. 문화도 변합니다. 이것이 문화의 변동성입니다. 박물관에 가보면 조상들의 의식주가 현대를 살아가는 우리의 그것과는 매우 다르다는 것을 알 수 있습니다. 시간의 흐름에 따라 문화가 달라집니다. 문화의 변동성을 이해하는 것은 어려운 일이 아닙니다. 과거에서 현재로 본래 모습 그대로의 문화를 계승하는 게 아닙니다.

문화 변동은 사회 내부에서 새로운 내용이 더해지거나 외부의 문화 요소가 유입되면서 이뤄집니다. 또한 문화의 변동 과정에서 이전 세대로부터 물려받아 그것에 기초하여 새로운 내용이 쌓여갑니다. 이것을 문화의 축적성이라고 합니다. 문화의 축적성 덕분에 문화가 발전하게 됩니다.

문화 발전은 문화의 풍부화로 설명될 수 있습니다. 문화의 축적성 덕분에 새로운 문화 요소가 추가되어 점점 풍부해짐으로써 문화 발전을 말할 수 있게 됩니다. 그런데 기존의 문화가 흩어지면 문화는 축적될 수 없습니다. 인간은 언어와 문자를 활용하여 기록을 남겼기 때문에 문화가 흩어지지 않았고, 전승될 수 있었습니다. 문화가 전승되면서 시간이 흐를

수록 문화는 더욱 풍부해졌죠.

문화의 풍부함은 문화의 다양성과 복잡화로 얘기할 수도 있습니다. 문화 전승을 통해 새로운 지식과 생활양식이 축적되어 재창조될 수 있었고 그리하여 문화는 복잡하고 다양해졌다고 할 수 있습니다. 김치 담그는 문화도 마찬가지입니다. 오늘날 우리가 먹는 김치는 과거의 그 김치가 아닙니다. 과거의 김치는 백김치가 주된 것이었으나 고춧가루가 유입되면서 붉은 김치로 더욱 맛깔스러워졌지요. 그리고 김치 담그는 방식도 다양합니다. 지역별로 김치에 특산물을 넣는 다양한 노하우가 축적되고 전승되면서 현대의 한국인은 과거보다 훨씬 풍부한 김치 문화를 즐기고 있습니다.

축적성과 변동성은 오랜 시간의 변화를 포함하여 여러 세대를 아우르고 있습니다. 여기에 총체성이 함께 맞물릴 수 있습니다. 문화 요소들이 상호 유기적으로 결합하여 시간의 경과에 따라 이전과 다른 모습으로 문화가 변동하기도 합니다. 그리고 그 변동된 문화가 학습되고 사회 구성원 간에 공유되었습니다. 이런 문화의 속성 때문에 인류의 발달은 곧 문화의 발달로 말할 수 있을 것입니다.

문화를
바라보는 관점

2

총체론적
관점

총체론적 관점에서 문화를 보려면 문화의 속성으로 총체성을 다시 언급해야겠습니다. 인간의 문화는 물질적인 것에서부터 관념 및 제도적인 것에 이르기까지 다양한 요소로 구성되어 있으며 서로 연관되어 있습니다. 특정한 문화 요소를 다른 문화 요소와 관련짓지 않으면 이해하기 어려운 경우가 많습니다.

예를 들어 힌두교를 믿는 인도인들은 굶주려도 소를 잡아먹지 않습니다. 이러한 인도의 식문화를 이해하려면 인도의 농업경제와 일상생활, 그리고 종교와의 연관성을 이해해야 합니다. 벼농사를 주로 하는 이 지역에서 소는 훌륭한 노동력을 제공해주고, 소의 배설물은 거름과 연료로 활용할 수 있습니다. 따라서 인도 경제에서는 소를 식량으로 소비하는 것을 금지하거나 금기시할 필요가 있었고, 이것이 암소 숭배로 나타났습니다. 소에 종교적인 의미가 부여되어 성스러운 존재가 되었던 것입니다. 인도의 식문화는 농업경제, 일상생활 그리고 종교가 모두 관련되어 있는 것이지요.

따라서 특정한 문화 요소를 이해하려면 이것이 다른 문화 요소들과 맺는 연관성을 파악하여 전체적인 맥락에서 종합적으로 살펴봐야 합니다. 이를 총체론적 관점이라고 합니다. 문화 요소 간의 유기적 관계에 초점을 둔 관점이라고 할 수 있습니다. 그래서 문화 현상을 부분적인 측면에서만 이해하는 시각은 문화의 전체적인 연관성을 이해하지 못한, 제한된 이해라고 할 수 있습니다. 문화를 제대로 이해하려면 총체론적 관점이 필요한 것입니다.

나아가 문화의 총체성에서 비롯된 총체론적 관점은 한 문화 요소의 변동이 다른 문화 요소의 연쇄적인 변동을 초래할 수 있다는 것을 파악할 수 있습니다. 문화의 전체적인 체계뿐만 아니라 연계된 변동성을 이해하여 문화의 역동적인 측면을 볼 수 있게 됩니다. 인간 생활의 다양한 연관성을 이해하려면 총체론적인 접근이 필요한 것입니다.

비교론적
관점

앞에서 인도의 소 숭배 문화를 언급했습니다. 그런데 우리도 농경 생활에서 소의 노동력이 중요했지만, 인도처럼 소를 숭배하지는 않았습니다. 이처럼 인간들은 서로 비슷하면서도 다른 문화를 형성하였습니다. 그래서 인류 문화를 알면 알수록 재미있어집니다. 이렇게 서로 다른 문화 간의 공통점과 차이점을 분석하여 보편성과 특수성을 이해하려는 관점이 비교론적 관점입니다.

비교론적 관점을 이해하려면 문화의 속성 가운데 문화의 공유성을 다시 언급해야겠습니다. 문화의 공유성은 문화를 공유하는 수준이나 범위에 따라 차이가 나타납니다. 어떤 문화 요소는 인류 사회에서 언제 어디서든지 공통으로 존재합니다. 예를 들어 언어, 결혼, 가족, 종교, 예술 등은 어느 시대, 어느 곳에서나 존재했습니다. 이처럼 모든 인류가 문화를 공유하는 특성을 문화의 보편성이라고 합니다.

그런데 이러한 보편적인 문화 요소도 구체적으로 드러나는 모습이 사회마다 다르게 나타납니다. 예를 들어 각 사회에서 쓰는 언어가 다르고, 결혼 풍습이 다릅니다. 가족 제도가 다르고 종교 의식이 다르며 예술의 형태도 다릅니다. 이처럼 각 사회가 독특한 자연환경과 역사적 배경 속에서 각기 다르게 공유하며 발전시킨 문화의 속성을 문화의 특수성이라고 합니다. 문화의 특수성은 문화의 다양성을 뜻하기도 합니다. 그런데 문화는 개인적인 것과 다르므로 개인마다 다를 수 없습니다. 사회마나 다를 뿐입니다.

하지만 문화의 구체적인 모습이 다르더라도 문화의 보편성 덕분에 비교연구가 가능하게 됩니다. 문화의 보편성이라는 기반 없이 비교할 수는 없죠. 예를 들어 결혼이라는 공통 분모를 바탕으로 사회마다 다른 결혼 풍습을 비교하게 된 겁니다. 그것이 시대에 따라, 그리고 나라마다 어떻게 같고 다른지 시간과 공간의 비교를 하게 되는 겁니다.

문화를 비교할 때에는 보편성과 특수성을 모두 파악할 수 있어야 합니다. 일반적인 수준에서 문화의 보편성을 주목할 수 있고, 구체적인 수준에서 문화의 특수성 혹은 다양성을 주목할 수도 있습니다. 보편적 요소를 통해 공통점을 이해하고, 특수한 요소를 통해 차이점을 함께 비교하면 문화를 더욱 잘 이해할 수 있게 될 것입니다.

문화를 비교하면서 자기 문화의 특징을 더욱 잘 이해할 수 있습니다. 한국에서 한국 문화만 보고 있으면 그것이 어떤 특징이 있는지 잘 드러나지 않습니다. 친숙한 자기 문화를 당연하고 자연스럽게 여기기 때문일 것입니다. 그런데 다른 나라의 문화와 비교하면 다른 점을 파악하여 우리가 몰랐던 우리 문화를 더 잘 이해할 수 있지요.

그뿐만 아니라 다른 문화에 대한 이해의 폭도 넓어집니다. 다른 문화와의 비교를 통해서 다른 문화와 자기 문화가 다르지 않은 공통점을 발견하면 다른 문화를 이해할 수 있는 열린 자세를 가질 수도 있습니다. 결과적으로 문화에 대한 안목이 넓어지지요. 그래서 다른 나라를 여행하면서 문화를 비교해보라고 권유하는 것입니다. 세상을 보는 눈이 넓어지거든요.

나아가 비교론적 관점은 문화를 객관적으로 인식할 수 있도록 합니다. 자기 문화에 길들어져 있으면 주관적으로 보는 때가 많습니다. 자기 문화를 당연하게 여기어 자기 문화를 기준으로 삼게 되고, 다른 문화를 피상적으로만 알고 낯설어할 뿐만 아니라 부정적으로만 볼 수도 있습니다. 하지만 각 문화를 비교하면 서로의 문화를 객관적으로 견주어 파악할 수 있습니다. 때로는 자기 문화에 대한 깊은 성찰도 가능하지요. 그리고 피상적으로만 알고 있던 다른 문화도 객관적으로 깊이 있게 알게 됩니다. 요컨대 자기 문화는 더 명료하게 그리고 다른 문화는 더 깊이 있게 이해할 수 있습니다.

상대론적 관점

지역이나 나라에 따라 다양한 문화가 존재할 수 있으며, 각각의 문화는 그 문화가 발생한 사회적 맥락 속에서 제 나름대로 독특한 사회적 가치를 지니고 있습니다. 이러한 문화의 상대성을 이해하려는 관점이 상대론적 관점입니다. 상대론적 관점에 따르면 한 사회의 문화를 이해할 때 그 사회의 자연환경, 사회적 상황, 역사적 맥락 등을 고려해야 합니다.

앞서 인도의 소 숭배를 총체론적 관점에서 소개했는데, 이는 상대론적 관점에서도 다시 해석할 수 있습니다. 소를 숭배하는 것이 어리석고 미개한 것이 아니라 고온다습한 자연환경에서 키우기 쉬웠던 가축으로서 소는 농업경제와 일상생활에 많은 도움을 주는 만큼 그것을 보호하는 것이 중요한 사회적 가치가 되었습니다. 그러한 사회적 맥락에서 종교가 연결되어 소를 숭배하기에 이른 것이지요. 소를 숭배하는 종교가 있었기에 인도는 소를 더욱 유용하게 사용하여 생활의 안정을 꾀할 수 있었던 것입니다. 이렇게 보니 소 숭배 문화가 인도 사회에서는 나름대로 의미가 있었네요.

신기하고 재미난 일입니다. 인도뿐만 아니라 다른 나라에 여행을 가서 한국과 다른 다양한 문화를 접해보고 싶은 생각도 들 것입니다. 그러려면 먼저 여행 가방에 상대론적 관점부터 챙겨 넣어야겠습니다. 상대론적 관점은 다른 문화를 접할 기회가 많은 세계화 시대에 더욱 요구되는 관점입니다.

문화를 이해하는 태도

3

문화
상대주의

상대론적 관점은 다른 문화를 편견 없이 이해하는 데 필요합니다. 이 관점은 문화를 바라볼 때 평가가 아닌 이해의 대상으로 보는 문화 상대주의로 이어집니다. 문화 상대주의는 문화의 우열을 가리는 기준을 설정하는 일에 반대합니다. 즉 문화 간에 서열을 매겨 열등하거나 우월한 것으로 평가할 수 없다는 것이죠. 한 사회의 문화는 그 사회가 처한 자연적, 사회적 환경과 상황에 적응하는 과정에서 축적된 결과로서 모두 고유한 가치를 갖고 있습니다.

따라서 문화 상대주의는, 한 사회의 문화를 바라볼 때 외부자의 시선으로 우열을 평가하는 것이 아니라 내부자의 관점으로 타문화를 이해하는 것을 중시합니다. 문화 상대주의에 따라 각 문화의 역사적, 문화적 배경과 사회적 맥락을 고려하여 해당 문화를 이해하려고 노력할 때 다양한 문화들의 고유한 의미를 파악할 수 있습니다. 문화의 다양성 보존과 문화 공존에 이바지할 수 있다는 것이죠. 문화 상대주의는 문화의 다름을 이해하고 존중하는 태도이기 때문입니다. 어느 방송 프로그램에서 독일인들이 한국을 처음 방문했는데, 세계적으로도 유명한 독일 맥주에 길들어진 한 독일인이 한국 맥주를 먹으며 "맛이 없다"라고 하자 다른 독일인 친구가 발끈하며 말합니다. "맛이 없는 게 아니라, 맛이 다른 거라고 말해야지"라고 말이죠. 이 독일인은 미각마저도 해당 사회 구성원의 눈으로 이해하려고 했던 것입니다.

한편 문화 상대주의가 추구하는 관용적인 태도를 어디까지 허용할 수 있느냐의 논란이 일어날 수 있습니다. 인간의 존엄성을 해치는 특정 문화를 과연 문화 상대주의 관점에서 인정해줘야 하느냐는 것이죠. 해치(Hatch, E.)는 상대주의가 지닌 딜레마를 극복하는 방안으로 인도주의 원칙을 제안하였습니다. 즉 특정 문화를 자신의 문화를 기준으로 평가해서는 안 되지만, 인간 존엄이나 행복과 같은 보편적인 기준을 설정하여 평가할 수 있다고 합니다. 이러한 원칙에 따르면 조혼 풍습, 명예 살인 등은 인간의 존엄을 해치는 문화라고 할 수 있으며 이런 문화까지 문화 상대주의 입장에서 수용할 수 없다는 것입니다.

조혼 풍습은 혼인 적령기가 되지 않은 어린아이가 일찍 혼인하는 풍속입니다. 우리 문화에도 존재했던 풍습인데, 근대화가 진행되면서 악습으로 규정되고 점차 폐지되었습니다. 하지만 현대에도 세계 여러 국가에서는 조혼 풍습이 여전히 남아 있습니다. 조혼은 어린 나이에 임신과 출산의 과정을 겪기 때문에 신체적, 정신적 고통이 말로 이룰 수 없지요. 가정 폭력과 성폭력을 동반하는 때도 많고, 교육받을 기회를 박탈당하여 자신의 삶을 스스로 계획할 수 없습니다. 특히 종교적 율법이 지배하는 곳에서는 조혼한 여성이 도망가거나 이혼하려 할 경우, 곧 명예 살인이 가해지기 때문에 많은 여성이 생명의 위협을 느끼고 있습니다. 명예 살인은 집안의 명예를 내세워 살인을 명예로운 것으로 정당화하는 것입니다. 명예 살인의 사유는 다양합니다. 앞서 조혼 풍습이 있는 사회에서도 나오기도 하고, 여성이 부모의 허락 없이 남성을 사귀거나, 성폭력을 당한 경우에도 집안의 명예를 더럽혔다며 살해되기도 합니다.

공교롭게도 제시된 사례가 가부장적 남성 중심의 사회에서의 여성 억압적 행태입니다. 위와 같은 문화도 문화 상대주의의 관점으로 관용을 베풀게 되면 인류 사회의 보편적 가치인 인권을 침해할 수 있습니다. 자칫 문화의 특수성에 대한 지나친 옹호가 보편적 가치의 존재를 부정할 수 있습니다. 극단적 문화 상대주의는 인간의 존엄성 훼손이라는 부정적인 결과를 낳을 수 있습니다.

문화 상대주의는 모든 문화를 자연환경 및 사회·역사적 배경 속에서 이해하고 존중하자는 의미이지, 비인간적인 문화까지도 용인하고 보호하자는 건 아닙니다. 따라서 모든 문화를 무조건 제 나름대로 존중하자는 주장은 극단적 문화 상대주의로서 바람직한 태도는 아닐 것입니다.

그런데 이러한 입장이 명확하게 정리되기 어려운 점이 있습니다. 인도주의 원칙이라는 기준이 모호하기 때문입니다. 인도주의 원칙도 문화를 평가하고 비인간적인 문화는 고치도록 개입하는 것인데 그게 정당한 것인지 여전히 논란이 됩니다. 인도주의 원칙에 따를 때 인도주의의 적용 범위를 어디까지 적용할지 문제입니다. 인도주의라는 시각이 명료하진 않습니다. 인도주의는 쉽게 말해서, 차마 인간으로서 해서는 안 될 것을 거르자는 것인데, 이럴 때 걸러내야 할 것이 얼마나 많은가요?

예를 들면 사형 제도를 용인하는 문화나 낙태를 허용하는 문화는 문화 상대주의의 관점에서 수용할 수 있을까요? 일반적으로는 그렇다고 말하는 사람이 많습니다. 그럼 인도주의 관점에서 다시 물어보죠. 과연 인간이 인간의 생명을 거두는 행동이 인간으로서 해도 될 만한 일인가요, 아니면 차마 인간으로서 해서는 안 될 끔찍한 일인가요? 인간의 도리라는 게 과연 무엇인가요? 인도주의의 적절한 선이 어디일지 모호합니다. 논란이 많은 만큼 더욱 신중하게 판단해야 합니다.

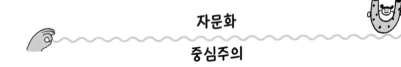

자문화 중심주의

세상에는 본인이 가장 잘난 줄 알고 남을 무시하는 사람이 있습니다. 사실 잘난 것도 없으면서 말이죠. 사회집단에서도 그럴 때가 있습니다.

비서양 사회에 대해 서양 중심적으로, 유색인종에 대해 백인 중심으로, 이슬람을 포함하여 비기독교 사회에 대해 기독교 중심적으로 판단하는 경향이 서구 사회에 널리 퍼져 있습니다. 자신의 문화를 바람직하거나 발전한 것 혹은 옳은 것으로 간주하고, 그것을 기준으로 다른 문화를 평가하는 태도를 보이는 겁니다. 이런 태도를 자문화 중심주의라고 합니다.

자문화 중심주의는 자기 문화를 중심부로 놓고 일반화하려는 경향이 강합니다. 그래서 다른 문화는 일반적인 문화에서 이탈한, 주변의 것으로 취급하기 쉽지요. 문화의 상대성을 부정하는 것이죠.

자문화 중심주의는 일단 자국의 문화를 유지하는 데 이바지할 수 있습니다. 같은 문화를 공유하는 자신들끼리는 소속감이나 자부심을 높여 문화적 주체성과 집단 내 일체감을 강화하는 데 유용합니다. 하지만 자국 문화 발전에 꼭 도움이 된다고 볼 수는 없습니다. 우쭐함이 지나쳐 자기 문화에 도취되고, 자기 문화에 대한 비판적인 성찰을 할 기회를 놓치기 때문입니다. 자문화 중심주의에 빠져 있으면 결국 자문화의 발전 가능성도 줄어들 수 있습니다.

자문화 중심주의의 자기 문화 보호 기능이 외부의 침략에 맞설 때에는 바람직해 보이기도 합니다. 외세의 위협을 받는 국가나 민족에게 자문화 중심주의는 일체감과 저항의식을 다지는 원동력이 됩니다. 외국 세력을 서양 오랑캐로 낮춰 보고 척화비를 세웠던 흥선대원군의 정치적 태도도 자문화 중심주의로 해석할 수 있습니다. 하지만 자문화 중심주의가 때에 따라서는 자기 문화의 정체성 보존에 집착하여 국제적 고립을 자초할 수도 있습니다. 자기 문화의 우수성을 고집하면서 다른 문화를 배척하기에 문화적 폐쇄성을 초래하기 때문입니다.

자문화 중심주의를 긍정적으로 보려고 해도 사실 역사적으로 자문화 중심주의는 자기 문화를 지키는 긍정성보다 다른 나라 문화를 파괴하는 부정적인 면이 더 많았습니다. 자문화 중심주의는 대개 편견을 바탕으로 다른 문화를 무시하고 차별하여 갈등을 유발하기 때문입니다.

자문화 중심주의는 제국주의 침략의 정신적 토대를 제공했습니다. 대항해 시대에 소위 '지리상의 발견'이라는 이름으로 아시아, 아프리카, 아메리카 대륙의 원주민 사회를 침략했던 역사적 기록에는 유럽인들의 자문화 중심주의적 사고를 파악할 수 있습니다. 그들은 문화의 발전 단계를 야만, 미개, 문명 단계로 구분하고, 자신들은 문명 세계에 있는 반면 비서구 사회는 열등하고 미개한 것으로 보았습니다. 유럽인들은 자문화 중심주의적 사고에 기초하여 자신의 문화를 다른 지역에 이식하려 했습니다. 그러면서 열등한 민족의 문화를 계몽한다는, 번지르르한 명분을 내세워 식민 지배를 정당화했죠. 정당화란 정당하지 않은 것을 정당한 것처럼 포장하는 것입니다. 미개함을 계몽한다는 미명 아래 무고하게 희생당한 비유럽인의 주검 앞에 문명에 대한 자기애가 면죄부로 인정받을 수 있는 것인지 의문입니다.

백인들의 자문화 중심주의적 사고는 결국에 그들 백인 사회도 분열시키며 계속된 비극을 낳았습니다. 독일 나치즘에 나타난 게르만족 우월주의가 대표적인 사례입니다. 그들은 국수주의(國粹主義)로 나아갔습니다. 국수주의의 수(粹)가 순수할 수입니다. 국가의 구성에서 순수 혈통을 강조하는 말입니다. 영어로는 ultra-nationalism입니다. 울트라, 그러니까 아주 강력한 민족주의입니다. 국수주의는 혈통주의적 속성과 자기 민족만의 우월성을 강조하여 유대인의 학살과 세계 정복을 위한 세계대전이라는 인류 역사에서 가장 끔찍한 비극을 낳았습니다.

　자문화 중심주의의 비극은 백인종 사회에만 나타난 건 아니었습니다. 일제도 군국주의를 바탕으로 두고 아시아 국가를 침략하는데, 자문화 중심주의에 빠져 있었죠. 그 전에 중국은 어떤가요? 중국의 중화사상은 세상의 중심이 자신들, 중국이라고 주장하는 사상이죠. 다른 국가들을 오랑캐로 비하하며 멸시하고 침략하고 복종을 강요했지요. 이처럼 인류의 역사를 황폐하게 만든 파멸적 갈등과 전쟁은 모두 자문화 중심주의에서 시작했습니다.

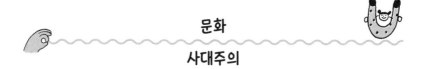

문화 사대주의

세상에는 자기만 잘난 줄 아는 사람만 있는 게 아니라 자기가 가장 못난 줄 알고 살아가는 사람도 있습니다. 사회집단이나 문화권도 마찬가지입니다. 문화 사대주의에 젖어 있는 집단이 그러하지요.

　자문화 중심주의와 반대로 문화 사대주의는 자신이 속한 문화가 다른 집단의 문화보다 열등하다고 생각하고, 다른 문화를 무조건 추종하는 태도를 말합니다. 문화 사대주의에 빠진 사람들은 자기 문화를 부끄러워합니다. 자기 문화의 사회적 가치를 인정하지 않지요. 단지 버려야 할 것 혹은 벗어나야 할 것으로 생각합니다. 그리고 자신이 버려 비워버린 문화 영역에 다른 나라의 문화로 채우려 하지요. 그래서 외래 문화를 수용하는 데 용이할 수 있습니다. 하지만 자기 문화의 주체성과 정체성을 상실하고 전통문화가 발전하지 못하게 만듭니다. 그렇다고 다른 문화를 제대로 이해하는 것도 아닙니다. 그 이유는 다른 문화에 대한 맹목적 추종 때문에 다른 문화의 총체적인 이해를 하지 못하고, 좋아하는 면만 보고 판단하는 왜곡된 이해를 하기 때문입니다. 그것은 다른 문화를 바르게 이해한 것이라고 볼 수 없습니다.

문화 사대주의는 한국의 역사에서 쉽게 찾아볼 수 있습니다. 조선 시대 사대부들의 중국문화 숭배가 대표적인 사례입니다. 이후 식민지 경험을 거치면서 우리 사회의 문화 사대주의는 대상을 바꾸어가며 계속됩니다. 일제 강점기의 친일파 행적, 해방 이후 미국에 대한 사대주의가 그 대표적인 사례입니다. 한국의 국민이면서 한국을 천시하고 일본과 미국을 추종하는 사람들은 아직도 주변에서 어렵지 않게 볼 수 있지요.

문화 사대주의자들은 추종하는 외국 문화에 흠뻑 빠져 있으므로 당연히 문화 사대주의만으로 문화적 마찰이 일어나지는 않습니다. 문화적 마찰은 자기 문화의 주체성을 지키려는 사람에게나 생길 수 있는 것입니다. 문화 사대주의는 마찰이 없는 굴욕의 태도, 그 자체입니다.

문화 사대주의자들은 마찰 대신 굴종의 삶을 선택합니다. 자국의 국익이 걸린 갈등이 있을 때에는 오히려 숭배하던 그 나라의 입장에서 그 나라의 요구를 수용해야 한다는 주장도 서슴없이 합니다. 심지어 국가의 주권마저 내놓을 듯한 태세를 보이는 때도 있지요.

문화 절대주의
비판

문화 상대주의와 대비되는 개념으로 문화 절대주의가 있습니다. 문화를 평가하는 데 절대적 기준이 있다고 보는 것이지요. 특정 사회의 문화를 기준으로 다른 문화를 평가할 수 있다고 보는 입장입니다. 이 경우 문화를 이해가 아닌 평가의 대상으로 봅니다. 절대적 기준으로 평가하여 우열을 가리는 겁니다.

자기 문화를 절대적으로 우월한 평가 기준으로 보는 자문화 중심주의와 다른 문화를 절대적으로 우월한 평가 기준으로 보고 우러러보는 문화 사대주의는 모두 문화 절대주의에 젖어 있다고 할 수 있습니다. 이들은 문화를 문명과 동일시하면서 문화 발전의 차이를 인정하는 진화론적 관점과도 관련되어 있습니다. 문화는 발전해나가는 데 자신의 문화가 매우 발전된 지점에 있다고 보는 게 자문화 중심주의입니다. 반면 다른 사회의 문화는 우월하고 자신의 문화가 매우 형편없는 수준에 있다고 보는 게 문화 사대주의입니다. 다시 말해 진화의 선 위에 어느 한 지점을 절대적인 지점으로 찍는 태도라고 할 수 있습니다.

이처럼 절대적 구분선으로 문화의 경계를 구분하는 태도는 어느 문화를 기준으로 다른 문화를 평가하려는 행위로서 정치적, 경제적 힘이 반영된 것입니다. 국제 관계에서 정치적, 경제적 힘이 문화의 우열에 영향을 미치고는 합니다. 물론 그 힘이 강하다고 해서 자문화 중심주의에 빠지는 건 아니고 그 힘이 약하더라도 자문화 중심주의에 빠질 수 있지만,

대체로 정치적, 경제적 힘이 우월하면 자문화 중심주의에 빠질 위험도 커집니다. 문화 사대주의도 자기 문화의 정치적, 경제적 힘이 약하다는 인식을 바탕으로 힘이 강한 선진 문화를 추종하는 경향이 있습니다. 이처럼 문화 사대주의와 자문화 중심주의는 모두 문화권 혹은 국가 간의 정치적, 경제적 힘이 관련되어 있습니다.

다시 말해 문화 사대주의와 자문화 중심주의는 모두 힘 있는 강자를 따라가는 겁니다. 문화에 대한 이해 방식이 힘을 좇으면 힘의 논리에 압도되어 부당한 일을 저지르게 됩니다. 힘에 따라 기회주의자가 되거나, 스스로 힘 있는 자가 되려 합니다. 어느 길을 가더라도 힘이 있는 곳에 억압이 있고, 억압이 있는 곳에 부당함이 있습니다.

문화 사대주의자들은 힘 있는 다른 문화권의 사상을 내면화합니다. 자신의 문화를 열등한 것으로 낮게 보는 데 그치지 않고, 숭배하던 문화권의 사고방식을 내면 깊숙이 받아들입니다. 그리고 그것을 모르는 국내의 일반 사람들을 촌스럽게 여기지요. 이런 것도 모르냐며 혀끝을 차는 모습을 보이지요. 자신의 본래 기반이 되던 문화권을 부정하고 탈피하여 자신과 더불어 살던 사람들을 하찮게 여기게 됩니다. 그렇게 서구의 시각으로 자신의 문화를 내려보면서 자신이 속한 사회에 대한 지배의 욕망을 드러내기도 합니다. 그 지배의 욕망은 문화 제국주의의 속성입니다. 이때부터 그 사람은 자기 문화의 사람이 아닙니다. 자신의 문화를 지배하던 제국주의자의 모습 그대로입니다.

문화 사대주의에 길들어진 사람들은 숭배했던 문화를 추종하면서 문화 제국주의의 야욕조차 내면화합니다. 서구 세력이 자문화 중심주의에 빠져 있었듯이 그 방식과 관점 그대로 우리도 자문화 중심주의적 시각에서 우리보다 경제적으로 낙후된 사회의 문화를 내려다봅니다. 한국보다 경제적으로 덜 발전한 국가의 문화에 대해 하대하는 한국인의 내면에는 그동안 문화 사대주의에 바탕을 두고 추종해왔던 것을 다시 문화 제국주의로 갈아타고 있는 모습이 들어 있습니다. 백인의 가면을 쓴 한국인은 백인 문화권의 국가가 약소국을 지배했던 것처럼 한국에 이주한 저개발국 출신의 노동자를 지배하려는 것일 수 있지요.

일본 제국주의의 가면을 쓴 한국인은 또 어떻습니까? 박정희 정권과 박근혜 정부에서 일본 정부의 진심 어린 사과 없이 일본과 야합한 정치사회 세력이 바로 그들이죠. 한국의 보수 우익 세력은 일본 제국주의를 내면화하여 일본의 보수 우익 세력을 많이 닮아갔습니다. 그들은 일본 제국주의의 입장에서 일제 강점기에 희생당한 우리 민중, 강제징용자나 위안부 할머니의 고통을 외면하고 되레 짓밟고 있지요.

사회학을 공부할수록 씁쓸함을 느끼는 일도 늘어납니다. 하지만 사회학 공부는 사회학 개념을 이해하고 암기하는 데 목적을 둬서는 안 됩니다. 상상만으로도 아찔한 우리 사회 내부의 모순에 날카로운 비수를 들이대어 그 모순을 자꾸 드러내야 합니다. 그렇게 평범한 일상 속에 묻혀 미처 생각하지 못했던 문제도 꿰뚫어 보고, 그러한 성찰로 드러난 부끄러움은 다시 우리의 몫으로 새기며 극복하는 자세를 가져야 합니다. 여러분도 '우리 안의 문화 제국주의'를 이대로 놔둬도 괜찮은지 더 깊이 생각해보기를 바랍니다.

하위문화에 대한 이해

하위문화의 의미와 유형

문화를 넓은 의미에서 인간 집단이 만들어낸 모든 생활양식이라 할 때 그 생활양식을 공유하는 크고 작은 집단, 지역, 세대, 계층 등에 따라 문화는 엄청나게 다양하게 구분될 수 있습니다.

인간이라면 모두 문화를 공유합니다. 그런데 국가마다 문화가 다르지요. 한국 사람이라면 한국 문화를 공유합니다. 한국 문화는 한국인이 공유한 문화입니다. 이처럼 문화에 따라 사회 혹은 집단이 구분됩니다. 그런데 한 사회에서도 다양한 집단들이 있고 각 집단은 독특한 자기 문화를 공유합니다. 세부적으로 집단을 분류하면 한국 사람이더라도 거주 지역, 연령대, 계층 등에 따라 공유하는 문화에 차이가 있을 수 있습니다.

문화의 차이는 공유하는 것이 다르다는 얘기입니다. 한 국가의 국민이 공유할 수 있는 문화가 있고 국가 내의 특정 사회집단 구성원만이 공유하는 문화가 있습니다. 이처럼 한 사회 구성원이 전반적으로 공유하는 문화를 전체문화라고 하며, 전체문화를 공유하면서도 한 사회 내의 일부 구성원끼리 독특하게 공유하는 문화를 하위문화라고 합니다.

여기서 전체와 부분의 구분은 상대적입니다. 예를 들어 한국 문화를 전체문화로 보면 청소년 문화는 하위문화입니다. 하지만 청소년 안에는 학교에 다니는 청소년과 학교에 다니지 않는 청소년의 문화가 있습니다. 이들 문화를 각각 하위문화로 보면 청소년 문화는 전체문화의 성격을 지닐 수 있습니다. 이렇게 전체문화와 하위문화의 관계는 상대적입니다.

그런데 하위(下位)문화라는 의미는 학생들이 이해하기 어려운 용어일 수 있습니다. 하위가 있으면 대비되는 개념으로 상위(上位)라는 용어가 단번에 떠오를 겁니다. 그래서 학생들이 흔히 잘못 알고 있는 것이 하위문화를 하층의 문화라고 생각하는 것입니다. 그러면서 저급한 문화 혹은 열등한 문화로 연이어 오해하기도 하지요. 그런데 문화를 상위와 하위로 구분하면 문화의 우열을 나타내는 것처럼 보입니다. 사회적으로 이런 문화의 우열 관계를 설정하면 적절하지 않아 보입니다. 게다가 상위문화라는 개념은 사용하지 않습니다.

하위문화라는 개념을 처음 들었을 때 하위라는 단어 때문에 바로 이해하기 힘들 것입니다. 하위문화의 영어식 표현은 sub-culture입니다.

여기서 'sub'는 subway(지하철)처럼 '아래', '지하'라는 의미도 있지만, subset(부분집합)처럼 '작은 부분'을 의미하기도 합니다. 그래서 subculture는 부분문화를 의미합니다. 그래서 하위문화는 전체문화의 부분문화입니다. 물론 사회 하층의 문화는 하위문화입니다. 하지만 하위문화는 사회 하층의 문화라고만 생각하면 안 됩니다.

상류층들도 사회 전체와 어울리지 않는 그들만의 문화를 공유할 때 하위문화가 될 수 있습니다. 상위문화라는 말은 없지만, 상류층의 문화는 있습니다. 상류층만이 공유하는 문화는 또 하나의 하위문화입니다. 프랑스 사회학자 부르디외(Bourdieu, P.)에 따르면, 지배계급은 자신들만의 문화를 공유하면서 다른 계층과 다른 문화를 향유한다고 합니다. 예를 들어 일부 엘리트층은 발레나 클래식 음악에 대한 취향을 개발하여 자기들만의 취향의 동질성을 형성하고, 발레와 클래식을 모르는 다른 집단과 구별 짓습니다. 이는 결과적으로 동일한 사회 계층에 속한 사람들에게 다른 계층과는 다른 독특한 하위문화를 형성하게 합니다. 상류층 문화도 전체문화의 부분문화입니다.

하위문화는 의미상 부분문화를 뜻하는데 하위문화라는 개념을 일반적으로 사용하고 있어 학생들은 혼란스러워합니다. 개념을 부분문화로 통일하여 사용하면 좋겠지만, 하위문화를 일반적으로 사용하므로 이 글에서도 하위문화를 사용하겠습니다. 하지만 그 의미는 부분문화라는 것을 잊지 않기 바랍니다.

하위문화는 그 문화를 공유하는 기준에 따라 다양합니다. 가장 대표적인 것으로 특정 지역의 독특한 풍습과 언어가 지역 구성원 사이에서 공유되는 지역 문화와, 비슷한 연령대의 사람들 사이에서 공유되는 세대 문화를 생각해볼 수 있습니다.

하나의 지역 공간은 그곳만의 독특한 문화를 낳습니다. 지역 공간은 다른 지역과 다른 문화적 차이를 보여줍니다. 그 이유는 지역마다 자연환경이 다르며 언어, 음식, 가옥 등 사회적 환경이 다르기 때문입니다. 이때 다른 지역과 구분되는 특정 지역에 거주하는 주민이 공유하는 생활양식을 지역 문화라고 합니다.

지역 문화는 그 지역 주민의 유대감과 자부심을 높이고 정신적인 위안을 줄 수 있습니다. 지역별 자연환경과 특산물, 풍습 등을 살린 다양한 지역 문화 축제에서 볼 수 있듯이 한 국가의 문화적 다양성을 보존하는 데에도 이바지합니다. 하지만 지역 간 특성이 강조되면 지역감정이 나타나고 이것이 정치적, 경제적 차이와 연결되면 그 적대적 감정의 폭이 증가할 수 있습니다.

그런데 오늘날에는 그나마 남아 있던 특색 있는 지역 문화도 점차 사라지고 동질화되는 경향이 있습니다. 지역 문화는 본래 자연환경의 영향을 많이 받아 형성되었는데 과학기술, 특히 교통·통신기술의 발달로 자연환경이 문화에 미치는 영향은 매우 적어졌습니다. 교통·통신기술의 발달 때문에 도시 문화가 지역에 침투하여 동일한 문화를 확산시켰습니다. 그리고 지역의 특색 있는 문화는 상품화되어 지역 주민의 생활양식과는 상관없는 상품 그 자체로만 남아 소비될 뿐입니다. 상품화된 지역 문화는 지역 주민이 돈을 주고 사서 공유하게 되었고, 상품성이 떨어지는 지역 문화는 가치를 잃고 자취마저 감춘 지 오래되었습니다. 상품화가 지역 문화를 들었다 났다 하는 겁니다.

한편 하위문화의 다른 유형으로 세대 문화를 들 수 있습니다. 한 시대를 비슷하게 보낸 세대는 다른 세대와 다른 경험을 공유하며 하위문화를 형성할 수 있습니다. 일정한 폭의 연령층대를 의미하는 한 세대는 특정 시대라는 역사적 경험 속에서 비슷한 사고방식과 생활양식을 갖게 되는데, 이처럼 특정 세대가 공유하는 문화를 세대 문화라고 합니다.

최근에는 사회 변동의 속도가 빨라지면서 다양한 세대 문화가 등장하고 있습니다. 예전에는 사회 변동이 크지 않아 비슷한 경험을 공유하는 세대층이 두터웠습니다. 하지만 최근에는 단 몇 년 사이에도 즐기는 음악이 다르고 옷 입는 취향이 달라져, 이들 간 세대 차이가 있다는 얘기도 합니다. 심지어 중학생과 고등학생 사이에도 세대 차이, 즉 문화 격차가 있다고 하지요. 이러한 현상은 자칫 세대 간의 이질화를 심화하고 전체 사회의 문화적 통합을 저해할 수 있습니다. 따라서 다른 세대 문화의 창조적 가치를 인정하되, 지속적인 의사소통으로 포용력 있는 공감대를 만들어가는 일이 중요합니다.

세대 문화 가운데 특별히 주목하는 것은 청소년 문화입니다. 청소년 시기에 경험하는 것이 개인의 삶에 큰 영향을 미치기 때문입니다. 청소년 시기에 또래 집단을 준거 집단으로 삼아 자신들만의 독자적인 문화를 공유합니다. 그러면서 성장하죠.

그런데 세대의 문화 경험은 대중매체의 영향을 많이 받습니다. 그래서 개인의 개성보다는 상업적인 획일성이 강화되는 면도 있습니다. 지금의 기성세대도 청소년 세대와 유사하게 청소년 시절, 대중매체의 영향을 받으며 성장해왔습니다. 시대의 상징적 아이콘이 된 유명 연예인을 중심으로 조용필 세대, 서태지 세대, 아이돌 세대가 다르게 나타나지만 환호하는 대상이 다를 뿐 대중음악을 소비하고 공유한다는 점에서 크게 다르지도 않습니다. 다들 청소년 시기부터 소비 문화를 경험하며 성장했던 겁니다.

그런데 세대 문화를 다룰 때 항상 언급되는 것이 세대 차이 또는 세대 갈등입니다. 종종 대중매체에서 세대 갈등을 부각하는 것을 볼 수 있는데, 세대 갈등이 사회적으로 그렇게 중요한 갈등인지도 의문이 듭니다. 오히려 세대 갈등을 부추겨 특정 세대만의 문화적 공유를 통한 정체성 강화를 유도하고, 그것을 대중매체들이 상업적으로 이용하는 듯한 느낌마저 줍니다.

세대 문화 그리고 거기서 비롯된 세대 갈등이라는 표현을 즐겨 쓰는 게 바람직해 보이지 않습니다. 그 이유는 그 개념이 사실상 다양한 정치적, 경제적, 사회적 문제를 세대라는 개념 속에 덮어버릴 수 있기 때문입니다. 사실상 세대 문화를 이루는 세대 경험은 비슷한 세대에서 경험한 소비 경험에 토대를 두고 있습니다. 그것 이외 설명할 것이 별로 없지요. 하지만 같은 세대라 하더라도 정치적, 경제적, 사회적 경험은 큰 차이가 있습니다. 우리는 서로 다른 사람들의 정치적, 경제적, 사회적 경험을 세대를 뛰어넘어 논의할 수 있어야 합니다.

예를 들어 완전히 다른 삶을 살아간, 같은 세대가 있습니다. 한 사람은 재벌 3세의 장남 이 모 씨입니다. 그룹 내에서는 재벌 총수의 경영권을 승계할 1순위로 인정받았고, 아버지의 회사 주식을 물려받으며 곧 있을 경영 승계를 착실히 준비해갔습니다. 보유한 주식의 금전적 가치는 일반인이 상상하기 힘든 액수였습니다. 그는 평생 부족함이 무엇인지 모르며 살았죠. 그런데 그는 해외에서 마약을 흡입했습니다. 그뿐만 아니라 입국하면서 상당한 양을 밀반입하려다 적발되었습니다. 하지만 처벌은 미약했습니다. 그는 결국 집행유예로 풀려났습니다. 그의 나이 29세였습니다.

다른 한 사람은 충남 태안 화력발전소에서 일하던 비정규직 노동자 김모 씨입니다. 그는 일급 발암 물질이 포함된 석탄재를 처리하는 작업장에서 일했습니다. 어두컴컴한 발전소 안에서 컨베이어벨트 밑에 쌓인 석탄을 긁어모으는 일을 홀로 해야 했습니다. 매우 위험한 일이었지만 안전을 위한 울타리는 설치되어 있지 않았습니다. 회사 측은 위험한 일에는 정규직 직원을 배치하지 않고 외부 하청 업체의 노동자를 들여와 일을 시키는 외주화를 통해 비용을 아끼고 책임은 외면했습니다. 김모 씨는 밤샘 근무에 시달리며 작업하는 도중 컨베이어벨트에 끼여 사망했습니다. 그의 나이 24세였습니다.

여기 소개한 두 사람은 같은 20대였습니다. 재벌 3세 청년과 비정규직 청년을 같은 세대로 묶어 그들이 서로 일체감을 형성하고 있다고 말하기에는 너무 다른 생활을 했습니다. 그들을 같은 세대로 이해하는 건 아무런 의미가 없습니다. 그 둘은 같은 세대이지만 전혀 다른 삶을 살았기 때문입니다. 이처럼 세대론은 서로 다른 삶의 무게를 지워버립니다. 세대론은 사회를 이해하는 데 큰 도움이 되지 않습니다.

따라서 세대 갈등을 해결하려는 어떠한 화합 정책도 사회의 중요 문제를 해결하는 데 아무런 도움이 되지 않습니다. 세대 간 이해를 도우려는 노력의 하나로 청소년과 노인이 함께하는 어울림 한마당 축제를 벌인다고 해서 본질이 달라질 건 없습니다. 세대 갈등을 진정 해결하려면 세대를 넘어선 진정한 공유가 필요합니다.

세대를 넘어선 진정한 공유는 자기 삶의 문제를 다른 세대의 비슷한 삶의 문제와 연결할 수 있을 때 가능합니다. 예를 들어 비정규직 청년은 4050 세대의 가난한 장년, 일자리를 잃고 배회하는 노년과 함께 사회적 약자들의 연대로 묶일 수 있을 것입니다. 서로 절실했던 삶의 문제를 공유할 수 있어야 세대를 넘어 사회 통합을 이룰 수 있습니다. 이런 연대는 세대를 넘어 사회 문제를 해결할 진정한 힘이 될 수 있겠죠. 이것이야말로 삶의 본질적 문제를 해결할 뿐만 아니라 세대 갈등도 해결하는 길이라 여겨집니다.

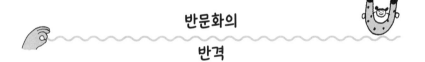

반문화의 반격

일반적으로 문화 상대주의적 관점을 올바른 문화 인식 태도로 받아들인다면 특정 문화에 대해 함부로 더 높거나 낮은 가치를 부여할 수는 없을 것입니다. 하지만 현실적으로는 모든 문화가 똑같은 가치와 권위를 인정받는 것은 아닙니다. 문화에 대한 가치와 권위의 부여 행위는 정치적입니다. 권력이 강한 집단의 문화는 강한 힘을 갖고, 약한 집단의 문화는 상대적으로 사회 내에서 소외될 수 있습니다. 정치적, 사회적 힘에 따라 주류 문화가 생겨날 수 있고, 주류에서 주변부로 밀려난 비주류 문화가 생겨날 수 있는 겁니다.

그래서 지배 집단의 문화와 피지배 집단의 문화로 나누어 문화를 분별할 수 있습니다. 흔히 사회의 지배 세력이 공유하는 하위문화를 지배 문화라 하고, 피지배층이 공유하는 하위문화를 피지배 문화라 표현합니다. 이런 대립 구도에서 문화를 둘러싼 세력 간 갈등도 일어나게 마련인데, 지배 집단에 저항하면서 생성하는 문화를 특별히 저항문화라고 표현합니다.

저항문화의 중요 속성은 저항과 거부입니다. 사회 구성원 중에는 그 사회의 기득권자 혹은 주류 구성원들의 가치와 규범인 주류 문화를 거부하는 집단이 존재하는데, 그러한 집단에서 공유되는 하위문화를 반(反)문화라고 합니다. 이런 반문화는 저항문화의 성격을 강하게 지니고 있습니다.

가장 대표적인 반문화의 예로는 1960~1970년대 미국 젊은이들 사이에서 유행하다가 유럽의 청년들에게 널리 퍼진 히피 문화를 들 수 있습니다. 히피 문화를 공유한 당시 미국 젊은이들은 머리에 꽃을 달고, 긴 머리에 수염을 덥수룩하게 기르고, 천연색의 복장에 알록달록한 장신구로 꾸미거나 검은 가죽점퍼에 오토바이를 타고 사회를 질주했습니다. 미친 것 같죠? 기성세대의 눈에도 한심하고 철없는 행동으로 보였습니다. 하지만 히피 문화를 제대로 이해하려면 사회학적 상상력을 동원하여 역사적 맥락에서 접근해봐야 합니다.

당시 미국은 베트남과 전쟁을 했습니다. 베트남 전쟁은 미국이 독립국 베트남을 침략한 전쟁으로 부도덕한 전쟁이었습니다. 하지만 당시 미국의 주류 사회 분위기는 전혀 달랐습니다. 많은 사람이 애국심에 감화되어 영웅적인 전쟁이라고 생각했습니다.

그런데 히피족들은 미국 주류 사회와 다르게 봤습니다. 베트남 전쟁을 위한 징집을 거부하며 평화를 추구했습니다. 반전 평화 운동과 결합하기도 했지요. 히피족이 머리에 꽂던 꽃은 총에 대한 반대를 상징했습니다. 그들은 기존 사회규범에 동조하지 않았죠. 국가적 요구에 부응하기보다는 개인의 자유를 추구했으며 자연과 공존하는 생활 태도를 중시했습니다. 자유를 추구하며 사회를 더욱 다양하게 보도록 요구하고 있었죠. 지배 집단의 시선으로 보면 이들은 일탈자로 보였을 것입니다. 시선이 곱지 않았던 것이죠. 하지만 이들의 자유와 평화 추구는 결국 징집제를 모병제로 바꾸는 데에도 이바지했습니다. 획일적인 사회가 점차 완화되는 계기를 히피족이 만들어냈던 겁니다.

한국의 반문화는 1980년대 대학 문화에서 도드라지게 나타납니다. 1980년대 대학 문화는 청년 세대라는 한 세대의 문화로 하위문화이지만 이들은 기존의 정치적, 경제적, 사회적 질서에 대해 저항하는 문화였습니다. 독재체제에 항거하고 지배 질서가 요구하는 가치에 따르지 않으며 자유와 평등의 민주주의, 그리고 사회적 약자의 편에 서려고 했던 문화로서 반문화의 부류라고 할 수 있습니다. 남들이 부러워하는 대학에 입학했어도 졸업 후 사회 주류의 엘리트가 되려 하기보다는 노동 현장이나 빈민촌, 농촌으로 들어가 사회의 대변혁을 추구한 이들은 기성세대가 독재체제에 순응하는 것에 반발하여 그들만의 독특한 공동체 문화를 공유했습니다. 민주화를 향한 이들의 문화적 가치가 주류 문화에 대해 저항하고 대립하면서, 끝내 민주화를 이뤄내는 데 이바지했습니다. 사회 변동이 일어났다고 볼 수 있지요.

반문화란 규정은 일반적으로 힘 있는 주류 집단이 내립니다. 주류 집단이 특정 문화를 탐탁지 않게 여기며 사용하는 용어인 겁니다. 반문화란 개념에는 지배 집단의 속내가 드러납니다. 지배 집단에겐 반문화가 눈엣가시입니다. 그런데 반문화 집단에 소속된 구성원들은 주류 집단의 눈으로 자신들이 규정되는 것을 거부하고는 합니다. 주류 집단이 반문화를 마치 비정상적인 것처럼 취급하는 데 대해 반발하죠. 본인들이 오히려 정상이라고요. 그래서 반문화의 정체성을 스스로 자랑스럽게 여길 수도 있습니다. 그러면서 주류 질서에 대한 전복을 꿈꾸기도 합니다. 그들은 자신들의 문화로 새로운 세상의 대안이 되고자 합니다.

이런 얘기를 듣고선 가슴 깊은 곳에서 뭔가 불타오르는 감정이 치솟는다고 말하는 열혈 청소년이 있습니다. 사회 변혁의 길에 동참하려는 의지가 생길 법도 하지요. 그래서 자신의 문화를 반문화로 규정하고 싶어 하는 청소년도 있습니다. 예를 들어 대중가요에 나오는 반항적 가사에 큰 의미를 부여하는 식으로 말이죠.

그렇게 간혹 청소년 문화도 반문화로 생각하기 쉬운데, 아쉽게도 그렇지 않습니다. 청소년 문화가 사춘기와 맞물려 반항기가 녹아 있지만, 그것만으로 반문화라고 얘기하기에는 부족함이 있습니다. 오히려 청소년 문화는 대중문화의 상품을 소비하는 문화로 자본주의 사회 체제에 대해 어느 세대보다 순응하는 문화이기도 합니다.

청소년 문화가 반문화가 되려면 저항문화의 특성이 좀 더 명확해야 합니다. 예를 들면 비행 청소년의 문화 정도는 되어야 반문화라고 할 수 있습니다. 주류 질서를 거부하는 문화적 성격이 강해야 반문화입니다. 그런데 좀 탐탁지 않지요? 비행 청소년을 닮으려는 게 아니니까요. 물론 비행 청소년 문화를 권장할 수는 없습니다. 비행 청소년이 주류 문화를 대체하여 사회의 새로운 빛이 될 것이라고 기대하기에는 껄끄러운 점이 있기 때문입니다.

반문화의 정신이 실제로 사회 변동을 가져오려면, 주류 집단의 권위를 무너뜨리거나, 적어도 그 사회의 주류 집단 안으로 들어가 바꿔야 합니다. 그런데 반문화 구성원들은 주류 집단의 문화를 거부하고 처음부터 진입 자체를 거부할 때가 있습니다. 그리고 그들만의 영역에서 자족하며 살아가고는 합니다. 이때에는 사회 변동에 이르지 못하고 계속 사회 주변부에 머무를 수 있습니다. 비행 청소년 문화는 학교 규율을 거부하며 그들만의 일탈을 즐기는 것에 불과한 겁니다.

다행히 비행 청소년 문화가 반문화적 청소년 문화를 대표하지는 않습니다. 의미 있는 반문화도 있습니다. 예를 들면 만 19세이던 선거 연령을 18세로 낮추는 선거법 개정안을 촉구하며 직접 행동에 나선 청소년 단체들이 있었는데요, 이들 집단이 공유하는 문화는 사회 발전에 이바지한 모범적인 반문화죠. 그들은 주류 집단에 도전하여 자신들이 원하던 선거권을 획득했죠. 주류 문화가 이끄는 사회 체제에 대한 근본적인 비판 의식을 가지고 사회 변동을 일으킨 겁니다. 이런 반문화라면 얼마든지 격려해야 하지 않을까 싶습니다.

하위문화의
특징과 기능

사회가 다원화되고 복잡해질수록 세분화한 집단이 등장하게 마련이고, 그들 사이에 공유하는 하위문화도 다양하게 나타납니다. 하위문화는 전체 사회에 문화적 다양성을 형성하는 원천이 되기도 합니다. 한 사회의 문화가 다양하다는 것은 다양한 하위문화가 분포되어 있다는 뜻이기도 하지요. 그런 사회는 하위문화를 다양하게 만드는 환경이 있었을 것입니다. 다양한 인종, 민족, 계층 등이 있으면 그 사회는 다양한 하위문화를 갖게 됩니다. 사회의 구성원들은 자기가 만족할만한 하위문화에서 소속감을 느끼고 정체성을 형성할 수도 있습니다. 또 자신이 욕구를 충족하여 만족할만한 사회생활을 할 수도 있을 것입니다. 덕분에 사회 전체가 생동감 넘치고 역동적일 수 있을 것입니다. 빨주노초파남보, 무지개의 다양한 색으로 사회가 아름다워 보일 것입니다.

하지만 하위문화의 다양성은 차별화된 모습으로 나타납니다. 문화의 독특한 차별성 때문에 차이점이 강조될 수도 있을 것입니다. 하위문화에 소속된 구성원들끼리는 결속을 다질 수 있겠지만 사회 전체로 볼 때는 사회 통합을 저해할 수 있습니다. 이런 일은 반문화에서만 나타나는 게 아닙니다. 반문화도 하위문화의 한 종류이므로 반문화를 포함한 모든 하위문화가 집단 간 갈등을 초래할 수 있습니다. 예를 들어 세대 문화의 경우 세대 차이 때문에 세대 간 갈등을 유발할 수 있고, 지역 문화의 경우 지역 간에 배타적 감정을 불러옴으로써 지역 갈등으로 이어질 수도 있습니다. 하위문화로 분류될 수 있는 특정 집단에 대한 충성심이 높기 때문입니다.

하지만 하위문화를 공유하는 특정 집단이라도 전체문화를 배제하지는 않습니다. 하위문화는 전체문화와 공유되기도 합니다. 즉 전체문화의 요소를 가지고 있습니다. 부분 집단에 속해 있는 구성원이 전체 집단의 문화를 부정하고 자신들만의 문화로 삶을 살지는 않습니다. 하위문화가 전체문화와 차별성을 두더라도 완전히 독립된 문화일 수는 없다는 것입니다. 문화란 칼로 무 자르듯이 나눌 수 없기 때문입니다. 그리고 하위문화의 독특한 특성은 그것과 비교할만한 다른 하위문화와의 비교에서 두드러지게 나타나는 것입니다. 하위문화의 구성원은 전체문화의 보편적인 특징을 공유하면서도 그것으로 환원할 수 없는 독특한 문화를 공유하되 그것이 다른 하위문화와 확연히 다른 것을 공유할 뿐입니다. 덧붙여 강조하건대 반문화도 하위문화인 만큼 전체문화의 일부를 공유하기도 한다는 점을 잊지 말기 바랍니다. 반문화도 전체문화와 공존할 수 있습니다.

예를 들어 한 지역 사회의 문화가 다른 지역 사회의 문화와 다르게 한국 내에서 독특하게 나타나더라도 한국 문화라는 전체문화와 완전히 동떨어져 논할 수만은 없는 것과 같은 이치입니다. 한국 사회의 구성원은 한국인인 동시에 지역 사회 주민인 것입니다. 그리고 그 구성원은 연령대에 따라 다른 세대의 문화를 공유합니다. 그리하여 사회 구성원들은 그 사회의 전체문화에 속해 있으면서 다양한 하위문화에 동시에 속해 있습니다.

하위문화와 전체문화가 묘하게 결합합니다. 그런데 단순한 결합 관계로 봐서는 안 됩니다. 다시 말해 하위문화의 총합이 전체문화가 되는 것은 아닙니다. 예를 들어 서로 다른 방언을 사용하는 문화를 모두 합한다고 해서 국가 전체문화가 되는 것은 아니기 때문입니다. 문화는 블록 놀이처럼 끼워 맞춰 형성되는 게 아닙니다. 다양한 하위문화를 쌓아 올려 완성된 문화가 전체문화는 아닙니다. 전체문화와 하위문화 사이에도 매우 유기적인 관계가 형성되어 있습니다.

전체문화와 하위문화의 유기적 관계 때문에 서로에게 영향을 줄 수 있습니다. 먼저 하위문화는 기존의 주류 문화를 대체하거나 전체문화로 널리 퍼질 수 있습니다. 기존 문화에 대항하는 반문화만이 주류 문화를 대체하지는 않습니다. 반문화를 포함하여 모든 하위문화가 주류 문화를 대체하고 전체문화로 확산될 수 있습니다.

예를 들어 아르헨티나의 탱고 문화는 유럽에서 아르헨티나로 이민간 노동자의 문화였습니다. 귀족들은 그 춤 문화를 천하고 음탕한 문화로 생각했죠. 하지만 그것이 거꾸로 유럽에 퍼져 유럽 귀족이라는 지배 집단에도 수용되었고, 다시 아르헨티나 전체로 확산되었습니다. 하위문화가 고상함만 추구하던 주류 문화를 변화시킨 사례죠. 한편 근대 이전에 부르주아계급의 하위문화에서 통용되던 자유와 평등의 가치가 오늘날에는 전체문화의 가치로 인정받게 된 사례도 있습니다. 온라인 게임문화도 청소년 문화였지만 이제는 중장년층이나 노년층까지 모든 연령층이 즐기는 대중적 문화가 되기도 하였지요. 그렇게 되면 세대 문화 간 이질성도 약화되겠죠.

한편 하위문화가 전체문화로 확산될 수 있지만, 전체문화가 변동하여 하위문화에 영향을 줄 수도 있습니다. 민주화라는 전체 사회의 변동이 표현의 자유를 확산시켜 다양한 하위문화가 나타날 수 있을 것입니다. 그리고 과학기술의 변동으로 전체문화가 변해 청소년 문화에서 게임문화가 새로운 문화 형태로 나타날 수도 있었던 겁니다. 이처럼 하위문화와 전체문화는 상호작용하며 변동할 수 있습니다.

좋은 문화,
나쁜 문화?
보통
사람들의
일상적 문화

대중문화를 어떻게 바라볼까

대중문화의 등장과 발달

1

여러분은 대중문화가 매우 친숙할 겁니다. 그건 여러분이 대중이기 때문입니다. 대중문화는 대중이 공유하는 문화입니다. 대중은 근대 사회와 함께 등장한 불특정 다수의 평범한 사람들을 의미합니다. 쉽게 말해 보통 사람들입니다. 각자의 주체적 성격이 강하지도 않고, 어느 신분이나 계급이든 상관없이, 특정 집단이나 조직으로 묶어서 언급할 수도 없는, 말 그대로 보통 사람들입니다. 그 보통 사람들의 문화가 대중문화입니다.

대중의 등장은 역사적으로 살펴볼 수 있습니다. 일반적으로 '사람들'은 근대 이전이나 이후에 모두 존재했습니다. 하지만 정치적, 경제적, 사회적으로 의미를 지니지 못했고 주목받지도 못했습니다. 근대 이전에는 사회를 지배하는 소수 계층만의 세상이었기 때문입니다.

그런데 근대 이후에 변화가 찾아옵니다. 산업화 이후 도시로 몰려든 사람들은 대규모 노동자층을 형성했습니다. 이들의 존재 없이는 산업화가 진행될 수 없어 노동자들은 중요한 존재가 되었습니다. 산업화에 따른 대량생산 체제는 공산품을 다수가 소비할 기회도 제공했습니다. 산업화의 결과물을 다수가 누릴 수 있게 되면서 다수가 공통으로 여기는 문화가 보급될 수 있었습니다.

시민혁명 이후 정치적인 권리를 획득하면서 역시 이들은 유권자의 모습으로 정치적 무대에 등장하게 되었습니다. 자본주의 이전의 중세 봉건적 지배질서를 부정하고 개인의 자유를 내세우며 자신의 존재를 뽐내냈습니다. 물론 시민혁명이 발발한 시점과 보통선거 제도가 확립된 시점은 시간적 틈이 있습니다. 하지만 시민혁명의 뒷심이 발휘되어 보통선거 제도가 확립되면서 대중의 정치적, 사회적 지위가 향상되었습니다. 이때부터 대중의 발언권이 강해졌죠.

대중의 정치적 발언권이 강화되면서 사회적으로는 의무교육 제도가 확립됩니다. 소수의 귀족 계층만 누리던 교육받을 기회가 모든 국민에게 주어졌습니다. 덕분에 대중은 교육을 통해 지식을 획득하고 지적 수준이 향상되었습니다. 배움은 세상을 달리 보도록 도왔습니다. 무지로부터의 해방은 대중을 각성시키고 사회의 주체로 성장하는 데 큰 도움을 주었습니다.

특히 정보통신기술과 그에 따른 대중매체의 발달은 대중문화의 확산에 큰 영향을 끼칩니다. 대중매체의 속성상 대중매체가 생산하는 문화는 계급, 계층, 직업, 성, 학력 등에 대한 구분 없이 큰 영향을 미치게 됩니다.

대중매체가 생산한 문화의 세례를 받은 대중은 하나의 문화를 형성하게 되었으며 그 문화를 향유하는 폭은 제한이 없어졌습니다.

대중문화는 소수의 지배계급이 소유한 문화 개념을 흔들어놨습니다. 신분제 사회에서 지배계급은 그들만의 문화가 진정한 문화라고 생각했습니다. 지금의 시각으로 보면 피지배계급의 문화도 피지배계급이 향유하는 문화로서 지배계급 문화나 피지배계급의 문화는 모두 하위문화에 지나지 않습니다. 계급문화는 하위문화인 것이죠. 그런데 신분제 사회에서 지배계급은 자신들만 문화를 향유한다고 생각했습니다. 피지배계급의 문화는 염두에 두지도 않았습니다. 인정조차 안 했겠죠. 그저 미개한 자들의 하찮은 일상으로 보였을 겁니다.

그런데 대중문화의 등장으로 문화가 지배계급 자신들만 향유하는 것이 아닌 게 됩니다. 대중문화는 불특정 다수의 문화이므로 단순히 하위문화로 취급할 수 없게 되었고 소수 지배계급이 누리던 하위문화를 덮었습니다.

그러자 지배 세력은 문화가 더럽혀졌다고 생각합니다. 대중문화의 성장은 문화를 좁은 의미의 고급스러운 교양으로 인식하던 지배 엘리트층에 위협적으로 다가왔던 것입니다. 지배 엘리트층은 대중문화의 확산을, 문화라는 개념을 대중에게 뺏기는 것으로 여기게 됩니다. 이런 말을 서슴지 않았겠죠. "하찮은 너희들이 감히 문화를 누린다고? 가당치도 않아!" 그래서 더욱 문화 개념에 장벽을 세우고 방어적으로 나서게 됩니다.

지배 엘리트층은 새로운 문화 개념을 만들어냅니다. 그것이 대중문화와 대립하는 '고급문화(High Culture)'의 개념입니다. 문화의 심미적 수준에 따라 고급문화(High Culture)와 저급문화(Low Culture)를 구분하기도 합니다. 이런 구분은 엘리트 의식이 강한 사람들이 자의적으로, 즉 자기 마음대로 만든 개념입니다. 대개 고급문화는 주로 지배 엘리트층의 교양 문화를 의미하고 저급문화는 대중매체를 통해 대량생산되는 대중문화를 지칭했습니다. 지배 엘리트들은 대중문화를 저급문화로 취급하는 논리를 주장하여 문화 개념을 영원히 독점하려고 했던 것입니다.

뒤에서 다시 살펴보겠지만 대중문화가 저급한 속성을 보여주는 것은 사실이지만 꼭 그런 것만은 아닙니다. 그리고 대중문화가 정치적 방향성에 따라 반문화를 자극할 수 있어 지배 엘리트층에 위협을 가할 수 있습니다. 그래서 지배 엘리트층이 대중문화의 가치를 떨어뜨려 대중의 각성을 무마시키려 했는지도 모릅니다. 이처럼 문화란 것은 개념적 논의만으로도 역동적입니다.

대중매체의 의미와 유형

문화가 소수 계급만 누리던 시대에서 대중이 즐기는 시대로 접어든 데에는 대중매체의 발달이 큰 영향을 주었습니다. 산업화한 대중매체가 대량으로 문화 상품을 생산하면서 대중문화가 형성되었던 것입니다. 대중문화가 곧 대중매체의 문화를 의미하지는 않지만. 대중문화를 이해하려면 대중문화 형성에 결정적으로 이바지하는 대중매체에 대한 이해가 먼저 필요합니다.

대중매체는 다수의 사람(mass)에게 정보를 전달하려는 매체를 의미합니다. 매체는 매개체(medium)입니다. 정보가 오가는 중간(med)에서 관계를 맺어주는 역할을 해주는 게 매개체입니다. 예를 들어 고립된 섬과 섬을 연결해주는 중간다리입니다. 따라서 대중매체(mass media)는 정보를 실어나르며 대중과 대중 사이를 연결해주는 것이라고 할 수 있습니다.

대중매체로 인해 사람들은 직접 만나지 않고 서로의 생각을 알 수 있게 되었습니다. 책은 저자와 독자의 매개체입니다. 라디오와 텔레비전은 방송사와 시청자를 중간에서 맺어주는 역할을 합니다. 뉴 미디어(New Media)는 새로운 매체입니다. 뉴 미디어는 사람과 사람을 인터넷망을 통해 연결해주지요. 이처럼 대중매체는 새로운 사회적 관계를 형성해주었습니다.

사람들 사이를 연결하여 정보를 전달하는 일도 많이 변했습니다. 대중매체도 과학기술의 발달을 통해 큰 변화를 겪었습니다. 제일 먼저 주목해야 할 대중매체는 인쇄 매체입니다. 인쇄 매체는 종이신문, 잡지, 서적 등이 있습니다. 문자라는 시각적 이미지를 활용하여 정보를 전달하게 됩니다. 과거에는 입에서 입으로 정보를 전달했습니다. 그것은 매우 부정확하고 일시적인 정보 전달에 그쳤습니다. 말이 아닌 문자를 사용하자 정보전달이 훨씬 정확해졌고, 문자로 남겨짐으로써 정보의 생명력도 오래 갈 수 있었습니다. 물론 문맹자의 정보 접근 가능성이 떨어질 수 있지만 글은 많은 내용을 담아 심층적일 수 있습니다. 그래서 인쇄 매체를 통해 심층적인 정보를 얻을 수 있었습니다. 특히 인쇄술의 발달로 깊고 많은 정보를 쉽게 확산시킬 수 있게 되었습니다.

하지만 인쇄 매체는 다른 매체보다 생동감 있는 정보를 전달할 수 없고, 무엇보다 정보 전달의 속도도 느립니다. 그래서 인쇄 매체가 지금은 저평가되고 있지만, 결코 소홀히 다룰 수는 없습니다. 오늘날 정보를 얻는 방법이 매우 다양해졌는데 왜 아직도 낡은 대중매체인 책을 읽으라고 얘기하냐면, 책이 가진 저력 때문입니다. 책을 통해 정보를 이해할 때에는 비교적 깊은 사고력이 필요합니다. 글의 앞뒤 맥락을 이해해야 할 뿐만 아니라, 분량이 많은 만큼 깊은 생각을 하도록 이끌죠. 하지만 복잡한 것보단 간략한 것을 좋아하고, 깊은 사고보다는 감각적 인식을 선호하는 성향이 늘어나면서 인쇄 매체의 긍정성은 외면당하고 있습니다.

인쇄 매체에 이어 전자 매체가 발전했습니다. 전자 매체는 음성 매체, 영상 매체, 뉴 미디어의 순서로 발전했습니다. 우선 라디오, 녹음기, 음반과 같은 음성 매체는 청각을 통한 빠른 정보 전달이 가능한 매체로, 청취자의 개인적인 감성에 호소할 수 있고 비교적 적은 비용으로 정보를 반복적으로 제공하는 일이 가능하지만, 시각 정보의 처리가 어렵고 인쇄 매체보다 정보의 심층성이 낮습니다.

텔레비전, 영화 같은 영상 매체는 정보 전달 대상의 범위와 관계없이 빠른 속도로 짧은 시간에 시청각 정보를 제공할 수 있습니다. 영상 매체는 문자, 음성, 영상 등의 수단을 종합적으로 활용하여 현장에서 실제를 보는 것과 같이 생동감 있는 정보를 제공할 수 있습니다. 복합 감각 정보의 전달이 가능하다는 얘기죠. 이 특성은 뉴 미디어도 마찬가지입니다. 대중은 영상 매체를 통해 복합적으로 정보를 전달받기 때문에 정보를 쉽게 이해할 수 있습니다. 하지만 여전히 인쇄 매체보다 심층성이 낮습니다.

끝으로 인터넷을 통한 블로그, SNS, 유튜브, 팟캐스트와 같은 뉴 미디어는 지금까지의 대중매체가 기술적으로 이룬 모든 성과를 종합하고, 그 이상으로 기능을 향상했습니다.

뉴 미디어는 문자, 소리, 영상 등을 모두 포함해 기존 매체가 활용해온 모든 감각을 동원하여 정보를 전달합니다. 정보 제공 방식이 다양하다고 할 수 있죠. 정보 제공 경로도 다양해졌습니다. 인터넷을 통한 다양한 경로로 정보를 신속하게 확산시킬 수 있습니다.

하지만 개별 정보에 대한 신뢰성 및 심층성에서 편차가 크게 나타납니다. 공중파 방송국에서 제공하는 인터넷 뉴스는 신뢰성이 높지만, 가짜 뉴스를 통해 볼 수 있듯이 신뢰성이 낮은 사례도 있습니다. SNS는 짧은 문장으로 소통하기 때문에 정보의 심층성도 낮은 편입니다. 하지만 인터넷 신문의 경우는 심층성이 높은 편입니다.

정보 확산의 시간적, 공간적 제약도 가장 작습니다. 신문을 배달하려면 발로 뛰어야 하고 라디오와 텔레비전도 해외까지 정보를 송신하려면 제약받는 게 많습니다. 하지만 뉴 미디어는 인터넷망을 통해 이뤄지면서 시간적, 공간적 제약을 많이 줄였습니다.

정보 전달이 한꺼번에 이뤄지는 정보 전달의 동시성은 라디오나 텔레비전도 마찬가지지만 뉴 미디어도 수많은 사람에게 정보를 동시에 전달할 수 있습니다. 정보 전달의 동시성은 정보 제공자가 동시에 정보를 제공한다는 뜻입니다. 정보가 송출되는 시점에서 정보가 전달된다는 것을 의미하지요. 실시간으로 정보를 전달합니다. 실시간은 '즉시', '동시'라는 의미입니다. 간혹 방송 진행자가 "실시간 생방송으로 전해드립니다"라는 말을 할 때가 있죠. 정보를 즉시, 동시에 전달하는 것입니다. 인쇄 매체만 정보를 동시에 전달하지 못합니다. 예를 들어 종이신문은 한 집에 배달하고 다음 집에 배달할 때까지 시간 차이가 있는 겁니다.

정보 전달이 동시에 이뤄지면 정보를 받아들이는 사람도 동시에 전달받는다는 것을 의미합니다. 정보 획득 혹은 정보 소비의 동시성이 나타나는 것이죠. 뉴 미디어도 정보의 소비 역시 동시적입니다. 인터넷 생방송을 본 사람은 충분히 이해할 수 있는 말이죠. 하지만 뉴 미디어는 개인이 필요한 때 혹은 편안한 시간에 그 정보를 검색하여 사용할 수 있으므로 정보의 비동시적인 소비 혹은 획득도 가능합니다. 중요한 차이점입니다.

정보 전달의 속도 역시 가장 빠르며, 누구라도 정보에 접근할 수 있게 되었습니다. 정보를 디지털 방식으로 제작해 처리, 유통하기 때문에 정보의 복제 및 재가공, 전송이 쉽습니다. 즉 누구라도 정보 생산자가 될 수 있습니다. 기존 매체는 일방적인 정보 전달 방식이었지만 뉴 미디어는 일방적이기만 한 것은 아니란 얘기입니다. 쌍방향의 정보 전달은 뉴 미디어의 가장 큰 특징 가운데 하나입니다. 대중이 수동적인 정보 수용자에 머물지 않고 스스로 정보 생산자로 참여하므로 양방향 혹은 쌍방향의 매체입니다.

기존 대중매체는 정보 생산자와 소비자가 뚜렷이 구분되었지만 뉴 미디어는 정보 생산자와 소비자 혹은 전달자와 수용자 간 구분이 명확하지 않습니다. 뉴 미디어를 사용하는 대중은 생산자이면서 동시에 소비자입니다. 그래서 생산자를 뜻하는 producer와 소비자를 뜻하는 consumer의 합성어로 프로슈머(Prosumer)라는 명칭을 사용하기도 합니다. 즉 정보 통신망을 활용하여 상호 작용성 혹은 상호 소통성이 뛰어납니다. 이런 점 때문에 특히 정보의 소비자로만 머물러 있지 않고 대중의 능동성을 이끌 수 있습니다. 실제로 정치 참여 기회가 다양하게 확대되었고 누리 소통망을 활용하여 시민운동도 할 수 있게 되었습니다.

뉴 미디어가 주목받으니 기존 대중매체의 위상은 급격히 추락했습니다. 위기감을 느낀 기존 대중매체들도 이제는 인터넷과의 결합을 시도하고 있습니다. 인터넷 신문, 인터넷 방송 등이 그 사례입니다. 이들은 기존 매체와 구분하여 뉴 미디어로 다루어야 합니다. 이처럼 뉴 미디어의 발달은 눈이 부실 정도입니다. 하지만 그 화려함 뒤에 그림자도 드리워져 있습니다. 뉴 미디어는 개인의 신상 정보가 다른 사람에게 손쉽게 읽히고, 사이버 공간으로 빠르고 광범위하게 퍼질 수 있어 뉴 미디어의 범람과 함께 그 위험성도 증가하고 있습니다.

대중매체의 기능과 비판적 자세

3

대중매체의 역할과 기능

대중매체는 정보 전달의 수단으로 발달하였습니다. 하지만 대중매체를 통해 소통하는 정보는 대중가요, 영화, 드라마, 공연 예술, 프로 스포츠 등과 같이 대중의 삶 전반에 걸려 다양합니다. 오늘날의 대중매체는 새로운 생활양식을 만들어내고, 대중의 삶에 큰 영향을 미치고 있다고 할 수 있습니다. 그만큼 다양한 역할과 기능을 수행합니다.

대중매체의 가장 기본적인 기능은 정보 전달과 사회화에 있습니다. 대중매체는 사회에서 일어나는 여러 현상에 관한 정보를 전달합니다. 대중매체를 통해 전달되는 정보는 구성원 전체에 전달되면서 사회가 지향하는 가치관을 갖게 할 수 있습니다. 대중은 대중매체를 통해 사회규범을 습득하게 되어 사회의 안정과 통합을 이루게 됩니다. 사회화 기능을 하는 겁니다.

그런데 대중매체가 전달하는 음악, 영화, 드라마, 스포츠 등은 모두 상품으로 만들어져 있습니다. 대중문화는 대량화되고 상품화된 것으로 이윤을 추구하는 기업 논리에 지배를 받습니다. 결국 대중문화는 소비문화입니다. 대중의 소비를 유도하려고 만들어진 문화입니다. 이때 대중은 문화의 생산자가 아니라 소비자에 불과할 수 있습니다. 대중문화는 결국 대중을 문화의 주체가 아니라 객체로 전락시킬 수 있습니다.

대중매체 뒤에는 기업이 있습니다. 대중문화는 영리 추구를 위해 조직된 기업이 주도합니다. 대중매체는 기업이 대중에게 상품을 판매하는 중요 경로이고요. 대중은 대중문화 생산자들이 생산하여 유포한 것을 단순히 받아들이는 처지에 놓일 가능성이 큰데, 이에 따라 유행하는 문화 주체성과 다양성이 훼손될 수 있습니다. 대중은 수동적으로 변해가고 사고방식이 획일화되며 개인들은 몰개성적으로 변해갈 수 있지요.

대중매체가 소비자의 대량소비를 유도하여 문화를 이끌어갑니다. 예를 들어 사람들은 대중매체에서 '유행'이라고 지정해준 옷차림에 따라 옷을 입고, 맛집으로 소개한 집을 찾아 음식을 찾아 먹으며, 핫플레이스(Hot Place)를 찾아 소비합니다. 그리고 대중은 천만 관객의 영화를 보고, 베스트셀러만 읽습니다. 영화계와 가요계는 대형 기획사들이 차려놓은 밥상만 있습니다. 저예산 독립영화나 신진 작가의 실험적 작품은 빛을 볼 수 없습니다. 대중매체는 상품화된 정보를 대량생산하여 유포하고 특정한 가치관을 확산시킴으로써 문화적 획일화를 초래할 수도 있습니다.

한편, 대중매체는 대중의 기분 전환이나 휴식을 돕는 오락 제공 기능을 합니다. 사람들이 여가활동에서 가장 많은 비중을 차지하는 부분이 TV 시청이나 SNS 사용입니다. 대중은 대중매체를 통해 여가를 소비하고 있는 것입니다. 그것을 대중은 삶의 활력소로 여기며 살아갑니다.

그러면서 대중매체는 은연중에 대중의 내면 의식과 감정까지 통제하기도 합니다. 대중매체는 대중의 감정 규칙을 만들어냅니다. 대중매체가 제공하는 장면을 보고 웃어야 할지 울어야 할지, 어떤 감정을 가져야 할지 그리고 어떤 생각을 하며 살아야 할지 판단할 수 있는 기준을 제공합니다. 대중은 그것을 배웁니다. 대중은 대중매체의 오락 기능에 심취해 조작당하기 쉬운 대상이 되어가는 것입니다.

지나친 상업화 추구로 인하여 대중매체는 경쟁적으로 자신의 매체에 더 많은 대중이 몰입하도록 유인하려고 폭력성과 선정성 경쟁을 벌이기도 합니다. 저속한 프로그램을 방영해서라도 시청률을 높임으로써 대중매체의 광고수익, 나아가 그것을 지원하는 기업의 수익을 올리려고 함에 따라 선정성 경쟁이 더욱 심해졌습니다. 이런 대중매체의 상업화 탓에 질 낮은 대중문화가 생산될 가능성이 큽니다.

대중이 대중매체를 통한 상업적 여가활동에 묻히면서 사람들은 현실을 바라보는 능력이 떨어지고 정치적 무관심이 생길 수 있습니다. 대중매체의 선정적이고 자극적인 오락물에 탐닉하다보면 다른 문제에 대해서는 무관심해집니다. 사회적, 정치적 무관심이 증가하여 공동체를 위한 진지한 사고나 토론의 장이 형성되기 어려워질 수 있습니다. 정치 세력은 국민을 어리석게 만드는 정책, 즉 우민화(愚民化) 정책의 하나로 대중매체를 활용하기도 했습니다. 이런 정치 전략을 중우정치(衆愚政治)라고 합니다. 중우정치에서 우(愚) 자는 어리석다는 의미입니다. 어리석은 대중을 양산하는 데 대중매체가 활용되고 있는 것이죠.

지배층이 지배를 더욱 강화하려고 대중매체를 대중조작의 수단으로 직접 악용한 때도 있습니다. 독일 나치 정권의 선전 장관이었던 괴벨스는 라디오를 전국에 값싸게 보급하여 나치의 논리를 쉼 없이 전달했습니다. 그리고 정기적인 텔레비전 방송으로 정치 선동을 한 것은 그가 최초였습니다. 그는 "선동의 제1의 가치는 거짓말이며, 거짓말도 백번 반복하면 진실이 된다"라며 대중매체를 통한 여론조작의 효과를 거침없이 활용했습니다. 그 결과 히틀러 정권 아래 무자비한 일들이 벌어졌습니다. 8천만 명의 독일 국민 전체가 세뇌당했던 것입니다.

박정희 정권, 전두환 정권 등 한국의 역대 독재정권도 독일 파시즘 못지않게 대중매체를 대중조작의 수단으로 활용해왔습니다. 모든 민주화 운동 세력을 빨갱이로 내몰고 탄압했으며 자신들의 독재 정치는 국가 발전을 위한 위대한 정치로 포장했습니다. 재벌의 시장 경제 독점은 국가 경제성장의 건설적 동력으로 찬양하고 노동자들의 노동환경 개선 요구는 국가 경제를 좀먹는 행동으로 깎아내렸습니다. 국민은 속절없이 세뇌당했지요.

한 번 세뇌당하면 이 세뇌에서 벗어나는 것은 매우 어려워집니다. 언론을 통제했던 과거에 군부 독재 정권 시절의 대중매체를 통한 여론조작은 오늘날까지 영향을 미치고 있습니다. 수십 년이 지나도록 지워지지 않는 의식이 생겨난 것이죠.

　민주화 이후에는 달라질 줄 알았습니다. 하지만 민주화 이후 독재 세력이 차지하고 있던 자리를 시민이 아닌 자본이 차지하게 되었습니다. 시민의 목소리를 전달하는 게 아니라 기업의 목소리를 전달하는 수단이 된 것이죠. 대기업에 의해 정보를 은폐하거나 왜곡하여 대중조작을 시도하는 일은 민주화 이후에 특히 주목할 만한 문제입니다. 대기업이 언론사를 운영하거나 언론사 자체가 기업화되기도 했으며 그렇지 않은 경우는 대기업이 언론사의 경영에 지대한 영향을 끼치는 광고를 통해 언론을 통제하기도 합니다. 언론사뿐만 아니라 거의 모든 대중매체는 그 자체로 기업입니다. 대중조작은 신념을 만드는 과정입니다. '기업하기 좋은 나라'가 세상에서 가장 좋은 국가 모델이라고 생각하게 된 것은 기업의 지원 아래 대중매체를 통한 여론조작의 힘이었습니다.

　지금까지 대중매체의 역할과 기능에 대해 생각해보면서 엘리트적 관점에서 대중을 보는 게 아닌가 하는 생각도 해봅니다.

　대중매체에 의해 양산되는 대중문화를 저급한 문화로 낮춰 보는 것은 엘리트주의적 사고에 기울어진 탓일 수 있습니다. 선정적이고 폭력적인 게 대중매체의 전부는 아닙니다. 대중매체를 통해 세계 여행을 가지 않고도 세계의 다양한 문화를 접해볼 수 있고 일부 특권층들만 누리던 고급 예술을 볼 수도 있습니다. 비용을 많이 들이지 않고도 사회·문화를 보는 안목을 높일 수 있는 것입니다. 예술의 대중화가 대중의 문화적 수준을 높인 점을 결코 소홀히 생각할 일은 아닌 것 같습니다.

한편 진보주의적 가치관을 지닌 사람들은 대중매체가 정치적 무관심을 부추기고 있다는 비판을 합니다. 이것도 엘리트주의적 발상일 수 있습니다. 대중매체는 정치적으로 무관심한 대중에게 얼마든지 정치 참여의 중요성을 강조하여 전달할 수 있습니다. 특정 사건을 공공성에 기초하여 평가하고 해석한다든지, 사회 문제에 대한 심층적 분석과 해결 방안을 제시하여 여론을 형성할 수 있습니다. 아울러 민주주의 가치관의 확산을 가져와 대중이 사회의 중심적인 역할을 담당하는 데 공헌한 점도 있습니다. 대중문화는 우리의 따뜻한 관심이 필요한 사회 문제나 사회적 약자에 대한 온정을 이끌기도 합니다. 연말연시에 이런 모습을 쉽게 발견할 수 있습니다.

대중매체를 통하지 않고서는 정보 전달이 원활하지 않을 것이기에 대중매체에서 다루는 내용은 무엇보다 중요해 보입니다. 대중매체는 사람과 사람을 연결하는 중요한 다리입니다. 이 다리를 건너지 않고서는 다른 사람을 만나기 어려운 사회가 되었지요. 따라서 대중매체를 부정하지 않고 다양한 매체들의 특성을 인정하면서 활용하는 게, 대중매체의 문제점을 개선할 현실적인 대안이 될 수 있습니다.

예를 들어 대중매체가 시민의 건강한 목소리를 담아 전달하게끔 만드는 것이지요. 대중매체에 고급 예술이나 현실 정치에 관한 내용도 담기도록 해야지요. 그런데 그것이 반드시 엄중하고 무거울 필요는 없습니다.

어떤 사람들은 청소년이 아이돌 음악에 심취해서 고급문화가 지닌 인간 사회의 정신적 풍요를 외면하고, 현실 정치에 무관심하여 현실 도피를 초래한다고 말합니다. 하지만 아동기와 성인기 사이에 있으면서 사회의 어디에도 속하지 못하는 경계인으로서 어려움을 겪는 그들이 대중음악을 통해 위로를 받을 수 있으면 그리 나쁜 것은 아닐 것입니다.

예를 들어 방탄소년단(BTS)의 음악은 세계 청소년들에게 끊임없이 위로의 말을 건네고 있습니다. 방탄소년단의 팬클럽 아미(A.R.M.Y)는 그런 방탄소년단을 성공시키려 합니다. 아미는 대중매체를 통해 공동체 문화를 만들어요. 그들은 서로 간의 연대를 꿈꿉니다. 가수가 부르는 음악을 소비하는 데 그치지 않아요. 가수와 팬이 SNS를 통해 소통하고 팬들 간에도 소통하지요. 서로가 서로에게 위로가 될 수 있다는 점을 발견하면서 서로를 응원하고 그것으로 위로받아요. 그들은 서로에게 이런 말을 합니다. "서로의 손을 놓지 말자. 우린 서로의 의지니까"라고 말이죠. 방탄소년단과 아미를 보면 기존의 어느 집단이나 사회기관도 하지 못했던 사회적 연대를 대중매체가 해내고 있다는 것을 알 수 있습니다. 세계의 다양한 청소년은 방탄소년단의 이야기로 공통의 의미를 찾고 있습니다.

이렇게 대중매체가 생산하는 내용이 중요해진 만큼 이제 대중매체 종사자의 어깨가 무거워졌습니다. 대중매체에 종사하는 사람들의 직업적인 윤리 규범이 요구됩니다. 사회적 공공성을 생각하여 좀 더 신경을 써서 도서, 음악, 드라마, 영화를 만들어야겠습니다. 대중매체가 건전한 가치를 생산할 수 있도록 자발적인 노력을 기울이면 좋겠죠.

하지만 그들 자체가 이미 상업화된 기관입니다. 스스로 정화하는, 자정 능력을 갖추기는 어렵습니다. 특히 한국의 일부 언론은 일제 강점기와 군부 독재 정권 시기부터 지금까지 부당한 권력 혹은 보수 세력과 공존했기 때문에 지금까지 언론의 공공성을 의심받고 있습니다. 언론으로서 공정성을 추구하기보다는 기득권 세력에 치우쳐 보도합니다. 그리고 이윤 추구를 앞세워 자극적이고 선정적인 뉴스도 빈번하게 보도합니다. 공정하고 공익을 생각하는 보도를 해야 하는 기자로서의 윤리 규범이 한국 기자들에게 거의 남지 않은 것 같다는 느낌도 줍니다.

그리고 최근에는 자본에 의한 대중매체 길들이기가 문제로 드러나고 있습니다. 광고 수입에 의존하는 대중매체의 속성을 이용하여 광고를 제공하는 기업들은 기업에 불리한 내용이 전달되지 않도록 눈에 보이지 않는 압력을 행사하는 경우가 많습니다. 광고에 의존하는 대중매체는 소비자보다 광고주, 기업을 더 의식합니다. 기업을 비판하는 정보는 생산하지 않습니다.

대중매체는 광고주 앞에서 자신의 몸값을 높이려고 시청률 경쟁에 집착합니다. 흥미 위주의 선정주의적 보도를 하는 이유가 여기에 있습니다. 대중매체 앞에 대중을 앉히기 위한 온갖 방법을 다 찾는 겁니다. 정보 소비자인 대중은 대중매체가 이끄는 방향으로 움직여 결국 대중이 도달한 곳은 기업 앞입니다. 대중은 상품으로서 기업 앞에 놓이게 되는 것이지요.

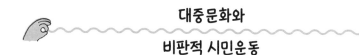

대중문화와
비판적 시민운동

대중매체의 내용이 문제라면 그 내용을 바꾸는 것은 어떻게 가능할까요? 그 내용을 만드는 대중매체의 구조적 조건이 문제라면 어떻게 바꿀 수 있을까요? 결국 그것은 시민의 몫입니다.

자, 여기서부터는 대중이라는 용어 대신 시민이라는 개념을 사용하려 합니다. 무비판적이고 조작당하기 쉬운 수동적 존재로서의 대중이 아니라 날카로운 비판 의식과 이성적 사고를 할 수 있는 존재가 시민입니다. 우리는 시민이 되어야 합니다. 대중이 시민으로 거듭나야만 대중문화의 폐단을 고칠 수 있습니다.

시민으로서 대중문화를 대하는 바람직한 자세는 비판성을 갖추는 것입니다. 대중매체가 전달하는 모든 정보를 의심해야 합니다. 먼저 편견이나 감정에 사로잡히지 말아야 합니다. 그리고 논리적으로 분석하고 평가하는 자세를 가져야 합니다. 대중매체의 정보와 내용이 특정한 의도에 따라 만들어지지 않았는지, 그 의도의 방향은 바람직한지, 그리고 허위, 오류, 편견, 과장 등의 문제는 없는지 확인하고 판단해야 합니다. 그러한 비판적 의식을 갖고 엄격하게 선별하여 정보를 수용할 줄 알아야 합니다.

정보의 객관성과 사실성에 대한 분석 능력이 필요합니다. 특히 가짜 뉴스에 대한 선별은 매우 중요합니다. 가짜 뉴스를 믿는 사람이 매우 많습니다. 한번 가짜 뉴스를 믿으면 사실이 확인된 후에도 그 생각을 바꾸지 않습니다. 가짜 뉴스는 의도적으로 거짓 정보를 만들어 유포시키는 것이기 때문에 조밀하게 조작된 경우도 많습니다. 냉철해져야 합니다. 그런데 사회 구성원으로서 최소한의 자질조차 갖추지 못한 일베(인터넷 커뮤니티 '일간베스트')가 전파하는 논리조차 무비판적으로 수용하는 때도 있습니다. 이를 이성적으로 걸러내야겠습니다. 비이성적인 그런 행태들에 동조하면 이성을 갖춘 시민의 자세가 아닙니다.

그런데 이 같은 자세를 갖추는 것은 사실 어려운 문제입니다. 다양한 대중매체를 통해 정보를 얻고 이를 종합적으로 검토해야 하지만, 그게 쉽지 않습니다. 혼자서 할 수 없으면 여럿이 해야죠. '민주언론시민연합(민언련)'과 같은 시민단체에 가입하여 적극적으로 대중매체를 모니터링하고 비판적으로 정보를 다루는 활동도 꼭 필요합니다.

따라서 유일하게 끝까지 기댈 사람은 우리 자신, 시민입니다. 각성한 시민이 대중매체의 정보 생산 기능에 개입하는 태도가 필요합니다. 왜곡과 여론조작 등 중우정치의 위험성은 시민 사회의 건전성과 참여를 통해 줄여나갈 수 있어야 합니다. 기득권 세력에 치우친 정보에 대한 모니터링과 비판 역시 시민의 몫입니다. 나아가 대중매체의 상업성도 경계해야 합니다. 선정적이고 저속한 프로그램 양산에 대해 반대 여론을 형성하여 제한해야지요. 대중매체를 뒤에서 움직이는 정치 권력 혹은 기업과도 맞서야지요.

나아가 대중매체의 상업주의, 저속성, 획일성, 여론조작 등에 휘둘리지 않는 문화를 창조해야 합니다. 최근에 뉴 미디어의 등장으로 대중문화 생산자로서 역할이 가능해진 만큼 그동안의 대중매체가 보여왔던 것과 다른 문화를 생산하는 게 어려운 일은 아닙니다. 특히 SNS를 통해 쌍방향 소통이 가능하여 서로 협력하여 새로운 문화를 창조할 수 있게 되었습니다. 생각만 해도 가슴 뛰는 사건입니다. 하지만 여기에도 양면성이 있습니다. SNS는 '좋아요'를 누르면서 자신과 유사한 사람들만 모아 벽을 설치하고 고립되는 경향이 있습니다. 그리고 광고로 먹고사는 유튜브처럼 뉴 미디어도 상업적 속성이 조금도 덜하지 않았습니다. 이런 점은 극복해야 할 과제입니다. 상호 간의 벽을 허물고 공공성의 문화를 스스로 창조하려는 자세가 필요합니다.

결국 상업적이지 않고 공공성의 연대를 바탕으로 하는 문화를 창조해야 합니다. 그것은 현대 사회에서는 찾아보기 힘든 문화일 수 있습니다. 그걸 누가 창조해야 한다고요? 바로 우리 시민이 해야 합니다. 시민이 문화 창조의 주인입니다. 그것이 비록 어렵고 힘들더라도 문화의 민주화를 위해 기꺼이 감당해야 할 몫입니다.

문화가
어떻게
변하니?
변하니까
문화야!

문화 변동을 어떻게 바라볼까

문화 변동의 요인과 양상

오랜 역사 동안 오로지 자신들만의 문화를 고수하며 유지하는 경우는 거의 없습니다. 역사 속에서 인간은 새로운 것을 발견하고 발명했습니다. 인간 집단은 끊임없이 이동하며 다른 매개를 통해 새로운 문화와 접촉하기도 했습니다. 이질적 집단과 접촉하고 충돌, 갈등, 융합하여 문화는 항상 변화해왔습니다. 이런 맥락에서 순수 문화란 없다고 말할 수 있습니다. 문화는 처음부터 섞여왔던 것입니다.

사회를 구성하는 인간은 생각하는 동물인 덕분에 그 생각하는 힘이 사회 내부로부터 변동을 이끌 수 있었습니다. 발명과 발견이라는 내재적 요인으로 사회가 변동할 수 있습니다. 발명이란 이전에 없었던 새로운 문화 요소를 만들어내는 것으로, 문화 변동을 이끄는 데 많은 영향을 끼쳤습니다. 인류의 위대한 발명품으로는 문자가 있습니다. 한글은 대표적인 발명품입니다. 한글을 발명하여 우리 사회는 고유의 글을 갖게 되고 문화 계승과 발전을 이룰 수 있었습니다. 현대 사회에 들어 최고 발명품은 인터넷입니다. 인터넷의 발명은 사람 사이의 시간과 공간을 매우 조밀하게 압축시켜놓았습니다. 그런데 발명품이라는 말 때문에 물질적인 것만 발명이라고 생각하는 학생이 있습니다. 하지만 언어, 종교, 신화와 같이 관념적이고 비물질적인 것도 발명될 수 있습니다.

발견이란 이미 존재하고 있지만, 아직 알려지지 않은 것을 찾아내거나 알아내는 것을 말합니다. 인류 역사에서 가장 위대한 발견은 불의 발견입니다. 화산 폭발이나 산불에서 우연히 얻었지만 불은 인간을 자연 속 상태에서 문화 속 상태로 옮겨가는 첫 번째 과정의 매개체가 되었습니다. 불을 지펴 사용할 줄 알게 되면서 음식을 익혀 먹고 식생활이 바뀌어 충분한 영양분을 섭취할 수 있게 되었습니다. 불로 인해 어둠을 몰아내며 활동 시간이 연장됐고 다른 활동에 투입할 시간과 능력을 얻게 되었습니다. 불의 발견 덕분에 인류의 삶과 문화 자체가 혁명적으로 바뀌었습니다.

발명과 발견 등 내재적 요인에 의해 문화 변동이 일어나는 결과를 내재적 변동이라고 합니다. 문자의 발명으로 기록 문화가 나타났거나 불의 발견으로 음식 문화가 변동했으면 이것은 내재적 요인에 의한 내재적 변동입니다.

한편 문화 변동의 요인이 사회 외부에 있을 때가 있습니다. 외부로부터 문화 요소가 전파될 때도 문화가 변동됩니다. 여기서는 서로 다른 문화 간의 교류, 문화 요소 간의 상호작용이 중요합니다. 앞에서 얘기한 내재적 변동 요인과 맞물려 발명과 전파 또는 발견과 전파의 상호작용으로 문화 변동이 발생할 수 있습니다. 즉 한 사회에서 발명과 발견이라는 문화 변동의 요인이 다른 사회에 전파되면 그것은 외재적 요인에 의한 문화 변동을 일으키는 것입니다.

외재적 변동에는 먼저 문화 요소를 직접 이동시켜 전파하는 직접전파가 있습니다. 교역이나 전쟁을 하면서 혹은 혼인이나 여행 등을 통해 사람이 직접 문화를 전파하는 경우입니다. 예를 들어 고구려 소수림왕 2년(372년)에 승려 순도가 불상과 경전을 전해 불교 문화가 형성되었습니다. 미국과 유럽의 선교사가 기독교를 전파했고, 미국인 선교사가 기독교청년회(YMCA)를 설립하여 회원들에게 야구를 가르치면서 새로운 스포츠 문화가 형성되었습니다. 서아시아 지역의 상인이 자신의 지역에서 즐겨 마시던 커피를 유럽에 전파하여 카페 문화가 생겨났습니다. 문익점은 고려 말 중국 원나라에 갔다가 돌아오면서 목화씨를 가지고 들어와 겨울철 의생활 문화를 획기적으로 바꾸었습니다. 모두 직접전파의 사례입니다.

직접전파와 달리 간접전파는 문화 요소의 제공자와 수용자 사이에서 직접적인 접촉이 아닌 매개체를 통해 간접적으로 전파되는 현상을 말합니다. 교역을 통해서도 직접전파가 아닌 간접전파가 일어날 수 있는데, 두 교역국과는 상관없는 제3국의 사람이 문화 전파의 중간다리 역할을 하는 때에도 간접전파가 일어난 겁니다. 오늘날 간접전파는 인쇄물, 텔레비전, 인터넷 등 대중매체에 의해 이뤄집니다. 한류열풍은 대중매체를 중심으로 한 간접전파의 대표적인 사례입니다.

끝으로 자극전파가 있습니다. 자극전파는 다른 사회의 문화 요소에서 아이디어를 얻어 새로운 발명이 이루어짐으로써 문화 변동이 나타나는 것입니다. 외부 문화 요소가 정착된 이후에만 나타나는 것은 아니고, 외부 문화 요소가 아직 정착하지 않더라도 외부의 특정한 아이디어가 문화 변동을 낳을 수 있습니다. 외부에서 전해질 때 그것이 직접전파든 간접전파든 상관없습니다. 어떤 형식이든 아이디어만 빌려오는 것이 자극전파라는 것을 기억해야 합니다. 한 사회의 문화 요소가 다른 사회에 알려지면서 새로운 발명이 일어나는 데 자극을 주는 것입니다. 한자의 음과 훈을 빌려 표기하는 이두를 만들었다는 사례가 대표적입니다. 문자가 없던 체로키족이 백인과 접촉하면서 영어에서 아이디어를 얻어 체로키 문자를 만들었다는 사례도 있습니다. 다른 나라의 기성 종교 교리와 체계를 응용하여 신흥 종교를 창시했다면 이것도 자극전파가 될 수 있습니다.

이러한 외재적 요인에 의한 문화 변동의 결과를 외재적 변동이라고 합니다. 내재적 변동과 달리 서로 다른 문화들이 접촉하여 서로 간의 문화 요소가 전파되고 어느 한쪽 혹은 양쪽의 문화가 변해가는 현상을 문화 접변(acculturation)이라 합니다. 다른 문화의 접촉으로 인해 문화가 변동한다는 의미입니다. 문화 접변은 외부 사회와의 접촉을 전제로 합니다. 외부 사회와 접촉 없이는 문화 접변이 일어날 수 없다는 겁니다.

그런데 각 사회의 구성원들이 새로운 문화적 요소를 접하게 될 때 받아들이는 태도가 사회마다 다를 수 있습니다. 그래서 문화 접변도 다양합니다. 문화 접변의 몇 가지 유형에 대해서 살펴보겠습니다.

첫 번째 유형은 문화 융합입니다. 문화 융합은 특정 사회의 고유문화가 외래 문화와 접촉한 결과, 새로운 문화가 등장하는 현상을 가리킵니다. 개량하거나 결합하여 새로운 문화가 등장하는 것이죠. 여기서 '새로운'이라는 표현이 중요합니다.

퓨전으로 표현되는 것은 모두 문화 융합의 사례입니다. 퓨전(fusion)의 사전적 의미는 융합입니다. 불고기 햄버거, 라이스 버거, 김치 스파게티 같은 것은 외국에 없었고 본래 한국에도 없었던 새로운 것으로 문화 융합의 사례로 볼 수 있습니다. 한정식은 본래 한 상 차림이었는데 서구처럼 코스 요리로 제공된다거나 비빔밥이 밥 위에 다양한 채소를 얹어 제공되는 게 아니라 샐러드 형태로 밥과 구분하여 제공되는 경우도 문화 융합의 예로 볼 수 있습니다. 서양식 침대와 전통 온돌을 결합한 온돌식 돌침대 혹은 온돌식 아파트도 마찬가지겠죠. 한국의 결혼식에서는 서양의 결혼 예식을 따라 턱시도와 드레스를 입고 식을 올리는 동시에 한복을 입고 폐백을 진행하기도 합니다. 이것 역시 다른 나라에서 볼 수 없는 새로운 결혼식 풍경으로 문화 융합의 사례입니다. 멕시코에서 토착 인디언의 전통과 에스파냐 정복자의 문화가 혼합되어 메스티조 문화가 생겨난 것이나 서양 문화와 인도의 전통문화가 만난 인도의 간다라 미술문화, 불교와 민간신앙이 결합한 한국의 새로운 불교 문화도 문화 융합의 사례입니다. 미국에서 아프리카 음악과 유럽 음악의 요소가 결합하여 재즈가 등장한 것이나 퓨전 재즈라 하여 록이나 클래식 등 다른 분야와 융합된 재즈 음악도 나오고 있어 융합은 계속되고 있습니다.

문화 접변의 두 번째 유형은 문화 동화입니다. 이는 외래 문화의 유입 결과, 기존 문화가 외래 문화에 완전히 흡수되어 해체되거나 소멸하는 현상을 의미합니다. 문화 동화가 일어나려면 한쪽 문화의 해체와 소멸이 있어야만 합니다.

열대 우림 지역의 소수 부족이 간직했던 고유 종교가 서양 문화가 유입된 이후 사라지는 것은 문화 동화의 예라고 할 수 있습니다. 북미 인디언 부족의 문자 소멸도 문화 동화의 사례입니다. 세계화에 따른 문화 동화도 있습니다. 세계화 때문에 영미권 언어인 영어가 세계적으로 널리 퍼지면서 소수 언어가 소멸하고 영어를 그 나라의 언어로 사용하게 되었으면 문화 동화입니다. 문화 동화는 서구 사회에서도 나타납니다. 미국에 이민 온 유럽인의 독자적 문화 전통을 잃어버리고 미국 문화 속으로 흡수된 것도 문화 동화입니다.

세 번째 유형은 문화 공존입니다. 이는 외래 문화가 유입되지만, 기존 문화와 섞이거나 흡수되지 않고, 하위문화로서 그 사회 내부에 독립성을 유지하면서 존재하는 경우를 의미합니다. 소멸하지 않고 남아 있다는 사실이 중요합니다.

미국 뉴욕의 맨해튼에 있는 차이나타운에서 중국인들이 그들의 문화를 유지하고 있는 것이 그 좋은 사례입니다. 서울 이태원에 가면 다양한 나라의 음식점이 들어서 있습니다. 다양한 문화가 공존하고 있는 것이죠. 이때 각 나라의 문화는 정체성을 상실하지 않았습니다. 자기 문화의 정체성을 유지하면서 공존하는 것이지요. 필리핀에서 타갈로그어와 영어를 모두 공용어로 사용하고 있고, 다양한 국가와 국경을 접하고 있는 스위스에서는 독일어, 이탈리아어, 프랑스어, 로망슈어를 모두 사용하고 있어 문화 공존입니다. 한국에서 한의학과 서양 의학이 별도의 의료 체계를 구축하고 있는 것도 문화 공존입니다.

지금까지 살펴본 문화 융합, 문화 동화, 문화 공존은 모두 외재적 요인에 의한 문화 접변이라는 결과로서 문화 변동을 표현하는 것입니다. 직접전파, 간접전파, 자극전파와 같은 외재적인 요인이 어떻게 작용하든지 그것이 결과적으로 문화 융합, 문화 동화, 문화 공존을 낳을 수 있습니다. 문화 융합이라는 문화 변동 한 가지를 말하더라도 그것은 직접전파, 간접전파, 자극전파 등 다양한 요인 가운데 어느 한 가지 혹은 여러 요인이 복합적으로 작용하여 문화 융합으로 나올 수 있습니다.

예를 들어 인도네시아의 소수 부족인 찌아찌아족은 고유의 음성언어는 있지만, 고유의 문자언어는 없었습니다. 그동안 문자의 표기는 로마자로 해왔습니다. 그런데 일부 학교에서 2009년 한글을 빌려와 자신들의 고유 언어를 표기하게 되었습니다. 고유의 음성언어와 외래의 문자언어가 결합하여 새로운 언어가 완성되었으니 문화 융합에 해당합니다.

이러한 문화 융합이 가능할 수 있었던 원인은 여러 가지로 설명할 수 있습니다. 먼저 이두처럼 자극전파로 볼 수도 있습니다. 한글 표기법의 아이디어를 얻어 사용했기 때문입니다. 반면 한국과 인도네시아 바우바우시의 찌아찌아족이 한글을 사용하기로 합의서를 교환했으니 직접전파로 볼 수도 있습니다. 설명하기 나름입니다.

그런데 한국 언론에서는 직접전파를 강조하려는 경향이 있습니다. 그 내면에는 한글을 통해 문화적 자존심을 드러내려는 의도가 있습니다. 이런 언론 보도가 잇따르자 인도네시아 정부가 발끈했습니다. 찌아찌아족이 소수 부족이라 하더라도 인도네시아의 공식적인 범위 안에 있는데,

국가 내 소수 부족이 다른 문자를 사용한다는 것은 사회 통합을 저해할 수 있기 때문입니다. 이처럼 문화 변동은 다양한 이해관계가 맞물려 갈등을 유발할 수 있으므로 조심스럽게 다뤄야 할 문제입니다.

문화 변동에 따른 갈등과 전망 ②

문화 변동은 한 사회에 큰 변화를 줍니다. 따라서 문화 변동 과정에서 기존 문화와 새롭게 출현한 문화 간의 모순과 갈등이 발생할 수 있습니다.

문화 접변이 자발적으로 이루어질 때에는, 문화 변동에 따른 갈등은 비교적 약합니다. 새로운 문화 요소의 도입이 필요하다고 느껴 문화 간의 동등한 상호 교류를 통해 문화 접변이 일어나기 때문입니다. 이때는 새로운 문화에 대한 긍정적인 평가가 이루어져 수용적 자세를 취합니다. 특히 일반적으로 사상이나 관념, 종교 등의 비물질문화보다는 기술과 같은 물질문화가 수용되기 쉽습니다.

하지만 자발적 문화 접변에도 문화 변동에 따른 갈등이 발생할 수는 있습니다. 예를 들어 선진 과학기술을 자발적으로 수용하여 물질문화가 새로운 지배 문화로 등장했지만 이에 적응하지 못할 때에는 혼란에 빠질 우려가 있습니다. 특히 기존 문화에 익숙한 기성세대가 아직 사회화가 이루어지고 있는 젊은 세대보다 더 적응하기 어려우며 혼란이 가중될 가능성이 큽니다. 이러한 혼란도 하나의 갈등이 될 수 있습니다.

그런데 강제적 문화 접변이 일어날 때는 심각한 갈등이 생길 것입니다. 강제적 문화 접변은 강자의 문화가 약자의 문화를 침탈하고 지배하는 과정을 통해 이루어지는 경우가 많습니다. 물리적 강제력에 의해 문화를 이식하는 강제적 문화 접변은 서구 제국주의 국가들이 아메리카, 아프리카, 아시아를 침략하면서 문화를 변화시킨 사례에서 찾아볼 수 있습니다. 일제 강점기에 겪은 문화 변동 역시 강제적 문화 접변에 해당합니다. 신사참배, 한글 사용 금지 및 일본어 성명 강요 등은 강제적 문화 접변입니다.

강제적 문화 접변에 대해 반발하면서 문화의 반동 및 복고 현상을 낳기도 합니다. 이는 외래 문화의 유입 때문에 전통문화의 정체성이 위협받을 경우, 외래 문화를 거부하고 그 나라 고유의 문화를 강화하려는 움직임을 의미합니다. 예컨대 조선 말 단발령에 대한 유생들의 반발이나 흥선대원군이 추진한 통상 수교 거부 정책이 이에 해당합니다.

외부로부터의 문화 전파가 모든 사람에게 똑같은 의미로 전달되는 것은 아닙니다. 똑같은 시기, 똑같은 문화의 유입을 보고도 사람들은 다른 반응을 보일 수 있습니다. 지배 집단과 피지배 집단의 의견이 항상 일치하지는 않으므로 수용과 거부를 둘러싼 혼란이 일어날 수 있습니다. 예를 들어 천주교의 유입은 신 앞에 평등을 주창하여 당시 신분제 사회를 동요시킬 수 있었기에 흥선대원군은 천주교를 극렬하게 탄압했습니다. 하지만 신분제 타파를 원하던 일부 민중들은 천주교 유입을 더욱 적극적으로 수용하는 자세를 보일 수 있었습니다. 이처럼 기존 생활양식을 유지하려는 사람은 반발하고, 새로운 것을 추구하거나 현 사회·문화의 변화를 원하는 사람들은 적극적으로 새로운 문화를 수용하게 마련입니다.

한편 현대 사회에서 과학기술의 발달 속도가 빨라지면 물질문화나 새로운 기술의 도입에 문화가 충분히 적응하지 못하는 문화 지체(Cultural Lag) 현상이 일어날 수 있습니다. 물질문화의 빠른 발전 속도에 비해 비물질문화의 발전 속도는 지체 혹은 지연될 수 있습니다. 문화 요소 간의 변동 속도에 격차가 나타나는 겁니다. 한편 문화 지체는 그 사회 내에서 발생한 발명이나 발견에 의해서도 나타날 수 있습니다. 물질문화는 대다수 발명 혹은 발견과 관련이 깊기 때문입니다. 갑작스런 발명이나 발견에 비물질 문화가 미처 적응하지 못할 수 있죠.

일반적으로 문화 지체 현상은 물질문화와 비물질문화의 변화 속도를 비교하여 생각해볼 문제입니다. 과학기술의 발달로 이루어지는 물질문화의 변화는 사회에 빠르게 확산하지만, 그와 관련된 예절이나 제도, 가치관은 그만큼 빠르게 확산하지 않습니다. 물질문화와 비물질문화의 부조화가 나타나는 것입니다. 이런 문화 지체 현상은 사회 변동의 결과이면서 사회 문제를 일으키는 원인이 되기도 합니다.

예를 들어 핸드폰의 도입에 따라 언제든지 아무 곳에서나 전화 사용이 가능해지면서 지하철, 공원 같은 공공장소에서 큰 소리로 통화하는 태도가 문화 지체 현상의 대표적인 사례입니다. 인터넷의 발달에 따라 인터넷 사용이 빈번해지면서 악성 댓글이 늘어나는 것이나 SNS를 통해 근거 없는 유언비어와 허위 사실 유포가 늘어난 것도 마찬가지입니다. 정보사회에서의 지적 재산권 침해 문제나 해커들의 통신망 파괴와 같은 범죄 문제도 문화 지체 현상과 관련이 깊습니다.

앞으로 과학기술은 더 빠르게 변화할 것입니다. 그러면 문화 지체 현상은 더 심각해질 수 있습니다. 과학기술에 대해 일관된 원칙 없이 그때그때 임기응변으로 대응해오던 관행이 지속되면 우리 사회의 문화는 더욱 혼란을 겪을 수밖에 없습니다. 수천 년의 역사를 통해 지금까지 이뤄 놓은, 인간 사회의 바람직한 방향에 대한 역사적, 사회적 합의가 매번 새롭게 등장하는 과학기술에 따라 흔들리는 일은 없어야 합니다. 인간 존엄의 공동체가 무너진 자리에 무엇이 새롭게 세워진들 의미가 없을 겁니다. 인문·사회학에서 과학기술의 발전에 대해 끊임없이 성찰해야 할 이유가 여기에 있다고 할 수 있습니다.

꼬리잡기 힘든
현대 사회

현대 사회

현대의
사회 변동

...

1
장

기막힌
사회 변동
설명서

사회는 어디로, 어떻게 변동하는 것일까

사회 변동의 의미와 요인

사회는 늘 변합니다. 사회의 전반적인 사회적 관계, 의식 구조, 생활양식 등이 변화하는 양상을 사회 변동이라고 합니다. 변동은 말 그대로 변화를 의미합니다. 바람직한 변화든, 바람직하지 못한 변화든, 모두 사회 변동이라고 할 수 있습니다. 사회 발전과 사회 변동을 혼동해서는 안 됩니다. 사회 발전은 긍정적 사회 변동만을 의미하지만, 사회 변동은 부정적인 사회 변동이나 퇴보 혹은 멸망도 포함되는 개념입니다.

인류의 역사는 퇴보와 멸망을 포함하여 오랜 시간 동안 넓은 범위에 걸쳐 계속 변화해왔습니다. 한순간도 정체되어 있지 않았습니다. 특히 현대 사회는 대변혁 혹은 대전환의 시대라고 불릴 만큼 빠르고 크게 변하고 있습니다. 그렇다면 사회를 변화시키는 요인은 과연 무엇일까요?

사회 변동의 전통적인 요인은 자연환경의 변화였습니다. 자연환경에 적응하는 과정에서 인간 사회는 많은 변화를 겪었습니다. 예를 들어 자연환경에 따라 인간 사회의 의식주 문화가 다르게 나타났습니다. 인간의 문화는 자연환경에 종속된 경향이 있었습니다.

자연환경의 영향력은 오늘날에도 여전합니다. 오늘날에도 지구 온난화와 같은 자연환경의 변화는 새로운 사회 변동을 예고하고 있습니다. 2009년 기상청에서 발표한 '한반도 기후변화 추세 분석'에 따르면 지난 100년 동안 한반도의 연평균 기온이 1.7도 상승한 것으로 나타났습니다. 이는 0.74도 상승한 전 세계 평균 기온보다 두 배 넘게 상승한 것입니다. 그만큼 한국의 산업 분야에도 빠르고 큰 변화가 나타날 것으로 보입니다. 구체적으로 농작물 재배 온도 한계선이 북상하며 각 지역의 전통적인 특산물이 변화하고, 해수면 온도의 상승으로 주류 어종이 변화하여 농업과 어업을 비롯하여 주변 다른 산업 분야에도 변화가 나타나고 있습니다. 이처럼 자연환경 자체가 사회를 변화시키는 힘은 여전히 중요합니다.

하지만 일반적으로 자연환경이 인간 사회에 미치는 영향력은 점차 약해졌습니다. 자연환경에 대응하는 과정에서 기술 발달을 초래하고, 기술 발달이 더욱 많은 사회 변동을 초래했기 때문입니다.

예나 지금이나 기술의 발전을 주목할 필요가 있습니다. 청동기나 철기 등을 이용한 농기구의 발명은 농업 사회 발달에 결정적 계기가 되었고, 증기 기관의 발명은 산업혁명으로 이어졌습니다. 컴퓨터나 인터넷 등 새로운 정보통신 기술의 발달은 교육, 의료, 정치, 산업 등 우리 생활 전반에 큰 변화를 몰고 왔습니다. 화상 회의, 원격 진료, 전자 민원 서비스의 도입, 전자민주주의 등은 이제 흔한 일상이 되었죠.

가치관이나 신념의 변화도 사회 변동을 이끄는 힘입니다. 이러한 정신적 요인은 사회 제도와 구조의 변화에 따라오는 측면이 있습니다. 예를 들어 사회 복지 제도의 확대에 따른 복지사회로의 변화는 인간의 사회적 권리에 대한 의식을 강화했습니다. 하지만 정신적 요인 자체가 사회 제도와 구조의 변화를 이끌기도 합니다. 예를 들어 계몽주의와 자연권 사상은 시민혁명을 이끌었고 민주주의에 대한 의식의 변화가 독재정권을 무너뜨려 민주적 제도와 구조를 만들어내기도 했습니다. 최근에는 결혼과 출산에 대한 가치관의 변화가 가족 제도와 그 운영의 변화를 초래하기도 했습니다.

끝으로 인구 증감이나 인구 이동 등의 인구학적 요인에 따른 사회 변동을 추가하여 기억해야 합니다. 증가한 인구를 먹여 살리려고 다양한 정책과 제도가 나타났습니다. 경제성장을 이룬 국가들은 저출산 현상을 겪고 있는데, 이것이 복지 분야에서 사회 변동을 자극하고 있습니다. 인구 이동 역시 한 국가를 붕괴시키거나 새로운 사회를 건설하는 데 영향을 주기도 했습니다.

지금까지 나열한 요인 이외에도 사회 변동의 요인은 매우 다양하고 복잡하며, 이러한 요인들은 상호작용하여 더 크고 복잡한 사회 변동을 초래하고 있습니다.

사회 변동과 정보사회 ②

세상, 참 많이 변했습니다. "불과 몇 년 전만 하더라도"라는 말을 정말 많이 합니다. 변한 게 많으니까 그 숱한 변화를 모두 담아낼 언어를 찾는 일도 어렵습니다. 그래서 우리는 역사를 큼직큼직하게 덩어리로 썰어 사회변동을 말하게 됩니다. 변동 순서에 따라 농업사회, 산업사회, 정보사회로 말이죠. 통 크게 말하면, 농업사회에서는 노동력이 중요했고, 산업사회에서는 자본이 주목받았다고 할 수 있습니다. 그런데 정보사회는 정보와 지식이 사회의 중요한 자원이 됩니다.

경제의 주축은 굴뚝 산업(전통적인 제조업을 의미함)이 아니라 정보와 지식을 다루는 정보 산업으로 이동했습니다. 정보, 즉 데이터는 '21세기 석유'라고 불립니다. '빅데이터 시대'라는 말도 들어봤을 겁니다. 정보와 지식이 중요한 가치 창출의 원천이 되는 사회가 되었습니다. 정보사회에서는 정보와 지식의 창출, 재구성, 활용 능력이 강조됩니다. 따라서 정보와 지식을 다루는 사람들, 예컨대 과학자 및 연구원, 전문직, 고급 기술직 등 테크노크라트(technocrat)가 사회의 핵심 세력으로 성장했습니다. 이들이 정보 기술(IT) 산업을 발전시키며 정보사회를 이끌고 있습니다.

정보사회는 농업사회나 산업사회와는 다른 여러 가지 특징을 가지고 있습니다. 농업사회에서는 농부가 생산하는 농산물이 다양하지 않으며 생산량도 적었기 때문에 소품종 소량생산 체제였습니다. 산업사회에서는 규격화된 몇 가지 제품을 대량 생산하는 소품종 대량생산 체제로써 표준화와 획일화를 추구했습니다. 하지만 정보사회는 개인의 개성과 다양한 가치를 존중합니다. 개인의 욕구 및 기호에 맞게 다양한 품종을 생산하고 그것들이 소수의 개인 욕망에 맞춰진 것이므로 각각의 양은 적을 수밖에 없습니다. 그래서 다품종 소량 생산방식이 중심이 된 생산방식 체제라고 합니다.

정보사회에서 사람들은 자신의 개성에 맞는 다양한 직업의 다양한 업무를 찾아 자아실현을 할 수 있게 되었습니다. 농업사회에서 직업은 농업뿐이었고 직무도 거의 동일했습니다. 농사일의 모든 과정이 어디서나 같았습니다. 봄이 오면 누구나 씨 뿌리고 가을이 오면 누구나 수확하죠. 산업사회에는 다양한 제조업이 등장했죠. 각 산업에서 전체 생산공정이 같지는 않지만, 부문별로는 동질한 업무를 수행했습니다. 분업화되면서 부문적으로 동질의 업무를 맡았지요. 하지만 정보사회는 직업이 다양해졌고 업무도 가지각색입니다. 개인 각자가 개인 공간에서 개인 업무를 수행하죠. 직업의 동질성 정도는 농업사회가 가장 높고, 산업사회와 정보사회가 차례대로 뒤를 잇습니다. 직업의 이질성 정도는 역순으로 이해할 수 있겠죠. 사회의 다원화로 바꿔 말할 수도 있는데, 사회의 다원화 정도는 정보사회가 가장 높고, 산업사회와 농업사회가 차례대로 뒤를 잇습니다.

물론 다른 사회와 마찬가지로 기술 발전이 정보사회 형성의 가장 큰 원동력이었습니다. 신석기 시대에 농업혁명으로 농업사회가 형성되었고, 증기 기관차와 방직기 등의 발명이 산업사회를 이끌었듯이 컴퓨터와 전기 통신 등 정보 기술의 혁신이 정보사회를 등장시켰습니다. 하지만 정보사회에서 기술의 발전 속도는 이전 시대와 비교할 수 없을 만큼 빠릅니다. 정보사회는 지금도 변하고 있습니다. 요컨대 사회의 변화 속도는 정보사회가 가장 빠르고, 산업사회와 농업사회가 차례대로 뒤를 잇습니다.

컴퓨터의 발명과 정보 통신 기술의 급격한 발달 때문에 사회 전반에 걸쳐 변화가 나타났습니다. 예를 들어 컴퓨터와 인터넷 등의 발달로 재택근무가 가능해져 업무의 효율성이 높아지고 기업의 생산성도 개선될 수 있습니다. 재택근무는 회사로 출퇴근을 하지 않고 정보 통신망을 이용하여 집에서 회사 업무를 처리하는 근무 형태입니다. 재택근무가 가능해지면서 노동환경이 개선되어, 일-가정의 양립도 가능합니다. 가정에서 아이를 돌보고 집안일을 하면서 동시에 회사 업무도 처리할 수 있기 때문입니다. 덤으로 여가 시간도 많아집니다. 요컨대 가정과 일터의 분리가 불분명해졌습니다. 이것은 산업사회에서 가정과 일터가 완전히 분리되어 있던 것과 비교됩니다. 그런데 정보사회에서 가정과 일터의 분리가 불분명해졌을 뿐이지 완전히 연결된 것은 아닙니다. 모든 업무를 재택근무로 하는 게 아니라 일반적으로 기업에서 업무를 보는 일과 병행합니다. 그래서 가정과 일터가 완전히 연결된 농업사회의 수준에는 미치지 못합니다. 가정과 일터의 분리 정도는 산업사회가 가장 높고, 정보사회와 농업사회가 차례대로 뒤를 잇습니다. 가정과 일터의 결합 정도는 바꿔 말할 수 있겠지요.

사회적 관계를 맺는 공간적 범위는 크게 확대되었습니다. 농업사회에서는 사회적 관계의 공간적 범위가 한 마을을 넘기 힘들었습니다. 하지만 산업사회에 이르면 증기 기관차의 발명으로 도시와 도시를 연결하는 교통망이 발달하여 사회적 관계의 공간적 범위가 크게 확대되죠. 하지만 정보사회에 이르면 인터넷망을 통해 그 범위가 지구적 범위로 넓어졌습니다. 사회적 관계의 공간적 범위는 정보사회가 가장 넓고, 산업사회와 농업사회가 차례대로 뒤를 잇습니다. 이를 바꿔 말해, 사회적 관계를 맺는 공간적 범위의 '제약'은 역순이 됩니다.

과학기술의 도움으로 정보사회는 자신의 이름을 숨기면서 발언할 수 있게 되었습니다. 익명성이 보장되는 겁니다. 농업사회에서는 생활 범위가 좁아 어느 집에 숟가락이 몇 개가 있는지까지 다 알고 지냅니다. 말 한마디도 조심해야 했죠. 산업사회는 직장에서 개인의 모습은 일상생활의 모습과 구분됩니다. 직장에서는 개인의 일상을 알 수 없죠. 하지만 정보사회에서는 익명성이 보장되어 악의적인 말도 거침없이 내뱉습니다. 자신의 이름을 숨길 수 있어서 가능한 일이었습니다. 그래서 사회 구성원의 익명성 정도는 정보사회가 가장 높고, 산업사회와 농업사회가 차례대로 뒤를 잇는다고 할 수 있습니다.

사회적 관계를 맺는 공간적 범위의 확대와 더불어 면 대 면 접촉보다는 인터넷 공간을 통한 간접적 접촉이 많아졌습니다. 개인의 실제 감정뿐만 아니라 얼굴도 숨기면서 접촉하지요. 그러면서 형식적이고 피상적인 인간관계가 확산될 수 있습니다. 이를 대면적 접촉이 아니라는 의미에서 비(非)대면적 접촉이라고 합니다. 사회 구성원의 비대면 접촉의 정도는 정보사회가 가장 높고, 산업사회와 농업사회가 차례대로 뒤를 잇습니다. 대면적 접촉은 역순이 될 것입니다.

그래도 다행인 것은 대면적 접촉만큼은 아니겠지만 정보사회에서도 쌍방향 의사소통이 가능해졌다는 것입니다. 산업사회에서는 신문이나 TV처럼 일방적 의사전달 매체가 발달했습니다. 대중매체는 대량적, 획일적 정보를 제공했습니다. 하지만 정보사회에서 사람들은 정보의 일방적 수용자가 되기를 거부했습니다. 각자의 개성과 창의성을 표출하기를 원했습니다. 이러한 욕구의 변화가 정보 기술의 혁신과 접목되면서 정보사회를 형성하게 되었습니다. 정보사회에서는 뉴 미디어와 같은 쌍방향 통신 매체가 발달하게 되었습니다. 쌍방향적 뉴 미디어의 발달 덕분에 사람들은 원하는 정보에 쉽게 접근하고, 서로의 의견과 정보를 더욱 원활하게 나눌 수 있게 되었습니다.

쌍방향적 대중매체의 발달은 전자민주주의를 발전시킬 수 있게 되었습니다. 정치적 측면에서 전자민주주의의 발달은 대의제를 보완할 수 있습니다. 국민의 대표인 국회의원을 선거를 통해 선출하면서 다만 국민의 뜻을 직접 표현하는 방식이기에 이것만으로 직접민주주의가 실현된 것은 아닙니다. 하지만 직접 민주정치의 실현 가능성이 향상되었다고는 말할 수 있습니다. 전자정부가 중요 정책에 관해 전자투표의 방법으로 국민의 정치 참여를 유도하면 참여민주주의가 활성화되어 직접민주주의에 조금 더 가까이 다가갈 수 있습니다.

개인의 개성과 창의성이 강조되는 양상은 사회조직에도 변화를 일으켰습니다. 탈관료제화 현상이 나타난 것입니다. 산업사회는 정보사회보다 관료제 조직의 비중이 높았습니다. 이 산업사회 시기부터 관료제 때문에 업무의 표준화 방식이 보편화되기 시작했습니다. 하지만 정보사회는 관료제의 비중이 줄어들었습니다. 정보사회는 산업사회보다 탈관료제 조직의 비중이 더 높게 나타납니다. 의사결정의 분권화가 증가하여 사회 전반에 권위주의로부터의 탈출, 즉 탈권위적, 탈중앙집권적 현상이 나타나고 있습니다. 이제 한 사람의 지시와 명령이 아닌, 여러 사람이 모여 집단 지성을 발휘하고 그것이 정책에 반영되는 일이 많아졌습니다. 이런 현상은 가부장제의 권위가 강하게 작용하던 농업사회에서는 생각지도 못했던 일이었습니다. 산업사회의 관료제는 농업사회에서의 가부장적 권위보다는 나은 편이었습니다. 그런데 이윽고 정보사회에 이르면 권위주의가 땅바닥에 떨어졌습니다. 그래서 의사결정의 분권화 정도는 정보사회가 가장 높고, 산업사회와 농업사회가 차례대로 뒤를 잇는다고 볼 수 있습니다.

하지만 정보사회의 발달은 국가 권력 혹은 특정 세력이 정보와 지식을 독점하게 될 경우, 국민을 통제하는 사회가 나타나 기본권이 침해될 수 있습니다. 정보사회에서는 어느 누가 정보를 쥐고 관리하는지조차 명확하게 드러나지 않을 수 있습니다. 인터넷망의 네트워크는 매우 복잡하게 얽혀 있기 때문입니다. 보이지 않는 누군가, 그 누군가는 국가가 될 수도 있고 기업이 될 수도 있으며 정치인이 될 수도 있는데, 그 누군가가 개인의 일거수일투족을 포착하여 사회를 통제할 수 있습니다. 오웰(Orwell, G.)의 《1984》에서 묘사되었듯이 빅브라더가 등장하여 사회 전체가 감시사회로 통제받을 수 있는 것입니다. 개인이 어디서 어떤 소비를 하는지, 어느 교통수단을 이용하여 어디서 어디까지 이동하는지 신용카드 사용 내역만 보면 알 수 있기 때문입니다. 이처럼 개인의 삶을 누군가 훤히 들여다볼 수 있다면 그것만으로 심각한 사생활 침해가 될 것입니다. 그런데 성별, 주소, 나이, 재산 정도, 학력, 취미 등 개인정보가 타인에게 노출되거나 악용되는 사생활 침해는 이미 흔한 일이 되고 있습니다.

정보사회가 인터넷으로 생활공간을 옮겨놓으면서 사이버 폭력이 문제시되고 있습니다. 사생활 침해뿐만 아니라 허위사실 유포, 명예훼손, 악성 댓글 등이 모두 사이버 폭력에 해당합니다. 사이버 폭력의 피해자는 엄청난 정신적, 물질적 피해를 받는데, 가해자들은 익명성을 악용하기 때문에 죄의식 없이 행하는 경우가 많습니다. 그래서 일탈 행동을 더욱 증가시키는 경향이 있습니다. 그리고 가해자를 찾아내는 일도 쉽지 않습니다. 반면 그 피해가 인터넷망을 타고 어디까지 진행되었는지 알 수 없어 구제도 사실상 어려운 형편입니다.

그리고 저작권자의 허락을 받지 않고 타인의 창작물을 무단으로 복제하거나 유포시키는 지적 재산권 침해의 사례도 많습니다. 인터넷에서 �꺼

작권자의 허락 없이 소설, 음악, 연구자료 등을 무단으로 베끼거나 웹 페이지에 게시하는 행위가 창의적 생산을 위해 공들인 사람들의 노력을 무너뜨리기도 합니다.

이 같은 정보사회의 문제를 해결하려면 법적 규제 방안을 마련해야 합니다. 그러나 지나친 규제는 표현의 자유를 침해할 수 있으므로 유의해야 합니다. 이 같은 정책적 논의는 시민과 기업 그리고 정부가 사회적 합의를 이뤄 실행되어야 할 겁니다.

한편 정보사회의 문제에서 빼놓을 수 없는, 어떻게 보면 가장 중요한 문제 가운데 하나가 정보 격차의 문제입니다. 정보 격차란 정보에 접근하는 게 동등하지 않은 현상을 말합니다. 그 원인은 경제적, 정치적, 사회적 차이에서 비롯됩니다. 정보사회에서 지배적인 위치를 차지하려면 정보와 지식을 소유해야 합니다. 그런데 컴퓨터와 인터넷이 흔해져도 그것으로 정보와 지식을 얻을 능력이 부족한 사람이 엄청 많은 게 사실입니다. 정보 기기나 서비스를 구매할 경제적 능력의 부족, 고급 정보를 획득할 정치적 능력의 부족, 정보 활용 능력과 같은 사회적 능력, 신체적 불편과 같은 개인적 능력 등의 차이 때문에 정보 격차가 발생하면서 결국 사회 불평등 및 사회 계층 형성에도 영향을 줍니다. 정치적, 경제적, 사회적 불평등이 정보 불평등으로 이어지고 이것이 다시 사회 불평등 현상으로 나타나는 악순환이 발생할 수 있는 것입니다.

실제로 정보 격차 지수는 이러한 문제를 현실로 보여주고 있습니다. 정보 격차 지수는 일반 국민의 정보화 수준을 100으로 가정했을 때의 값에서 일반 국민 대비 취약 계층의 정보화 수준의 값을 빼서 측정하는데,

저소득층과 농어민, 그리고 장애인이나 노년층은 일반 국민보다 정보 격차를 겪고 있다고 합니다.

그동안 정보사회에 대해 낙관적으로 봤던 사람들은 정보화가 경제력이 낮은 사람들에게도 정보에 대한 보편적이고 손쉬운 접근을 가능하게 하여 삶의 기회가 확대되고, 계층 간 격차가 줄어들 거라고 했습니다. 정보와 지식이 중시되는 정보사회에서는 기존에 하층이었던 사람들도 정보와 지식을 획득할 수 있으면 중층으로 이동할 기회가 많아져, 결국 중층의 비율이 높은 타원형 계층 구조가 나타난다고 예측했던 겁니다. 나아가 세계가 하나의 시장으로 통합되고 정보가 널리 활용되어 선진국과 후진국 간의 소득 격차도 줄어들 것이라고 주장합니다.

하지만 이는 현실과 조금 다를 수 있습니다. 정보사회에서 정보 접근성이 높아져도 정보의 양이 중요한 게 아니라 질이 중요합니다. 고급 정보를 많이 소유한 사람만이 경제적 부를 획득할 수 있는 겁니다. 그래서 정보사회가 모든 계층에게 열려 있는 건 아닙니다. 고위층은 고급 정보를 더 많이 습득하여 더 부유해지는데 하위층은 그러지를 못합니다. 중산층도 고급 정보의 습득 경쟁에서 밀려나 하위층으로 내려갈 수 있습니다. 결국 계층과 소득 수준에 따라 고급 정보의 획득 및 접근에 격차가 나타나 기존의 계층 간 불평등 현상이 더욱 심화할 것이라고 주장하는 사람도 있습니다. 이 주장에 따르면 정보 격차 때문에 중층의 비율이 현저히 낮아져 모래시계형 계층 구조가 나타날 거라고 봅니다.

정보 격차를 해결하기 위해서는 우선 정보와 지식의 투명성이 전제되어야 합니다. 국가는 시민의 정보공개청구권을 적극 보장해주고 정부와 공공기관은 정보나 지식을 투명하게 공개해야 합니다. 그런 뒤에 정보와 지식에 대한 접근 가능성을 높여야 합니다. 경제적, 정치적, 사회적 차이에 따라 정보와 지식에 대한 접근 기회가 달라지는 일이 없어야 합니다.

구체적으로 정보 격차 문제는 정부가 주축이 되어 정보 소외 계층에게 컴퓨터를 제공하거나 정보 이용료에 대한 보조금을 지급하는 방안으로 해결해볼 수 있습니다. 정보 소외 계층에 대한 정보 교육을 확대하는 것도 필요합니다. 그뿐만 아니라 정보와 지식에 누구나 접근할 수 있는 기술적 측면의 지원도 필요한데, 무엇보다 정보 인프라의 구축이 전제되어야 합니다. 이것도 정부 정책에서 중요하게 고려해야 할 사안입니다.

그리하여 정보사회가 특정인 혹은 특정 세력의 사회가 아닌 사회 구성원 모두의 사회가 되도록 해야 합니다. 이렇게 정보 민주화를 이뤄야 정보사회를 반길 수 있습니다. 단지 농업사회와 산업사회보다 생활이 편리해졌다는 이유로 정보사회를 환영할 수는 없을 겁니다.

사회 변동 이론

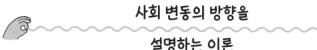

사회 변동의 방향을 설명하는 이론

지금까지의 사회 변동이 어떤 방향으로 흘러왔고, 또 앞으로 어떤 방향으로 흐를지 알려면 두 눈을 크게 뜨고 넓게 봐야 합니다. 지금까지 학자들도 진화론과 순환론이라는 이론 틀을 만들어 사회 변동의 방향에 대해서 거시적으로 보여주려 했습니다.

먼저 진화론입니다. 진화론을 말할 때 제일 먼저 떠오르는 인물은 다윈일 것입니다. 그는 생물학 분야에서 위대한 업적을 남겼죠. 그 영향이 사회학에도 미칩니다. 생물학 원리를 사회학에 적용한 대표적인 인물은 이미 소개했듯이 스펜서입니다.

스펜서는 생물 유기체를 통해 사회 유기체를 설명했지요. 그래서 생물의 진화를 바탕으로 하여 사회 진화의 모델도 만들었습니다. 생물은 단순한 형태에서 복잡한 형태로 진화했습니다. 조직 구조가 분화되고 통합되어 복합적인 생물로 진화했지요.

사회도 마찬가지입니다. 단순했던 사회는 복잡한 사회로 진화했지요. 사회를 구성하는 집단이 증가하면서 동시에 집단 간 결합도 양적, 질적으로 강화되었습니다. 사회 구조가 복잡하게 진화한 것입니다. 이것이 진화론입니다. 오늘날의 사회는 진화의 산물입니다.

스펜서는 적자생존의 논리로 사회의 진화를 설명합니다. 예를 들면 이런 것입니다. 현대 사회에서는 인구가 급격히 증가하여 안정적이던 사회 균형이 깨졌습니다. 사회는 그만큼 규모가 확대되고 복잡해졌지요. 깨진 사회 균형을 조정해준 게 분업입니다. 인구의 증가라는 새로운 변화에 대하여 적절한 분업을 통해 사회적 기능을 잘 조정하며 적응해나간 것입니다. 이런 분업화에 성공한 사회, 즉 사회 구조가 점진적으로 분화하면서 기능적 문제를 잘 해결해나간 사회는 살아남아 문명의 발전을 이룰 수 있었습니다. 지금 살아남은 문명사회는 대다수 그동안 사회적 환경 변화에 잘 적응하며 진화해온 것이죠.

전체적으로 다시 그 진화 과정을 설명하자면, 동질적인 것에서 이질적인 것으로, 단순한 것에서 복잡한 것으로, 형태와 기능에서 미분화된 것은 분화된 것으로 나아가고 있다는 주장입니다. 이어 사회는 이질적이고 전문적으로 분화되며 복잡해진 사회 부분들이 상호의존적으로 사회 전체의 질서와 통합을 이뤄내고 있다고 합니다.

그런데 스펜서는 야만과 미개의 인종들, 멸종한 문명, 그리고 현대 유럽 사회를 구분했고 자신이 속해 있는 유럽 사회를 가장 진화된 형태로 제시했습니다. 진화론적 관점에서 인류 역사를 보면 원시사회에서 문명사회로, 문화 수준이 낮은 사회에서 높은 사회로 진화했다고 볼 수 있지요. 농업사회가 산업사회를 거쳐 정보사회로 이행하거나, 개발도상국이 근대화 과정을 거쳐 선진국으로 발전하는 경우는 모두 사회 진화론을 뒷받침하는 사례로 종종 제시되고는 합니다.

진화론의 관점에서 사회 변동이란 일정한 방향성을 가지고 발전하는 진보를 의미합니다. 사회 변동을 사회 발전으로 해석하고 있으므로 사회 변동을 긍정적으로 본다고 할 수 있습니다. 사회 변동은 진보와 발전을 의미하는 것으로 바람직하게 여깁니다. 퇴보가 없는 발전의 비전만 제시하니 누가 들어도 흥분되는 일이 아닐 수 없습니다. 진화론에는 오늘이 어제보다 낫고, 내일은 오늘보다 더 좋아지기를 원하는 사람들의 바람을 반영하고 있지요.

발전에 대한 단순한 바람은 진화론을 통해 확신으로 이어졌습니다. 진화론은 사회 발전에 대한 확신을 지니고 있습니다. 사회는 그 자체로 발전하게 되어 있다는 주장입니다. 발전은 사회 자체의 본질입니다. 사회 그 자체에 진보의 과정으로 변동하려는 속성이 내재되어 있습니다. 어떻게 그럴 수 있냐면, 사회는 생물체와 같기 때문입니다. 한마디로 말해서 사회는 결국 발전하게 되어 있다고 합니다.

물론 사회마다 사회 변동의 속도에서 차이는 있을 수 있습니다. 하지만 동일한 경로를 거쳐 결국 같은 방향으로 변화하게 마련입니다. 단일한 방향으로 진화하므로 사회의 다음 변동 단계를 어느 정도 예측할 수 있습니다. 미래 예측이 가능하므로 사회 구성원이 긍정적이고 역동적인 자세로 사회 변동에 대처할 수 있습니다.

진화론적 관점을 받아들이는 학자 가운데에는 미국의 경제학자 로스토(Rostow, W.W.)가 있습니다. 그는 《경제성장의 과정》이라는 저서에서 경제성장 과정을 비행기의 여정에 비유하면서 다섯 단계를 거쳐야 선진국에 도달할 수 있다고 보았습니다. 대가족 제도와 전통적 가치관이 지배하는 '전통적 사회 단계', 합리적 기업가와 현대 국가가 출현하면서 사회간접자본이 형성되는 '이륙 준비 단계', 기술개발과 공업화를 통해 안정적인 경제성장이 지속되는 '이륙 단계', 산업이 다양화되고 실질임금이 상승하며 새로운 중간계급이 형성되는 '성숙 단계', 내구성 소비재와 서비스의 대량생산이 이루어지는 고도의 '대량소비 단계'가 로스토가 제시한 진화론적 성장 단계입니다.

하지만 경제성장을 비행기의 이륙에 빗대었던 로스토의 비행기는 착륙할 생각을 안 합니다. 이륙했던 비행기는 언젠가는 착륙해야 합니다. 영원히 하늘을 나는 비행기는 없지요. 비행기 연료가 떨어지듯 경제성장의 동력이 떨어질 수도 있습니다. 새로 기름을 넣고 다시 재도약하려면 착륙해야 합니다. 그리고 추락하는 비행기도 있을 것입니다. 비행기의 추락은 상상도 하기 싫다고 해서 추락하는 비행기가 존재하는 현실을 외면할 수는 없습니다.

이런 측면에서 진화론은 조목조목 비판받을 수 있습니다. 먼저 미개

사회에서 문명 사회로의 발전 방향이 너무 단순해 보입니다. 저발전과 발전의 구분만큼 단순한 게 어디 또 있을까 싶습니다. 진화론은 열등과 우월에 대한 단순 비교를 통해 사회 변동을 단일한 방향으로 설정한 것으로 비판받을 수 있습니다. 서구 사회의 학자들이 제시한 진화론은 결국 자신들이 속해 있는 서구 사회가 모든 면에서 진보된 사회임을 전제로 엉성하게 구성된 이론일 수 있습니다. 이런 이론은 서구의 제국주의 역사를 정당화하는 수단으로 악용될 수도 있습니다. 실제로 그렇게 악용되기도 했고요.

발전을 말하더라도 사실 모든 사회가 같은 양상으로 발전하지도 않습니다. 사회 변동 양상은 다양합니다. 예를 들어 티베트처럼 물질적인 진화가 이뤄지지 못했어도 정신문화의 측면에서는 진화를 이룬 사회도 있을 것입니다. 서구 사회가 경제적으로는 발전하였지만 그들의 정치 제도, 가족 제도, 가치관, 규범 등이 다른 사회보다 우월하다고 단정하기는 어렵습니다. 예를 들어 2020년 코로나바이러스감염증-19 확산 사태 당시 서구 사회의 낮은 시민의식과 개인주의적 성향은 전염병의 확산을 더 악화시켰다는 점을 기억해야 합니다.

모든 사회와 국가가 동일한 패턴으로 변하지 않습니다. 서구 선진국처럼 민주화를 거쳐 경제성장을 이룬 국가도 있고, 중국처럼 민주화 없이 경제성장을 하는 국가도 있습니다. 사회 변동의 속도와 양상이 사회마다 다르고, 한 사회 안에서도 부분별로 다르게 나타납니다. 과학기술은 빠르고 넓은 범위에 걸쳐 변동하더라도 전통 제례 문화는 예전의 절차를 그대로 따르는 때도 있습니다. 사회 변동은 오랜 시간에 걸쳐서 윈민하게 이루어지며 자연스럽게 수용되기도 하지만, 급속하게 이루어지면서 갈등과 대립을 불러일으키기도 합니다. 그 갈등이 문화 변동 양상을 일반적인 양상과 다르게 바꿔놓을 수도 있습니다. 예를 들어 일반적으로 세계화가 국가 간 관계를 긴밀하게 맺는 방향으로 진화한 경향이 있습니다. 하지만 미국이 세계화를 주도하면서 북미에서 북미자유무역협정(NAFTA)을 추진했는데 이게 미국의 의도대로 협력적 관계로 발전한 것만은 아니었습니다. 미국의 거대한 농산물 기업에 밀려 큰 피해를 보게 된 멕시코 농민들이 봉기를 일으키고 세계화의 영향에서 자유로운 자치영역을 확보한 일도 있었습니다. 진화론은 이처럼 다양한 경로의 사회 변동 양상을 설명하기 어렵습니다.

그리고 사회가 항상 발전만 하지는 않는다는 점에서도 진화론을 비판할 수 있습니다. 사회는 퇴보하거나 멸망할 수도 있습니다. 진화론은 사회 변동이 곧 진보와 발전이라고 보기 때문에 전쟁, 재난, 경기 침체 등으로 사회가 오히려 퇴보하거나 멸망하는 등의 사례를 설명하기 어렵습니다. 서구 사회의 여러 국가도 항상 발전해온 것은 아닙니다. 멸망하고 다시 흥하기도 했지요. 로마 제국의 멸망이나 지지 않는 태양이라 생각했던 대영 제국의 퇴보, 미국이라는 새로운 패권 국가의 등장 등이 있었잖아요. 그리고 미국의 경우는 지금 세계 최대의 경제 선진국이지만 그만큼 세계 최고의 이산화탄소 배출국 가운데 하나이며 상대적 빈곤율이 매우 높은 국가입니다. 그뿐만 아니라 많은 테러 집단이 최우선적인 공격 목표로 삼는 국가가 되었습니다. 이것이 진보인가요? 진화론은 지금의 서구 사회가 이룬 물질적 풍요에 취해 합리적인 판단을 할 수 있는 분별력을 잃고 있다는 생각도 듭니다.

한편 진화론에 대한 비판을 생각하며 고려해야 할 이론이 순환론입니다. 순환론은 사회가 생성, 성장, 쇠퇴, 해체의 과정을 반복하는데, 그것이 곧 사회 변동이라고 주장합니다. 진화론과 달리 순환론은 사회의 변동 방향이 항상 발전이라는 하나의 방향으로만 흐르지는 않는다고 주장합니다. 진보하는 것만이 아니라 쇠퇴하거나 붕괴하기도 한다고 봅니다. 순환론에서 더욱 주목하여 볼 것은 생성에서 해체까지의 과정이 반복된다는 점에 있습니다. 반복되기 때문에 순환론이라고 하는 것입니다.

인간의 생애주기는 어떤가요? 태어나서 계속 성장만 하던가요? 좌절의 경험도 겪습니다. 그리고 성장하면 그것으로 끝인가요? 진화론은 성장한 이후에 대해 아무 말을 하지 않습니다. 하지만 순환론은 생물체가 결국 죽음으로 끝을 보는 단계까지 포함하여 말하죠. 유기체의 비유를 활용한 사회유기체설에서는 진화론의 입장에서 사용되었지만, 순환론의 입장에서는 생물체를 다르게 인용할 수도 있습니다. 인간의 생애주기와 같이 사회도 반복된다고 말이지요. 인류 사회의 여러 문명은 독자적 정체성을 가지지만, 결국 하나같이 성장, 발전, 노쇠, 몰락의 과정을 되풀이한다고 본 것이 순환론입니다.

순환론을 주장하는 여러 학자 가운데 대표적인 인물이 슈펭글러(Spengler, O.)입니다. 그는 인류의 문명도 사람의 인생처럼 '출생과 유년기, 청소년기, 성숙기, 노년기 그리고 사망기'의 5단계를 순환한다고 보았습니다. 그는 《서구의 몰락》이라는 저서에서 역사적 법칙에 근거하여 볼 때, 서양 사회가 패망의 단계에 접어들었다고 주장했습니다. 슈펭글러는 서양 사회가 패망 단계에 이르렀다는 근거로 당시의 서양 사회를 혼란에 빠뜨렸던 전쟁, 가치관의 갈등, 사회 결집력의 와해 등을 제시했습니다.

순환론은 진화론과 달리 서구 중심적 사고라는 비판을 받지 않습니다. 서구 사회를 포함하여 모든 문명이 결국 소멸할 수 있다고 설명하기 때문입니다. 오히려 한참 잘나가고 있는 서구 사회에서는 순환론이 당혹스럽게 느껴질 겁니다.

그리고 사회 발전에 기대가 많은 사람에게는 매우 실망스러울 것입니다. 쇠퇴와 해체의 과정도 포함한 순환론은 사회 변동을 긍정적으로만 인식한다고 보기는 어렵기 때문입니다. 하지만 너무 실망할 필요는 없습니다. 사회 변동의 모든 과정을 부정적인 현상으로 인식하는 것도 아니기 때문입니다. 순환론은 성장과 발전도 포함하여 설명하고 있기 때문입니다. 종합적으로 볼 때 순환론은 국가의 흥망성쇠라는 다양한 변동 현상을 설명하는 데 적합합니다. 다시 말해 순환론은 사회가 하나의 방향과 하나의 방식이라는 단선적 발전 과정을 거치는 것이 아니라고 주장하는 것입니다.

순환론을 주장하는 사람은 저 높은 하늘 위에서 인류의 모든 역사를 내려다보고 있는 듯한 태도를 보입니다. 시야가 넓어 장기간에 걸쳐 일어나는 사회 변동의 역사 전체를 볼 수 있기 때문입니다. 오랜 시간에 걸쳐 일어나는 사회 변동을 소멸이라는 운명적 결론을 포함하여 설명합니다. 한 사회의 운명이 소멸로 귀결되고 나서 순환론은 그 모든 사회 변동 이야기를 정리하듯 말합니다.

이러한 순환론은 사회 구조 자체가 특정한 계기로 변화할 때 그것이

지닌 의미를 설명하기 어렵습니다. 순환론을 주장하는 학자는 사회 구조적 수준에서의 구체적인 논의에 대해 그다지 관심이 없었기 때문입니다. 예를 들어 산업구조조정에 성공하여 높은 경제성장률을 보였다고 한들 무슨 소용이 있냐고 말할 것입니다. 결국에는 다시 몰락할 것인데 말이죠. 하지만 그런 구조적 변화가 장기적으로 무의미하게 무너진다고 해서 소홀히 다루어도 되는 것일까요? 아닐 것입니다. 순환론 역시 비판받는 지점이 있습니다.

순환론은 장기적인 역사의 관점에서 어느 정도 사회 변동을 설명할 수 있지만, 중단기적으로 나타나는 사회 변동을 설명하는 데는 부족합니다. 역사적 순간순간에 일어났던 단기적 사회 변동 과정을 설명하기 어렵다는 얘기입니다. 순환론은 역사적 과정에서의 각 국가의 생성과 쇠퇴를 단순히 확인하고 설명하는 데 그칠 뿐입니다.

순환론에 대해 반론을 제기할 때 순환론자에게 꼭 묻고 싶은 게 있습니다. 우리는 어디에 있는 것이냐고요. 더 올라가야 할 길이 남아 있는지, 아니면 그 길이 막혀 이제 멸망의 길로 내려오고 있는 것인지 알 수 없습니다. 순환론은 현 사회가 순환 과정의 어디에 위치하는지 설명하지 못합니다. 현재의 사회 변동 과정이 어떤 과정에 있는지를 설명하기에 부적합하죠. 현재의 위치를 찾지 못하니 미래는 어떻게 알겠어요? 앞으로 사회가 진보의 방향으로 나아갈지, 쇠퇴의 방향으로 무너질지 정확하게 제시하기 어렵습니다. 사회 변동의 방향을 예측하기 어려워 역동적 대응이 곤란합니다.

인간의 성장 주기로 말하자면 이 젊음도 곧 소멸할 것이라면 나아갈 길을 찾고 있는 우리의 노력은 헛된 게 아닌지, 지금 우리가 무엇을 할 수 있는지 확실한 답을 찾을 수 없습니다. 순환론의 답은 허무하게 끝납니다. 결국 우리는 언젠간 죽을 운명이란 것입니다. 순환론은 사회와 역사를 '주기적으로' 반복하는, 반복적 순환 과정으로 봄으로써 운명과 같은 불가사의한 힘을 지나치게 강조하고 있습니다. 쇠퇴 소멸의 운명을 지닌 것으로 파악하여 운명론적 관점에 취해 있지요. 그러니 세상을 바꿀 수 있는 인간의 주체적 행동을 과소평가한다는 비판을 듣고는 합니다.

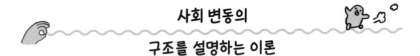

사회 변동의 구조를 설명하는 이론

진화론과 순환론은 사회 변동의 요인을 밝히지 못했습니다. 사회 변동의 방향에 대해서만 언급했을 뿐입니다. 사회 변동의 구조적 요인을 알고자 한다면 사회 구조를 강조하는 이론의 라이벌, 기능론과 갈등론을 다시 만나봐야 합니다.

먼저 기능론은 사회 변화보다는 질서 유지와 안정을 강조합니다. 그러면 기능론에서는 사회 변동을 언급하지 않을까요? 그렇지 않습니다. 사회 변화에 애착을 보이지 않을 뿐이지 사회 변화에 관한 연구를 외면하지는 않았습니다.

기능론에 따르면, 사회의 부분이나 전체가 갈등과 마찰을 극복하면서 안정과 균형의 상태를 찾아가는 과정이 사회 변동입니다. 그리고 안정과 균형의 상태가 업그레이드되어 가는 것, 즉 단순한 사회에서 복잡한 사회가 되어갈 때 다시 더욱 발전된 형태로 사회의 안정과 질서 유지를 찾아가는 것이 사회 변동입니다. 혼란에서 안정으로! 이것이 기능론이 의미 있게 생각하는 사회 변동입니다.

어느 사회나 혼란스러울 때가 있습니다. 그것을 뜯어보면 사회 전체가 아니라 어느 한 부분에서의 혼란이죠. 그러면 다른 사회 분야에서 혼란을 수습할 수 있는 변동이 일어납니다. 즉 안정을 찾아가는 사회 변동이 나타납니다. 예를 들어 경제적 변화가 빨라 사회규범이 혼란스러워진 경우, 어느새 새로운 도덕적 규범이 등장하여 다시 안정을 찾아가는 것입니다. 사회 변화가 준 혼란은 점차 완화되어가지요. 사회는 다시 균형을 회복해가는 것이랍니다. 그러니 모든 사회 변동이 화산처럼 치솟지 않습니다. 지각이 변동될 만큼 사회는 흔들리지 않습니다. 언제나 잠잠해집니다. 사회 구조 자체가 이렇게 작동되게 마련입니다.

이처럼 기능론은 사회의 질서와 안정을 바탕으로 한, 점진적 사회 변동 과정을 어느 정도 설명할 수 있습니다. 하지만 혁명과 같은 급진적 사회 변화를 설명하는 데 한계가 있습니다. 이는 기능론이 사회의 변화보다 사회의 유지와 안정을 중시하는 보수적 성향을 지니기 때문에 나타나는 이론적 한계입니다.

기능론의 사회 변동을 자세히 설명하려면 기능론의 후견인, 뒤르켐을 다시 불러내야 합니다. 뒤르켐에 따르면 단순한 사회에서 복합적인 사회로 변동했다고 합니다. 좀 더 깊이 있게 보자면 사회 유지 기능의 변동인데요, 단순한 사회의 사회 유지 기능이 쇠퇴하고, 복합적인 사회에의 사회 유지 기능이 나타나는 것을 사회 변동으로 본다는 것입니다.

이를테면 이런 것입니다. 근대 이전의 사회, 즉 전근대 사회는 아직 사회가 복잡하게 분화되어 있지 않은 단순사회였습니다. 사회에서 추구하는 가치와 규범이 단순하여 사회 구성원은 동질적인 성격을 지니고 있었습니다. 집합 의식으로 단단히 묶여 있었습니다. 여러 개의 개인 조각으로 쪼개지지 않았다는 얘기입니다. 여기서 사회 구성원들은 공통의 가치 체계를 바탕으로 하여 사회 결속을 이뤄냈습니다. 이 단순사회에서의 사회적 결속을 '기계적 연대'라는 용어로 표현했습니다.

사회를 자동 기계로 보고, 그 사회를 결속시키는 연대감이 기계적 연대입니다. 여기서 개인은 기계의 부품처럼 보이는데, 그 부품은 기계의 작동을 위해 딱 맞도록 만들어져 있습니다. 개인은 규격화되어 있으므로 개성과 자유 따윈 인정받기 어렵고 집합 의식의 지배를 받으며 사회의 안위를 위해 기능하도록 억압받고 통제될 뿐이죠. 만일 개인이 사회 질서를 해치면 강력하게 처벌합니다. 그 억압적 통제력이 사회를 유지시켰다는 것이죠.

그런데 근대 이후 사회는 인구가 증가하고 복잡해집니다. 그리고 사회의 세분화와 전문화가 나타납니다. 구체적으로 사회적 분업이 나타납니다. 엄청나게 늘어난 인구를 부양하려면 분업을 통해 효율적으로 생산량을 늘려야 했던 것입니다. 분업은 마치 사회가 잘게 조각나는 것처럼 볼 수 있을 것입니다. 개인의 다양한 전문성도 강조되니 그럴 법도 합니다. 하지만 사회적 분업은 다른 측면도 있습니다. 잘게 나뉘기 때문에 혼자서는 살아갈 수 없는 게 더욱 명확해지는 것입니다. 개인은 할 줄 아는 게 전문화된 업무, 하나밖에 없는 것입니다. 그래서 더욱 다른 분야에 있는 사람들의 도움이 필요합니다. 결국 다른 사람에게 의존하여 결합하려 하는 것입니다. 사회적 분업은 전체 사회의 유지를 위한 큰 그림이 되었습니다. 인간 사회가 보통 능력이 있는 게 아닙니다. 세분화된 다양한 사회 구성 요소는 서로에게 상호 의존하고 있습니다. 이처럼 복잡한 근대 사회에서 나타나는 새로운 사회적 결속 형태를 '유기적 연대'라고 했습니다.

사회를 살아 있는 유기체로 보고, 그 사회를 결속시키는 연대감이 유기적 연대입니다. 개인들은 각자 개성이 뚜렷하고 하는 일도 나누어져 있어 서로 독자적으로 작동하면서도 개인보다 더 포괄적인 사회유기체의 안위를 위해 기능하도록 서로 떼어낼 수 없는 상호의존망을 유지한다는 것이죠. 각자의 필요에 의해 상호의존적이게 되었으므로 강압적 통제는 줄어듭니다. 하지만 사회 질서를 해치면 개인에게 배상하도록 하여 끝까지 사회 유지에 기여하도록 만드는 겁니다. 이처럼 유기적 연대는 생각보다 매우 강한 연대입니다.

뒤르켐이 주목한 사회 변동은 기계적 연대에서 유기적 연대로의 변화일 것입니다. 분업이 진행될수록 기계적 연대의 기반이었던 집합 의식이 약화되지만, 사회적 유대마저 감소하지는 않았습니다. 유기적 연대라는 새로운 형태의 연대감으로 사회가 결속되는 이 변화가 뒤르켐이 주목한 사회 변동이었습니다.

하지만 사회 변동론의 고수(高手)는 갈등론입니다. 갈등론은 사회 불평등 구조 속에서 여러 부분이 갈등하고 대립하는 과정에서 생긴 변화를 사회 변동이라고 봅니다. 갈등론을 통해 우리는 제대로 된 사회 변동론을 보게 됩니다.

갈등론에 의하면 사회는 경제적 부, 정치 권력, 사회적 명예 등 희소가치를 더 많이 획득하려는 구성원들 간의 경쟁과 투쟁의 장(場)입니다. 사회적 희소가치를 소유한 지배 집단은 기득권을 유지하려는 데 반해, 그렇지 못한 피지배 집단은 이에 도전하여 불평등한 구조를 변화시키려고 하며, 이러한 갈등 과정에서 사회 변동이 초래된다고 봅니다. 특히 갈등이 첨예하여 많은 희생을 치르고 이윽고 기존의 체제를 갈아엎으려는 피지배 집단이 그 투쟁에서 승리한다면 그 변동의 규모는 엄청날 것입니다. 그건 혁명이죠. 갈등을 넘어 혁명으로! 이것이 갈등론에서 주장하는 사회 변동이 될 수 있습니다.

사회 변동은 사회 구조적 모순에서 발생합니다. 사회 변동의 이유를 사회 구조적 원인에서 찾고 있는 것이죠. 그런데 어느 사회나 모순을 안고 있습니다. 너무도 완벽하여 아무 문제가 없는 사회는 인류 역사에서 한 번도 나타나지 않았습니다. 그런데 사회 구조적 모순이 있는 사회에서는 불가피하게 갈등을 초래하게 됩니다. 갈등은 사회 변동의 원동력으로서 사회 변동도 불가피하게 나타납니다. 반드시 사회 변동은 일어납니다. 갈등론은 사회 변동의 가능성에 의심하지 말라고 주장하는 것입니다. 물론 갈등의 정도 차이는 있을 겁니다. 중요한 점은 모든 사회에서 크든 작든 갈등이 항상 있다는 겁니다. 다만 작은 갈등은 사회 변동에 미치는 영향력이 작고, 구조적인 갈등, 예를 들어 계급갈등은 폭발력이 대단할 수 있습니다. 이처럼 갈등론은 급격한 사회 변동을 설명하기에 용이합니다. 하지만 갈등론은 모순과 대립의 관계로만 사회 변동을 파악하고 있다는 비판을 받기도 합니다. 이분법적이라는 비판이겠죠.

이쯤에서 갈등론의 대부, 마르크스를 만나보려 합니다. 마르크스는 사회 구조적 시각을 지녀 통이 아주 컸습니다. 사회 변동을 이해하는 스케일도 보통 큰 게 아닙니다. 사회 변동이라는 개념으로 인류의 역사 전체를 꿰뚫어 봤기 때문입니다.

마르크스는 사회를 파악할 때 생산체제라는 구조적 맥락에서 접근했습니다. 그리고 생산체제는 다섯 단계로 거대한 변동을 보였습니다. 원시공산제, 고대 노예제, 중세 봉건제, 자본주의, 공산주의가 그것입니다. 여기서 진화론적 성격도 엿보이는데, 마르크스는 구조적인 측면을 더욱 강조했습니다. 각 단계에서는 생산력과 생산관계가 일치하지 않는 구조적 모순, 즉 생산력을 따라가지 못하는 생산관계 때문에 그 생산체제를 유지할 수 없게 되는 국면이 있다고 봤습니다. 가령 산업의 발전으로 생산력이 발전하여 더 많은 노동력이 필요한데, 그 일을 할 노동자가 영주에 예속된 상황에서는 그 생산력에 조응할 수 없게 됩니다. 그러면 영주와 농노로 구성된 생산관계는 더 이상 버텨내지 못하고 무너질 수밖에 없습니다. 그 결과 불가피하게 사회 변동이 일어났습니다.

먼저 원시공산제에서는 계급이 없는 무계급사회였습니다. 하지만 생산력이 극히 미비했던 사회입니다. 농업혁명과 같이 생산력이 증대되면서 원시공산제는 무너지죠. 고대 노예제부터 계급 사회가 나타납니다. 고대 노예제는 귀족과 노예, 중세 봉건제에서는 영주와 농노, 자본주의 사회에서는 자본가와 노동자라는 계급이 존재합니다. 각 계급 관계는 각 경제체제의 생산력에 조응하는 관계로 편입되었습니다. 자본주의 사회는 가장 생산력이 발달한 체제로, 여기서 자본가와 노동자라는 자본주의적 생산관계는 더욱 특별합니다. 최고의 생산력을 보여준 자본주의 사회에서는 특별히 치열한 계급갈등이 일어납니다. 결국 계급갈등이 폭발하여 계급이 없는 공산주의 사회가 도래할 것이라고 마르크스는 주장했습니다. 공산주의 사회는 원시공산제와 같이 계급이 사라진 무계급사회입니다. 그런데 그동안의 역사 발전 과정을 거쳐 생산력이 고도로 발전하여 풍요를 누릴 수 있는 사회입니다.

역사적으로 생산관계의 변화에 따라 그에 맞는 계급이 출현하고, 계급갈등 때문에 사회 변동이 필연적으로 나타날 것이라고 마르크스는 봤습니다. 이처럼 인류 사회는 항상 변동해왔습니다. 변동 없는 사회는 없었습니다. 다만 사회 구조의 계급 모순이 사라지는 날, 그때 비로소 사회 변동도 멈출지 모르겠습니다. 그런데 그런 날이 왔나요? 앞으로 올 수는 있을까요? 누구든 쉽게 장담하기는 어려울 것 같습니다.

사회 변동과 사회운동 4

사회운동이란 집합행동입니다. 혼자가 아닌 여럿이 사회 변동을 이끌려고 벌이는 지속적인 활동이죠.

사회운동은 사회 문제를 해결하거나 사회 구조를 바꿈으로써 사회 변동에 영향을 줍니다. 사회 변동은 사회운동 덕분에 가능했습니다. 사회 문제에 불만이 있어 해결책을 요구하거나 대안을 제시하는 사회운동이 없었으면 사회는 꿈쩍하지도 않았을 것입니다. 사회운동에 나선 많은 사람이 피를 흘렸고 그 희생 덕분에 미비한 변화라도 성취할 수 있었습니다. 그래서 미국 독립혁명을 이끌었던 토머스 제퍼슨은 "민주주의라는 나무는 애국자와 압제자의 피를 먹고 자란다"고 했습니다. 시민이 민주주의를 위해 희생하며 압제자의 피를 보게 될 때 결국 원하던 민주사회를 맞이할 수 있다는 얘기입니다. 섬뜩할 정도로 아주 강렬한 주장입니다. 거부감이 생길지도 모르겠네요. 하지만 우리의 역사를 돌이켜보면 제퍼슨의 강렬한 메시지에 동의할 수 있을 겁니다.

우리는 일제 강점기부터 독립운동가들의 고귀한 희생으로 조국의 독립을 성취할 수 있었습니다. 만주와 연해주 등지에서 일어난 무장 독립 투쟁은 해방 조국을 건설하는 데 중요한 바탕이 되었습니다. 이 무장항쟁은 혁명적 사회운동입니다. 우리에게 일반적으로 더 알려진 사회운동은 3·1운동입니다. 비록 조선이 일본 제국주의의 침략으로 무너졌지만, 우리 민중 다수는 3·1운동으로 저항했습니다. 그 독립 정신이 대한민국이라는 국가를 건설하는 근간이 되었습니다. 비록 해방 후 조국이 분단되고 서로 다른 정부가 세워졌지만, 대한민국의 근간은 일제에 항거한 독립운동 정신을 이어받아 세워졌음을 잊어서는 안 됩니다. 대한민국의 건국은 3·1운동 정신을 이어받은 임시정부에서 비롯되었기 때문에 사회운동으로 세운 국가라고 해도 지나친 말은 아닐 것입니다.

그런데 해방 이후 한국 사회는 오랜 기간 독재체제 아래에서 신음했습니다. 하지만 그럴 때마다 한국의 시민 사회는 권력 구조를 변화시키려는 민주화 운동으로 대응하고 저항했습니다. 이승만 독재에 대하여 시민들은 4·19혁명이라는 혁명적 사회운동으로 맞서 독재체제를 무너뜨렸습니다. 박정희는 군사쿠데타로 시민의 혁명 의지를 좌절시켰지만, 박정희 독재체제가 극단적인 횡포를 부릴 때 부산과 마산지역에서는 부마민주화운동이 일어났습니다. 박정희가 사망한 이후에는 5·18 민주화 운동으로 민주주의 체제를 바로 세우려고 투쟁했습니다. 물론 전두환과 신군

부의 탄압으로 희생이 컸습니다. 그러나 헌법 질서를 짓밟은 전두환 독재체제에 대해 시민은 1987년 6월 민주화 운동으로 맞섰고, 끝내 대통령 직선제를 이끌었습니다. 같은 해 7, 8, 9월에는 노동자 대투쟁이 일어났습니다. 전국적으로 노동조합 건설 운동을 벌여 노동운동이 한국 사회에서도 큰 변화를 일으켰습니다.

민주화 이후에는 다양한 시민단체가 등장했습니다. 시민단체는 흔히 비정부기구(NGO, Non-Governmental Organization)라고도 합니다. 정부 기구가 아닌 기구란 의미입니다. 이들은 영리를 추구하지 않고 공공 목적을 실현하려고 자발적으로 구성된 결사체입니다. 시민단체의 시민운동은 자본주의 사회의 전통적인 사회운동이었던 노동운동과 달리 다양한 생활 주제에 관심을 보여 유럽에서는 '신사회 운동(new social movements)'이라고 부릅니다. 우리나라의 시민운동은 체계적인 조직체로써 시민단체를 만들어 경제정의, 정치개혁, 재벌개혁, 환경, 바른 언론, 부정부패 추방, 성 평등, 인권 등 다양한 영역에서 문제를 제기하고 대안을 모색하는 활동을 벌였습니다.

이처럼 한국의 현대사는 사회운동이 이끌어간 위대한 민주주의의 역사라고 할 수 있습니다. 민주주의를 향한 사회운동은 여전히 현재진행형입니다. 민주주의의 길이 굴절되고 왜곡될 때마다 시민 사회에서 자발적으로 일어나는 사회운동이 새로운 길을 열고 있습니다. 그리하여 시민은 스스로 주권자임을 모든 권력자에게 일러주고 있습니다. 민주화 이후 정치 권력은 국민을 조금이나마 두려워할 줄 알게 되었습니다. 하지만 재벌과 같은 자본 권력이나 선출되지 않은 행정 및 사법 권력은 시민의 요구에 여전히 둔감합니다. 이들 권력은 민주화 운동의 새로운 목표가 되고 있습니다. 사회운동은 계속되어야 합니다. 사회운동이 멈추면 권력자들은 언제라도 다시 국민 위에 군림할 수도 있습니다. 이 사실을 잊지 말아야 합니다.

이렇게 사회 변동을 이끄는 사회운동은 두 가지가 있습니다. 하나는 평화적이고 합법적인 방법으로, 점진적으로 고쳐나가는 개혁적 사회운동입니다. 다른 하나는 폭력적인 방법을 사용해서라도 모든 것을 근본적으로 바꾸는 혁명적 사회운동입니다.

개혁적 사회운동은 기존 사회 질서에 관해 기본적인 건 수용하면서 사회 체계의 부분을 개혁할 필요성이 있을 때, 그 부분을 바꾸려는 사회운동입니다. 이를테면 자본주의 체제 자체를 인정하면서 불평등한 요소들을 개혁하려는 사회운동이 개혁적 사회운동입니다. 사회운동의 목표가 제한적이죠. 다양한 시민단체들이 여성의 참정권 보장, 소비자 주권 향상 등을 위해 벌이는 사회운동이 대표적인 사례입니다. 그리고 낙태죄의 폐지, 사형제의 폐지 등과 같이 법과 제도의 개선을 요구하는 사회운동 역시 개혁적 사회운동입니다. 주로 시민단체들이 이러한 개혁적 사회운동을 벌여왔습니다. 제한적 목표라는 한계가 있지만, 그 목표들은 실천 가능한 대안적 목표들이기에 일정한 성과를 내며 사회 변동에 꾸준히 영향을 끼쳤습니다. 특히 시민단체라는 조직을 통한 사회운동은 일시적이고 즉흥적이기보다는 지속적이고 체계적이기 때문에 사회 개혁에도 긍정적으로 이바지할 수 있습니다.

혁명적 사회운동은 기존 사회 질서 자체의 급진적인 개혁을 통해 근원적인 변화를 이루려는 사회운동입니다. 혁명은 국가 권력을 전복하고 새로운 권력을 수립하며 정치영역뿐만 아니라 경제적, 사회적, 문화적, 의식적 측면 등 모든 영역의 근원적 변혁을 추구합니다. 그 대표적인 사례로는 절대왕정체제를 무너뜨린 3대 시민혁명으로 프랑스 대혁명, 영국의 명예혁명, 미국의 독립혁명이 있고, 그 부르주아 혁명이라는 한계를 넘어섰던 러시아 사회주의 혁명, 중국 사회주의 혁명 등이 있습니다.

개혁적 사회운동과 달리 혁명적 사회운동이 일어나려면 특별한 조건이 필요합니다. 사회혁명은 조건이 무르익어야 일어납니다. 주전자 물이 섭씨 100도에 이르러 끓어올라 결국 주전자 뚜껑이 열리는 것과 같습니다. 먼저 다수 시민이 사회가 근본적으로 잘못되어 있다는 생각을 해야 합니다. 그리고 현재의 정부나 정치체제에서는 당면한 문제를 근본적으로 해결할 수 없다는 확신이 널리 퍼져야 합니다. 마지막으로 현 체제에서 다양한 방법을 모두 사용하여 문제를 해결하려 했으나 결국에 만족할 만한 성과를 이루지 못하고 있으니, 근원적으로 바꿀 다른 방법을 찾아야 한다는 인식이 널리 퍼져야 합니다.

이러한 조건 속에서 사회운동이 가히 폭발적으로 일어나야 합니다. 이게 참으로 쉽지 않습니다. 현실적으로 혁명적 사회운동은 많은 희생이 따르기 때문입니다. 혁명적 사회운동이 일어나면 사회 불안 요소도 커집니다. 그런 불안을 감당하기가 쉽지 않습니다. 사회의 근본적인 변혁을 위해서는 힘겨운 노력을 해야 합니다. 주말 집회에 참여하는 정도가 아니라 일상생활을 제치고 모든 정신적 육체적 에너지를 쏟아낼 때, 혁명이 가능합니다. 그래서 혁명적 사회운동이 일어나기가 현실적으로 쉽지는 않습니다.

　게다가 혁명의 세 가지 조건이 갖추어졌어도 혁명이 항상 성공하지는 못하는데, 그 이유는 기존 지배 질서를 유지하려는 국가 권력의 힘이 견고하기 때문입니다. 사회혁명 연구로 유명한 미국의 사회학자 스카치폴 (Skocpol, T.)은 1979년《국가와 사회혁명》이라는 저서에서 "혁명투쟁은 국가적인 위기와 계급지배의 위기에 의해 발생한다"라고 하였습니다. 혁명을 억제하려는 지배 세력과 국가의 힘이 무너져 정치적 위기가 절정에 이를 때 혁명이 일어난다는 얘기입니다. 지배 세력과 결탁한 국가 권력의 힘이 너덜너덜해질 정도로 약화되어야 걷어찰 수 있는 것입니다.

　한편 개혁적 혹은 혁명적 사회운동이 발생하여 사회 변동이 일어나면 이에 대항하여 다시 기존 질서를 지켜내고 이전 체제로 되돌아가려는 사회운동도 일어납니다. 이를 복고적 사회운동 또는 반동적 사회운동이라고 합니다. 복고풍이라는 말은 잘 들어봤을 것입니다. 반동적이라는 말은 낯설 수 있는데요, 사회 변동에 반대하거나 거부하는 방향으로 움직이는 것을 지칭합니다.

　예를 들어 프랑스 대혁명은 나폴레옹의 유럽정복 전쟁을 거쳐 왕정복고로 귀결되었는데요, 이러한 왕정복고, 즉 프랑스 대혁명으로 무너진 왕의 통치 체제를 다시 복원하려는 사회적 힘의 행사를 복고적 혹은 반동적 사회운동이라고 할 수 있습니다. 이러한 사회운동은 사회 변동의 속도를 늦추거나 왜곡시키기도 합니다.

　세계사가 어려우면 한국 사회의 사례를 들어 반동적 사회운동을 알아볼 수도 있습니다. 해방 직후 다양한 정당과 사회 세력이 새로운 해방 조국을 건립하려 했습니다. 해방 직후 여론조사에 따르면, 당시 대다수 국민은 사회주의에 대한 지지가 높았다고 합니다. 그래서 사회주의자들의 사회운동이 더욱 도드라져 보였습니다. 하지만 다른 정치 세력도 잠자코 있지 않았습니다. 격렬하게 경쟁했습니다. 그런데 정치적 의견이 다르더라도 많은 사회운동 세력이 친일파 척결 문제에 대해서만큼은 비슷한 목소리를 냈습니다. 분단 이후 정치사회 세력도 나뉘었지만, 친일파 척결은 여전히 중요한 과제였습니다. 남한에서는 친일파 척결과 관련하여 일제 강점기 친일파의 반민족행위를 조사하고 처벌하려고 '반민족행위특별조사위원회(반민특위)'를 설치했습니다. 사회운동의 제도적 성과였습니다. 하지만 일제 강점기에 득세했던 친일 세력은 이승만과 결탁하여 반민특위를 무력화시켰습니다. 그들은 자신들의 죄악이 드러나 사회에서 제거될 것 같은 위협을 느꼈던 것이죠. 당시 반민족적 보수 우익 세력은 사회주의와 공산주의에 반대하면서 일제 강점기에 물려받은 물적, 인적 자원을 활용하여 각종 다양한 테러를 감행하였고 국민 다수가 원하던 방향의 새로운 통일된 조국 건설 운동을 무너뜨렸습니다. 이 보수 우익 세력의 운동을 반동적 사회운동이라고 할 수 있습니다.

개혁적 혹은 혁명적 사회운동 뒤에 거의 대다수 반동적 사회운동이 일어납니다. 2016년 시민들은 촛불을 들고 거리에 나와 국가 권력을 사유화하여 헌법 질서를 유린한 박근혜 대통령에 대해 대통령직에서 물러날 것을 요구했습니다. 이런 시민운동의 힘 덕분에 결국 국회의 대통령 탄핵을 이끌었고, 법의 심판을 통해 박근혜 대통령을 교도소로 보냈습니다. 이어 개혁 정부가 수립되어 사회개혁을 시도했습니다. 하지만 보수 야당과 우익 세력은 새로운 사회 변동에 위협을 느껴 다시 결집하게 되었고, 탄핵 무효와 개혁 정부 퇴진을 주장하며 검찰개혁, 사법개혁, 정치개혁 등 각종 사회개혁에 반대하는 시위를 벌였습니다. 이것이 반동적 사회운동입니다.

반동적 사회운동 때문에 사회운동이 복잡한 양상을 보이는 경우가 많습니다. 개혁적 사회운동이든 혁명적 사회운동이든 그 사회운동을 지지하는 세력은 반동적 사회운동을 벌이는 세력을 만나 역동적인 투쟁을 벌이게 됩니다. 사회 변혁이 좌절되는 중요한 변수는 반동적 사회운동의 도전에 있습니다. 반동적 사회운동 탓에 원하는 수준의 개혁이 나타나지 않고 매번 굴절될 수 있습니다. 개혁적 사회운동이 소기의 성과를 거두더라도 사회개혁에 반대하는 반동 세력은 사회에 둥지를 틀고 다음 기회를 기다리고 있습니다. 반동적 사회운동을 극복하지 못한다면 기대했던 사회개혁은 언제든지 발목이 잡힐 것입니다. 그래서 개혁가 중에는 반동적 사회운동 세력을 궤멸시키기를 원하는 사람도 있습니다. 하지만 그것은 가능하지 않고 바람직하지도 않습니다. 반동적 사회운동 세력은 개혁적 사회운동을 하는 사람을 끊임없이 긴장시켜주는 효과가 있습니다. 개혁적 사회운동은 그들을 짓밟고 가는 게 아니라 그들조차 바꾸며 나아갈때 대단한 성공을 거둘 수 있을 것입니다.

그런데 개혁적 사회운동을 좌절시키는 현실적 요인은 반동적 사회운동의 도전 이외에 참으로 많습니다. 사회운동은 혼자 하는 게 아니라 여럿이 하는 만큼 참여하는 시민들의 의견이 다를 수 있습니다. 그래서 일직선으로 단순하게 발전하지 않지요. 그리고 조금도 움직이지 않는 일반 시민도 어려움을 더해줍니다. 개혁 세력들은 자신들이 이루고자 하는 목표에 비해 결과는 항상 모자람이 있다는 걸 느낍니다. 사회운동에 나선 시민들이 보기에, 이것이 실망스럽고 "역시 해도 안 되네"라며 좌절하기도 합니다. 이런 일은 흔합니다. 사실 시민 사회의 일반 시민을 대상으로 하는 게 사회운동인 까닭이기도 합니다. 함께 움직여주지 않으면 변화가 있을 수 없지요. 인간다운 세상을 만드는 좋은 일은 혼자 할 수 없고 여럿이 해야 하며, 그래서 더 어려울 수도 있습니다.

그래요, 사회는 쉽게 변하지 않습니다. 하지만 팔짱만 끼고 있을 수는 없습니다. 아무것도 안 할 때는 정말 조금도 변할 수 없으니까요. 사회가 곧 변할 것이라는 희망이 있어 사회운동을 하는 게 아니라 사회운동을 하며 버티다보면 사회 변혁의 희망도 생기는 것입니다.

사회 변혁은 전진하고 뒤로 밀리기를 거듭하면서 다시 전진하는 형태로 이뤄지는 게 보통입니다. 나사못의 나선형처럼 앞으로 나가면서 뒤로 물러서지만 결국 다시 앞으로 조금씩 나아가 기존 사회 질서의 높고 단단한 장벽을 뚫고 마는 것이지요.

내 77억 번째 이웃사촌에게 이웃사촌에게 보내는 메시지

세계화 시대, 우리는 무엇을 할 것인가

세계화의 의미와 형성과정의 특징 ①

지구는 하나의 마을이 되었습니다. 그래서 지구촌(Global Village)이라고 부릅니다. 지구촌이란 비유처럼 정치, 경제, 사회, 문화 등의 국가별 구분이 약해지고, 사람과 물자 및 기술, 문화 등의 국제적 교류가 증가하여 정치적, 경제적, 사회적으로 상호의존성이 증대된 현상을 세계화(Globalization)라고 말합니다.

오늘날의 세계화는 냉전체제가 끝나면서 시작되었습니다. 냉전체제는 미국을 중심으로 한 자본주의 체제와 구소련을 중심으로 한 사회주의 체제가 서로 대립하고 갈등하던 체제를 의미합니다. 냉전은 말 그대로 차가운 전쟁인데, 뜨거운 전쟁, 즉 포화가 쏟아지는 전쟁이 아니라 이념, 정치적 측면의 냉랭한 갈등을 말합니다. 그런데 1980년대 말과 1990년대 초에 세계 역사에서 길이 남을 엄청난 일이 벌어집니다. 사회주의권 국가들이 무너진 것이죠. 냉전체제가 해체되었습니다. 냉전체제로부터 탈출했다고 하여 탈냉전 시대라고 말하기도 합니다.

사회주의권 국가의 붕괴에 따른 탈냉전은 곧 자본주의 체제의 세계적 확산이 시작되었음을 알리는 사건이기도 했습니다. 거대한 장벽이 사라지자 국가 간 교류가 확대됩니다. 자본주의 체제의 요소가 한순간에 세계의 거의 모든 국가에 넘쳐흘렀습니다. 마치 홍수로 강물이 범람하듯 말이죠.

이후 미국은 세계 경제 체제를 자본주의 체제로 개편하는 데 핵심적인 역할을 합니다. 미국뿐만 아니라 일본, 유럽 등 경제 선진국이 이 새로운 체제의 개편에 적극적으로 동조합니다. 서구 경제 선진국은 이미 앞서 나가고 있었기 때문에 자유무역을 통한 경쟁에서 승리할 가능성이 높았지요. 그래서 자유무역을 적극적으로 추진합니다. 국가 간 무역 장벽이 무너지기 시작한 것입니다.

그리고 경제 선진국은 자기 국가에 본사를 둔 대기업들이 전 세계를 누빌 수 있도록 경제 환경을 바꿔 놨습니다. 이들 기업은 다양한 국가에 진출하여 국적이 다양한 기업, 즉 다국적 기업이라고 불리기도 하고, 국경을 초월했다는 의미에서 초국적 기업이라고 불리기도 합니다. 세계 금융가의 큰 손들도 움직였습니다. 은행, 투자회사, 증권회사 등을 운영하는 금융자본이 수익을 좇아 세계 곳곳을 누비게 됩니다. 다국적 기업의 활동 무대가 세계로 확장되고 초국적 금융자본이 자유로운 이동을 하기 시작했습니다. 거대한 자본으로 세계를 움직이는 이들의 강력한 규제 완화 요구로 각 국가는 속수무책으로 개방화와 자유화를 추진하게 됩니다.

그리하여 1995년 세계무역기구(WTO)가 출범하게 됩니다. 세계 대다수 국가가 여기에 참여하게 됩니다. 여러 개의 국가가 참여하여 다자간(多者間) 협정이라고 합니다. 한편 어떤 국가들은 이와 별개로 새로운 자유무역을 추진했습니다. 자유무역협정(FTA)을 체결한 것이지요. FTA는 두세 개의 국가가 참여하여 양자 간(兩者間) 협정이라는 성격을 지닙니다.

WTO의 출범과 FTA의 활성화는 자유무역을 추진하는 데 있어 동일합니다. 무역의 장벽을 낮추고 다양한 산업의 자유로운 이동을 추구합니다. 자유무역의 시대가 국제기구와 국제협정을 통해 제도적으로 자리를 잡게 된 것입니다. 이런 자유무역 협상 뒤에 기업이 있습니다. 예를 들어 WTO나 FTA 협상을 할 때 미국 정부는 미국 기업가를 국가대표로 내보내곤 했습니다. 실제로 미국 기업이 미국이라는 국가의 대표 자격으로 세계 무역에 관한 협상에 깊숙이 직접 개입하고 있었습니다. 미국처럼 노골적이지는 않더라도 대다수 국가에서도 자유무역 협상에 기업의 입김이 강하게 작용했습니다.

그러면서 국가 간 경쟁 체제는 더욱 심화되어갑니다. 무한 경쟁 시대입니다. 하지만 개발도상국이나 저개발국이 경제 선진국을 따라잡기란 쉽지 않습니다. 이미 경제적 정치적 격차가 지나치게 많이 벌어진 상황에서 자유 경쟁을 하고 있기 때문입니다.

흔히 세계화를 말할 때 과학기술의 발달, 특히 정보통신 기술 및 교통의 발달을 말합니다. 하지만 이런 요소들은 경제적 변화에 비하면 부수적입니다. 물론 정보통신기술의 발달이 세계화에 큰 영향을 미칩니다. 덕분에 인적, 물적, 문화적 교류가 확대되었죠. 인터넷을 통해 세계인들이 지리적으로 멀리 떨어진 지구촌 곳곳의 소식을 시간에 구애받지 않고 빠르게 전달받으며, 서로의 다양한 문화를 이해하고 공유할 수 있게 되었죠. 물리적 공간과 시간의 제약을 극복하게 됩니다. '시간과 공간의 압축' 현상이 나타난 것이죠.

하지만 이것은 경제적인 요소와 다시 맞물립니다. 인터넷망 자체가 정보 기술(IT) 기업이 주관한 것입니다. 이들 기업이 펼쳐놓은 마당 위에서 세계인들이 경제생활과 문화생활을 하고 있지요. 소비자들은 지구 반대편에 가지 않고도 전자상거래를 통해 그곳의 물건을 구매할 수 있죠. 다국적 기업은 그것을 이용해 많은 상품을 수출 및 수입할 수 있게 되었고요. 세계 금융 자본가들도 인터넷 클릭 하나로 상상하기 힘든 돈을 움직였지요. 그래서 오늘날의 세계화는 기본적으로 경제적 세계화 혹은 자본의 세계화를 기초로 진행되고 있다고 볼 수 있습니다.

세계화에 따른 사회 변동과 세계 문제

세계화 때문에 정말 많은 것이 이동하고 있습니다. 관광객, 이민, 난민, 이주 노동자 등과 같은 사람의 이동뿐만 아니라 다국적 기업이나 외국계 회사의 설립 등에 따른 기업의 이동, 그리고 금융자본의 이동, 인터넷을 통한 정보 이동 등이 나타나고, 자유, 평등, 정의, 복지, 인권 혹은 자본주의 이념, 심지어 반인권적 사상, 테러리즘도 확산됩니다.

이러한 세계화의 양상 가운데 세계화를 낭만적으로 보는 사람들은 문화적 변화에 관심을 기울입니다. 여행이나 유학, 이민 등을 통해 언어, 식생활, 종교 등 서로 다른 문화를 접하게 됩니다. 세계가 하나의 마을처럼 가까워진 지구촌에서는 다양한 문화를 접촉하고 경험할 수 있습니다. 정보통신 기술의 발달과 교통의 발달로 이질적인 문화 간의 접촉이 그 어느 때보다 활발해졌습니다. 인터넷을 통해 다양한 해외 대중문화를 접하게 되었을 뿐만 아니라, 지구 반대편에 벌어지는 스포츠 경기나 뉴스를 거의 동 시간대에 볼 수 있게 되었습니다. 심지어 전쟁 현장을 생중계로 보는 일도 있었지요. 문화 교류는 많은 사람을 흥분시켰습니다. 대단한 일이 자연스럽게 벌어지고 있는 것 같았지요. 세계화에 대한 큰 이견이 없어 보였습니다.

하지만 세계화를 경제적 측면에서 주목해볼 때는 세계화에 대한 이해가 극명하게 갈려 있다는 것을 발견할 수 있습니다.

먼저 경제적 세계화를 긍정적으로 보는 견해입니다. 대표적인 인물이 프리드먼(Friedman, T.)이에요. 〈뉴욕 타임스〉 칼럼니스트인 프리드먼은 1999년《렉서스와 올리브 나무》를 통해 세계화의 긍정성을 추어올렸습니다. 프리드먼은 세계의 한편에서 새로운 번영을 상징하는 렉서스 자동차를 만드는 데 여념이 없는데, 다른 한편에서는 과거와 전통의 상징인 올리브 나무를 지키려 하고 있다고 주장했습니다. 렉서스 자동차와 올리브 나무의 비유를 통해 세계화의 새로운 흐름과 낡은 전통이 긴장과 충돌을 일으키고 있다는 것을 보여주었지만, 프리드먼은 결국 세계화의 번영과 혁신을 피할 수 없을 것이라고 주장합니다. 그는 세계화에 뒤처지지 않도록 노력할 것을 촉구하면서, 2005년《세계는 평평하다》를 출간합니다. 이 책은 세계화가 불평등을 일으킨다는 주장을 단번에 물리쳤습니다. 책 제목 그대로, "세계는 평평하다"라고 했습니다. 세계화에 따른 교류의 활성화가 이룬 성과를 강조한 것인데요, 사회주의 국가로 고립되었던 중국의 경우 세계 시장 경제로 걸어 나오면서 오늘날과 같은 경제 대국으로 성장했다며 세계화와 자유무역의 이로운 점을 말합니다. 소비자인 개인에게도 세계화는 이롭다고 합니다. 시장이 세계적으로 확대되어 소비자들은 다양한 상품을 접할 수 있게 되었으니까요.

이에 맞서는 마르틴과 슈만(Martin, H.P. & Schumann, H.)은 1997년《세계화의 덫》에서 프리드먼과 전혀 다른, 정반대의 이야기를 합니다. 세계화 때문에 불평등이 심화되었다고 합니다. 그들은 '20 대 80의 사회'라는 표현을 썼습니다. 소수의 20퍼센트가 부의 대다수를 가져가고 나머지 다수의 80퍼센트는 경제적 어려움을 겪는다는 겁니다. 이런 현상은 경제 선진국과 개발도상국 및 저개발국 간에 나타날 뿐만 아니라, 한 국가 특히 경제 선진국 내에서도 개인 혹은 계층 간에 나타납니다. 두 저자는 용기 있게 경제적 불평등이 세계적 현상으로 나타나고 있는 것을 고발했습니다. 그야말로 '경제 불평등의 세계화'라고 할 만합니다. 그것은 많은 학자에 의해 밝혀졌듯이 상당한 근거가 있지요.

마르틴과 슈만이 보는 세계화는 기본적으로 자본의 세계화, 즉 경제적인 세계화입니다. 자본의 세계화를 주목하여 보면 정치의 세계화 혹은 문화의 세계화가 자본의 세계화에 의해 굴절되고 있음을 알 수 있습니다.

경제적 세계화에 비하면 정치의 세계화는 아직 미흡합니다. 국가 간 협력이 있다고는 해도 세계 경제의 통합만큼 정치의 통합을 이루지는 못했지요. 세계 정부는 나타날 기미도 안 보입니다. 국제연합(UN)은 국가 간 협력체에 불과하고, 실질적 운영도 강대국에 의해 좌우되죠. 유럽연합(EU)은 경제적 협력체제가 정치적 통합까지 이뤄낸 사례이지만, 그조차도 유럽지역에 국한되어 있을 뿐이죠. 국가는 이처럼 여전히 살아 있습니다. 소멸하지 않았죠.

그런데 동시에 국가의 자율성, 즉 국가의 힘으로 정책을 결정하는 능력이 예전만 못해요. 국가는 세계 경제의 흐름에 역행할 수 없는 존재가 되었죠. 국가의 자율성이 약화되면서 국가 차원에서 이뤄지는 민주정치가 약화되는 게 문제입니다. 국민의 힘보다는 자본의 힘이 더 크게 작용하고 있기 때문이죠. 이를테면 국민이 뽑은 국회의원이 국민의 입장을 따르는 게 아니라 다국적 기업이나 금융자본의 이해관계에 따라, 혹은 국제기구의 압력에 의해 법을 개정하기도 합니다.

한편 문화 세계화의 이면에도 경제적 세계화가 영향을 미칩니다. 사실 문화의 세계화도 자본주의 체제에서는 문화 '상품'의 세계화로 경제적인 세계화 측면에서 볼 수 있습니다. 거대한 자본이 뒷받침하는 문화 상품만 세계화되지요. 예를 들면 할리우드 영화가 세계 영화 시장을 장악한 사례가 대표적입니다. 한류 역시 한국의 문화 상품 기획사들이 세계 시장을 공략한 것이고요. 결국 문화의 세계화 뒤에는 자본이 있습니다. 기업이 있는 것이죠. 또 경제적 힘이 강한 서구 선진국이 거대 자본으로 투자한 문화 상품이 힘없는 국가의 문화를 소멸시키고 획일화시키는 문제도 있지요. 맥도날드와 같은 다국적 패스트푸드 가맹점이 세계 곳곳에 스며들어 일상생활의 한 부분으로 자리 잡은 것이 그 대표적인 사례라고 할 수 있습니다. 세계의 다양한 음식문화가 거대한 음식 기업에 의해 획일화되고 있는 것이죠.

세계화가 기본적으로 자본의 세계화인 만큼 세계화 때문에 가장 활발하게 교류가 이뤄진 분야는 경제, 특히 금융 분야입니다. 금융자본의 교류 확대는 투기 자본에 자유를 주었지요. 다국적 기업에 의한 자유무역의 활성화 역시 같은 맥락입니다. 이 둘을 묶어 자본의 이동이 활발해졌다고 합니다. 그런데 이것이 모든 국가에 이로운 것이었냐 하면, 그게 아닙니다. 부유층, 경제 선진국에 이로운 것이죠. 미국의 대표적인 금융가 월스트리트를 활보하는 거대한 금융 자본가들은 세계를 누비며 많은 이득을 보았습니다. 무엇보다 투자 차익, 환율 차익을 노렸습니다. 한 국가에 집중하여 거액을 투자했다가 한순간 빠져나오는 방식으로, 혹은 기괴한 금융상품을 수없이 만들어 수익을 늘렸습니다. 그 결과 해외 자본에 시장을 개방한 국가의 경제는 한순간 비행기처럼 떴다가 한순간 다시 수면 아래로 가라앉는 일들이 일어났죠. 한순간 불황에 빠진 국가는 구걸하듯 그들에게 다시 손을 벌렸고, 그들은 다시 더 많은 시장 개방을 요구하며 한 나라의 경제를 통째로 잡아먹었습니다. 한국이 경험한 IMF 금융위기도 비슷한 맥락에서 일어난 사건이었습니다. 이런 일들이 반복되어 나타나, 세계는 경제 교류의 활성화가 거듭될수록 부자 나라는 더욱 부자가 되고 가난한 나라는 더욱 가난해졌습니다.

이런 국가 간 불평등은 노동자를 이동시키는 요인이 되었습니다. 가난한 국가의 노동자가 부자 국가로 이동하게 됩니다. 예전에는 사람의 이동, 즉 노동자의 이동은 기업의 활동영역 확장과 금융의 이동보다 더디게 진행되었습니다. 그런데 노동자의 교류가 그 세계화 때문에 활발해집니다. 그게 매우 씁쓸하게 이뤄졌습니다. 이러한 인구 이동은 그동안 교통의 발달에 따른 여행객의 자유로운 이동과는 차원이 다른 문제입니다. 가난한 국가의 노동자들이 일자리를 찾아 목숨을 걸고 부자 국가로 이동하였습니다. 일자리가 없는 가난한 국가로부터의 탈출이었던 것이죠. 멕시코와 미국의 국경에서 미국으로 넘어가려는 이주 노동자의 증가는 그런 맥락에서 진행된 것입니다. 유럽으로 몰려들어간 저개발국가의 국민도 자국의 경제가 무너지자 결국 유럽으로 넘어가야만 했던 겁니다.

한국은 경제 선진국보다 경제 수준이 낮지만, 그보다 더 못 사는 저개발국들에는 또 다른 삶의 기회가 될 수 있었습니다. 한국에 거주하는 외국인 주민에서 가장 많은 비중을 차지하는 유형은 이주 노동자입니다. 한국이 저개발국가에서 벗어나면서 내국인은 노동환경이 열악한 업종에서는 실업자가 되더라도 일을 하지 않으려 했습니다. 그 업종은 흔히 힘들고(difficult), 위험하고(dangerous), 더러운(dirty) 직종이라 하여 3D 업종이라고 부르지요. 정부는 3D 업종에서 인력 부족을 이주 노동자의 유입으로 해결하려고 했지요. 그것은 3D 업종을 경영하는 중소기업 사장들의 아우성을 정부가 수용하여 마련한 정책이었습니다. 일손이 부족한 농어촌에서도 이주 노동자에 대한 수요가 발생했고요. 이러한 이주 노동자가 없었으면 중소기업과 농어촌에서 노동력이 부족하여 상당한 어려움을 겪었을 것입니다. 이렇게 이주 노동자는 한국 경제를 뒷받침해주었지요.

그런데 이주 노동자에 대한 한국 사회의 대우는 매우 폭력적이었습니다. 임금 체불뿐만 아니라 이주 노동자에 대한 기업주의 폭언과 폭행이 매우 빈번하게 일어나고 있습니다. 최근에는 길거리 한복판에서 이주 노동자를 모욕하고 폭행하는 증오범죄도 적지 않게 일어나곤 합니다. 경제 불황 속에서 삶이 피폐해지자 그 분노를 이주 노동자에게 표출하기도 합니다. 이주 노동자는 한국 경제에 도움을 줬을 뿐입니다. 그들 때문에 일자리가 줄거나 경제가 어려워진 일은 일어나지도 않았습니다. 그런데 증오범죄는 반복적으로 나타나고 있습니다.

이주 노동자를 받아들이면서 한국도 다문화 사회로 변모하고 있습니다. 피부색이 다르거나 한국어가 아닌 다른 언어를 모국어로 하며, 우리에게 낯선 종교와 문화를 가진 이웃들이 점차 늘어나고 있습니다. 이주 노동자 외에도 북한 이탈 주민과 외국인 유학생 등과 같이 다양한 문화적 배경을 가진 이주민들도 계속 증가하고 있습니다. 서울 대림동의 차이나타운이나 경기도 안산시의 다문화 거리에 가면 한국이 다문화 사회로 변모하고 있는 모습을 실감할 수 있습니다. 다문화 사회는 세계화 시대에 나타나는 일반적인 현상이 되고 있습니다.

한국 사회가 다문화 사회로 변모하면서 이주민에 대해서 어떤 태도와 정책으로 접근할지 논란도 생깁니다. 먼저 동화주의라는 관점에서는 한국 문화 내에 외국인이 흡수되는 것을 바람직한 것으로 여깁니다. 이는 현실적으로 한 나라의 안정성에 이바지할 수 있습니다. 하지만 그 밑바탕에는 이질적인 문화에 대한 거부감이 있습니다. 문화이해 태도 중 자문화 중심주의와 맥락을 같이하는 것으로 문화의 획일화를 초래할 수 있습니다.

반면에 다문화주의는 다양한 집단의 문화 정체성을 보존시켜 다채로운 사회를 지향합니다. 문화이해 태도 중 문화 상대주의와 맥을 같이하는 것으로, 다문화주의는 문화 다양성에 대한 존중에 기초하고 있습니다. 문화는 다른 문화와 교류하는 가운데 더욱 다양하고 풍부한 문화로 발전한다는 측면에서 볼 때 다문화 사회의 유지는 사회 발전에 이바지합니다. 문화적 다양성은 사회가 추진해야 할 목표이기도 합니다. 그러나 여전히 문화의 이질적 특성 때문에 다른 문화적 배경을 가진 개인들 혹은 집단 간의 갈등이나 반목이 일어날 가능성도 커질 수 있습니다.

동화주의와 다문화주의에 관한 정책 논쟁 이전에 반드시 근본적으로 해결해야 할 과제가 있습니다. 어느 경우에라도 편견과 차별의 제거가 중요합니다. 사회적 차별이나 편견이 계속될 경우 사회 불안 요인으로 전개될 가능성이 많습니다. 갈등을 일으킬 수 있기 때문입니다. 그리고 문화적 배경 때문에 불평등한 처우를 받는 것은 민주주의 이념에도 어긋납니다. 차별과 편견의 영역이 존재하는 한 민주국가의 정신도 훼손되지요. 따라서 다문화 가정의 친구들을 배척의 대상이 아니라 우리 사회의 정당한 구성원이라고 보고, 그들의 문화에 대해서 관용하는 자세를 지녀야 합니다. 우리 사회가 풍요로운 문화적 삶을 누리고, 국가 문화의 발전을 도모하려면 타 문화에 대한 개방적 태도와 관용의 자세가 필요합니다. 만일 편견과 차별이 제거될 수 있으면 동화주의를 채택하든 다문화주의를 채택하든 그것은 그리 큰 문제를 발생시키지는 않을 것입니다.

한편 탈냉전 이후의 세계를 평화의 시대라고 부를 수 없었습니다. 특정한 지역에 국한된 국지적 분쟁의 횟수는 더욱 늘어났습니다. 냉전체제에서 경제체제를 둘러싼 이념 갈등에 가려졌던 인종 갈등, 민족 갈등이 솟구쳤습니다. 역사적, 종교적, 인종적 갈등이 정치적, 경제적 갈등과 맞물리면서 분쟁이 더욱 복잡해졌습니다. 그 분쟁은 전쟁과 테러 같은 형식으로 나타나기도 했습니다.

전쟁과 테러의 구분이 명확하지는 않습니다. 일반적으로 국가 간 분쟁으로서 전쟁을, 소규모 집단 혹은 개인이 벌이는 분쟁으로서 테러를 언급하는 때가 있습니다. 하지만 전쟁과 테러는 인명을 살상하는 폭력이라는 점에서 사실상 한몸입니다. 전쟁은 국제사회에서 인정받고 테러는 인정할 수 없다고 말할 수도 없지요. 약소국이나 정치적 힘이 약한 집단입장에서는 테러가 강하고 부당한 폭력에 맞서려는 방법일 수도 있기 때문입니다. 전쟁과 테러의 차이 구분보다 중요한 것은, 그러한 폭력이 발생한 근원적인 원인을 찾아 해결해야 한다는 점입니다.

전쟁과 테러가 발생하는 이유는 종교, 민족, 인종적 갈등이나 영토 획득, 경제적 이해관계의 대립 등 다양합니다. 예를 들어 이스라엘과 팔레스타인 간의 분쟁은 오늘날과 같은 세계화 현상이 벌어지기 전부터 발생했습니다. 수천 년 동안 팔레스타인 지역은 이슬람권의 팔레스타인이 살던 곳입니다. 그런데 유대인들은 기원전 그곳에 살았다는 이유를 내세워 1948년 유대인만의 독립 국가, 이스라엘을 세우고 강대국의 지지를 받아냈습니다. 그 이후 전쟁을 거듭하여 이스라엘은 영토를 더욱 넓혔고 팔레스타인은 삶의 터전을 잃었습니다. 그리고 지금까지 분쟁은 계속되고 있습니다.

이스라엘과 팔레스타인 분쟁은 세계에서 발생하는 여러 분쟁의 하나에 불과합니다. 코소보 분쟁, 소말리아 내전, 러시아와 우크라이나 분쟁, 인도와 파키스탄의 카슈미르 분쟁, 리비아 내전 등 다양한 원인에서 비롯된 갈등과 대립이 지구촌 곳곳에서 계속되고 있습니다.

여러 분쟁 사례에서 중요한 점은 세계화라는 교류와 협력의 확대에도 불구하고 이런 분쟁이 끝날 기미가 보이지 않는다는 것입니다. 전쟁과 테러가 발생하고 있는 세계 여러 나라의 분쟁 지역에서 평화와 질서 유지를 위한 국제 사회 노력의 하나로 국제연합의 평화 유지 활동이 이루어지고 있기는 합니다. 하지만 그 실태를 뜯어보면 큰 효과를 보고 있지는 못합니다. 즉 세계화가 평화의 시대를 약속하는 게 아니란 것입니다. 국제분쟁은 깊은 역사를 갖고 있기 때문입니다.

국제분쟁은 난민 문제를 낳기도 합니다. 전쟁을 피해 거주 지역을 떠나는 난민이 지구 곳곳에서 등장했습니다. 세계 난민의 수는 약 7천만 명에 달합니다. 그 많은 사람 가운데 누구도 태어나면서부터 난민이 되고 싶어 하지 않았을 것입니다. 우리는 어디서 태어날지 모르는 상태에서 태어납니다. 난민을 발생시키는 주요 원인 가운데 하나인 국제분쟁의 경우 어디서 어떻게 발생할지 모릅니다. 한반도를 포함하여 세계 어디에도 분쟁에서 자유로운 지역은 없습니다. 세계화 이후에 국제분쟁은 끊이지 않고 오히려 더 많아지고 있지요. 누구나 그 분쟁의 당사자가 될 수 있습니다. 난민의 삶은 누구에게나 닥칠 수 있는 현실입니다. 그래서 세계에서 난민에 대한 보호 책임을 나눠 짊어지려는 노력이 필요합니다.

그런데 한국 정부와 국민은 난민의 허용에 대해 매우 수동적입니다. 2018년 예멘 난민 500명의 인정에 대해서도 반대 여론이 크게 일어났습니다. 하지만 유럽은 훨씬 많은 난민을 받아들이고 있습니다. 그런데 2011년에 중동 지역에서 벌어진 시리아 내전 때문에 유럽에 들어오는 난민의 수가 급증하면서 난민 수용에 적극적이었던 유럽 국가들에서도 논란이 일어났습니다. 난민 유입국에서는 정치적, 사회적 대립과 갈등이 커지고 있습니다.

　난민과 이민자의 유입에 대해 반대하는 극단적인 우익 정치 세력이 유럽에서 다시 창궐하고 있습니다. 극우주의자들 중에는 나치즘과 히틀러를 신봉하는 신나치주의자들도 많이 있지요. 유럽의 극우주의자들은 폐쇄적 민족주의와 국익 중심주의를 내세우면서도 본질은 인종차별주의에 기초하여 행동하고 있습니다. 폐쇄적 민족주의와 국익 중심주의는 민족과 국가의 발전과 이익만을 고집하여 다른 민족이나 국가의 입장을 배척하는 사상입니다. 이것은 곧 다른 인종에 대한 강한 거부감을 표현하고 있지요. 이들에 편승하여 유럽에서는 극우 세력이 정치 세력화되는 경우가 많습니다. 유권자의 표를 쉽게 얻으려고 인종차별에 동조하면서 인종차별 문제는 점점 해결하기 어려운 과제가 되고 있습니다.

　난민과 이주 노동자의 유입 증가로 인종차별 문제는 최근에 더욱 나빠지고 있습니다. 최근 유럽에서는 극우주의자들이 소수 인종에게 증오심을 갖고 공격을 가하는 '증오범죄'가 빈번하게 일어나고 있어 사회 문제가 되고 있습니다. 2009년 독일의 한 법정에서는 외국인 증오범죄와 관련된 재판이 진행되는 도중에 한 청년이 이집트 출신 임신부를 해치는 사건이 발생하여 사회적으로 큰 충격을 주었습니다. 이런 사건은 다른 나라의 얘기로 치부할 게 아닙니다. 2010년에는 러시아에 유학 중이던 한국인 학생들이 러시아 극우파 청년들로부터 공격을 받는 사건이 잇따라 일어났습니다. 2020년 코로나바이러스감염증-19가 확산되었을 때에는 한국인을 비롯해 아시아인에 대한 증오범죄가 숱하게 일어났습니다. 외국인에 대한 폭력 문제는 유럽 전역에서 문제가 되고 있으며 극우주의

자의 폭력으로 피해 입는 당사자는 우리 자신이 될 수도 있는 것입니다.

한편 난민은 기후변화와도 연관성을 갖게 되었습니다. 기후 난민 얘기입니다. 기후 난민은 전쟁과 같은 정치적, 군사적 문제가 아닌 기후변화로 생존 위협을 받아 삶의 터전을 떠나는 사람들을 말합니다. 유엔에선 기후 난민이 2050년엔 2500만 명에서 최대 10억 명까지 증가할 것으로 볼 정도로 세계적인 이슈가 되었습니다. 기후 난민은 세계적으로 겪고 있는 환경문제를 잘 보여줍니다.

열대림 파괴, 사막화, 지구 온난화 등은 대표적인 환경문제입니다. 이 문제들은 서로 깊은 관련을 맺고 있으며 경제 개발 문제와 뗄 수 없는 문제입니다. 그 가운데 가장 많이 언급되는 것이 지구 온난화입니다. 지구 온난화 때문에 수많은 인명 피해와 재산 손실이 지구 곳곳에서 나타나고 있습니다. 지구 온난화는 국제사회에서 방치할 수 없는 중요한 관심사가 되었습니다. 그래서 각국은 온실가스 배출량 감축을 의무화하는 기후변화협약을 맺는 것과 같은 노력을 기울이고 있습니다.

하지만 각국의 이해관계가 달라 지구 온난화 문제의 개선에 어려움을 겪고 있지요. 지구 온난화는 무엇보다 화석연료 사용 증가에 따른 온실가스의 증가에서 비롯됩니다. 온실가스를 줄이려면 기업의 생산을 줄여야 합니다. 그러면 문 닫는 기업도 늘 수 있어요. 기업에서 일하는 수없이 많은 노동자가 일자리를 잃을 수 있습니다. 온실가스를 줄이려는 노력은 결과적으로 자국의 산업을 위축시킬 수 있습니다.

따라서 기업들의 불만을 모른 척할 수 없는 국가는 기후변화협약에 동참했다가 다시 탈퇴하는 일들을 반복하고 있습니다. 특히 세계에서 최대

온실가스 배출국 가운데 하나인 미국이 이러한 번복을 하여 국제사회에서 많은 비난을 받고 있습니다. 그리고 중국, 베트남, 인도 같은 개발도상국은 선진국을 따라잡기 위해 급속한 경제성장을 추진하는 상황이므로 섣불리 기후변화협약에 동조하기도 어렵습니다. 경제 선진국보다 더 개발에 목말라하는 브라질 같은 개발도상국은 공산품을 생산할 능력도 뒤쳐져, 자국의 이익을 위해 불가피한 선택으로 아마존 열대림을 개발하게 된 것이라고 주장하기도 합니다. 사실 이런 국가들만 탓할 수도 없는 게 현실입니다.

환경문제를 더 넓게 보면 현대 자본주의 체제에서의 성장 위주 정책과 소비 위주 문화에서 근원적인 원인을 찾게 됩니다. 이런 문화가 지속하는 한 아무리 애를 써도 문제가 개선되기 어렵습니다. 예를 들어 친환경 에너지원을 찾더라도 늘 부족하다고 할 겁니다. 친환경 에너지원으로 공산품을 대량 생산하면 그 공산품이 일으키는 환경오염 문제는 또 어떻게 처리할 것인지의 문제도 제기됩니다.

따라서 세계가 직면하고 있는 여러 문제를 해결하기 위해 근본적으로 지속 가능한 사회로의 패러다임 전환을 촉구하게 되었습니다. 지속 가능한 사회란 미래의 필요를 충족할 수 있는 개발을 진행하면서도 자연과 인간이 조화를 이루고, 인류 전체의 건강하고 생산적인 삶을 지향하는 사회를 말합니다. 지속 가능한 사회를 이루고자 하는 국제사회의 노력은 이미 오래전에 시작되었습니다.

1987년 유엔총회의 결의로 구성된 세계 환경 개발 위원회(WCED)에서 '환경적으로 건전하고 지속 가능한 개발(Environmentally Sound and Sustainable Development)'을 선언했습니다. "우리들의 후손인 장래 세대가 이룩해야 할 개발 욕구를 저해하지 않으면서 오늘을 사는 현세대의 욕구를 만족하게 할 수 있는 개발"을 추진하자고 합의를 본 것이지요. 그 이후 국제사회에서는 경제 선진국과 개발도상국의 이견을 좁히면서 다양한 노력을 했습니다. 하지만 충분히 개선되지는 못했습니다.

그리하여 2015년 유엔은 지속가능발전 목표를 새롭게 정립하여 내세웠습니다. 지구가 계속 살아남으려면 '사회발전, 경제성장, 환경보전'이라는 3대 축이 서로 균형을 이루도록 노력해야 한다는 것이었습니다. 구체적으로 빈곤, 건강, 교육, 성 평등, 물 위생, 청정에너지, 경제성장, 불평등, 책임 있는 생산과 소비, 기후변화, 생태계보호, 평화 등의 분야에서 상호 존중과 이해, 협력을 통해 합리적인 해결책을 함께 찾기로 했습니다.

세계 문제는 더욱 복잡해졌고 정치적, 사회적 합의에 이르는 과정 역시 쉽지 않습니다. 다양한 국가가 하나의 합의에 동의하는 건 어려운 일입니다. 그래서 국제사회의 합의문이 알맹이 없이 상징적 선언에 그치는 경우가 많습니다. 그 알맹이를 채우는 일은 지금까지의 합의 과정보다 더 험난할 겁니다. 하지만 가지 않을 수 없는 길이기도 합니다.

세계 시민의 과제 3

앞서 우리는 세계화 시대에 발생하는 수많은 세계 문제를 다루었습니다. 핵심은 그 문제를 누가 해결할 수 있느냐입니다. 답은 간단합니다. 세계 시민이 나서야 합니다. 요구하는 게 자꾸 늘어나 미안하지만, 세계 시민이 세계 문제를 냉철하게 분석하고 그 해결책을 찾아 바르게 이끌어야 합니다. 그래서 우리는 다시 세계화 문제를 분석하여 세계 시민의 위상을 바로 세워야 합니다.

오늘날의 세계화는 세계 시민을 출현시키고 있습니다. 오늘날의 세계 시민은 그동안 진행되어오던 자본의 세계화에 맞서면서 형성되었지요. 세계화가 기본적으로 자본의 세계화로 진행되었지만, 자본의 뜻대로 진행되는 걸 두고만 볼 수는 없었습니다. 자본의 세계화가 경제적 불평등,

환경 파괴, 인권 유린 등 다양한 문제를 일으키자 이에 맞서는 저항이 일어났지요. 이러한 저항운동이 함께 맞물려 서로 각축을 벌이는 게 세계화의 진실입니다. 저항운동을 포함하여 세계화를 넓게 볼 줄 알아야 합니다.

그런데 세계화 탓에 발생한 세계 문제는 일국적 단위로 해결할 수 없게 되었어요. 지구적 문제의 확산으로 국제 협력의 필요성이 증가하면서 이 문제에 적극적으로 나서는 시민들이 등장했는데, 그것이 세계 시민입니다. 세계 시민은 자본의 세계화에 대한 세계적인 저항운동으로 탄생했다고 볼 수 있는 겁니다.

세계 시민을 말하면 한 국가의 국민으로서의 정체성을 포기하라는 것으로 오해하는 사람이 있습니다. 하지만 그렇지 않습니다. 국가의 자율성이 약화되었지만, 국가는 세계화 시대에도 여전히 중요합니다. 그래서 국민으로서 정체성을 완전히 버리는 건 가능하지 않고 바람직한 것도 아닙니다. 국가 단위에서 하는 일은 세계 단위에서 하는 것보다 명확하고 집행력도 뛰어나므로 문제 해결을 위해 국가를 활용해야 하니까요.

우리는 한 국가의 시민인 동시에 세계의 시민입니다. 그래서 한 국가의 민주 시민으로서 국가 정책의 의사결정에 참여하면서 인류 공동체의 구성원으로서 환경, 인권, 빈곤과 같은 전 세계적 문제에 관심을 두고 보편적 가치가 정책으로 마련될 수 있도록 참여해야 합니다. 소속 국가에 정치적 압력을 행사하여 세계 문제 해결에 나서도록 하고, 자국의 이익을 도모하되 그것이 세계 문제를 악화시키는 일은 피하도록 해야 합니다.

진정한 세계 시민이 되려면 세 가지 역량을 갖춰야 합니다. 먼저 세계 문제에 대한 공감 능력이 있어야 합니다. 다른 사회에서 발생하는 문제에 대해 정서적으로 공감할 줄 알아야 한다는 것입니다. 마음이 움직여야 하는 거죠. 하지만 세계 문제에 대해 가슴 아파하며 울고만 있을 수는 없습니다. 두 번째로 세계 문제에 대해 비판적으로 생각하고 통합적으로 이해하려는 지적 능력이 필요합니다. 문제를 모르는데 문제를 해결할 수는 없을 겁니다. 세계 시민이 되려면 지식을 쌓아 세계 문제를 둘러싼 사회구조의 진실을 알 수 있어야 합니다. 하지만 지식적 측면에서 알고 있다고 해서 세계 시민이 되기에 충분한 것은 아닙니다. 끝으로 세계 문제를 해결하기 위한 실천에 나설 줄 알아야 합니다. 따뜻한 가슴과 차가운 이성을 지녔으면 이제 몸을 움직여야 합니다. 적극적으로 세계 문제를 해결하려는 행동을 보여야 최종적으로 세계 시민이 될 수 있는 것입니다.

우리는 세계 시민의 자세로 세계 문제를 공개적으로 그리고 공공성을 공정하게 논의할 수 있는 토론장에 들어가야 합니다. 독일의 사회학자 하버마스(Habermas, J.)는 공개적 토론을 통해서 사회 문제를 해결하는 마당을 '공론장(public sphere)'이라고 말했습니다. 그런데 현대 사회의 민주적 토론은 변질되었습니다. 상업적 이해관계가 공공의 이해관계에 우선하게 되었기 때문이죠. 그뿐만이 아니죠. 극우주의자들이 폐쇄적인 민족 감정을 앞세우고 악의적인 선전 선동을 하는 경우도 많지요. 오늘날 공론장은 공공성이 훼손되어 혼탁해졌습니다. 이런 모습은 공론장의 본래 모습이 아니에요.

혼탁해진 공론장을 건강하게 재건하려면 세계 시민이 나서야 합니다. 성숙한 지구 시민 사회를 형성하여 그곳에서 세계 경제 체제의 새로운 틀을 만들고, 그 힘으로 세계 정부와 유사한 형태로 정치적 협력 체제를 갖춰가야 합니다. 지금까지 진행되어온 자본의 세계화에 맞서는 새로운 대안적 세계화가 보편적으로 형성될 때, 민주적 지구공동체가 만들어질 수 있으며 그것을 이루려면 세계 시민 운동이 필요합니다.

우리는 눈을 크게 떠야 합니다. 눈앞에서 일어나는 일에만 집착해서는 안 됩니다. 일국적 차원을 넘어 세계적 차원으로 더 확장되어야 합니다. 한국뿐만 아니라 세계에서 벌어지는 모든 일에 대해 역사적 맥락뿐만 아니라 정치적, 경제적, 사회적 맥락에서 보려는 노력이 필요합니다. 그것은 세계화된 사회학적 상상력이라 할 수 있을 것입니다. 세계 문제는 세계화된 사회학적 상상력으로 성찰하여 깊고 넓게 봐야 해결책을 찾을 수 있습니다. 가능할까요? 불가능할 것도 없습니다. 세계의 미래는 지금 우리가 무엇을 어떻게 하느냐에 따라 달라질 것입니다.